贛文化通典

——宋明經濟卷　第二冊

目
錄

宋明江西農業生產的發展

北宋初，天下大定，百廢待興。北宋統治者以農業為立國之本，頒布與施行了一系列有利於農業生產的積極政策和措施，諸如召集流亡，賑濟饑民，廢除繁苛，減免稅賦，推廣占城稻，興修農田水利等。江西作為農業生產的重要地區，受到了北宋朝廷的重視，官府在江西也推行了一系列恢復農業的措施。隨著北宋統治的日趨穩定，江西的社會經濟逐漸恢復和發展。在此基礎上，宋代江西農業生產發展取得了劃時代的進步。宋代的江西繼續了唐末以來的趨勢，承擔著全國重要的糧食生產和供應基地的角色，但作用更為明顯，可以說一枝獨秀，出現所謂「天下漕米取於東南，東南之米多取於江西」[1]的局面。明代的江西，繼續了宋代農業生產發展的趨勢，農業生產依然發達，雖不如江南地區繁盛，但在糧食生產領域，依然承擔著重要的任務。明代江西的人口僅次於浙江而居全國十三布政司的第二位，但江西每年所

---

1 （宋）吳曾：《能改齋漫錄》卷一三《唐宋運漕米數》，上海古籍出版社，1979 年版。

納稅糧，卻超過浙江而居十三布政司之首，可見產糧之富。

第一節 ▶ 品種增加與技術進步

　　宋明時期江西農業生產的興盛，是和其農業生產技術的進步密不可分的。尤其是宋代的江西，在農業生產技術上已經達到了相當高的程度，宋代農業生產技術進步主要表現為三個方面：水稻品種的增加和改良；稻麥復種制和雙季稻的推廣；農具的改進和發展。元明時代，農業生產技術繼續了宋代發展的趨勢，農業生產技術得到進一步發展。

一、水稻品種的增加和改良

　　江西是南方稻作農業地區，水稻是江西的主要糧食作物。水稻農業的發達首先體現為品種的豐富。水稻種植品種多樣對稻作農業的發展有著重要意義。在長期的耕作實踐中，宋代江西人民憑藉自己的智慧和汗水選擇和培育出了適宜本地氣候、土壤、水分等條件的多種水稻品種。

　　宋代，占城稻的引入與推廣，對豐富和發展稻作品種有著重要意義。北宋初年，從古占城國（今越南中南部）傳入福建的占城稻引入江淮地區。真宗大中祥符四年（1011），「帝以江、淮、兩浙稍旱即水田不登，遣使就福建取占城稻三萬斛，分給三路為種，擇民田高仰者蒔之，蓋早稻也。內出種法，命轉運使揭榜示民。後又種於玉宸殿，帝與近臣同觀；畢刈，又遣內侍持於朝堂

示百官。稻比中國者穗長而無芒，粒差小，不擇地而生。」[2]占城稻是一種適應性廣、生長期短且兼具耐寒特性稻品，它在南方的不斷傳播、推廣，對宋代以後的稻作制度產生了重要影響。在占城稻引入之前，中國的水稻種植主要是粳型稻占主體，占城稻（屬秈型稻）引入後，在長江流域的傳播、推廣過程中，又不斷培育、選化出了許多新的品種，水稻品種日趨多樣，水稻種植逐漸變為以秈、糯型稻為主。占城稻的推廣和當地語系化，對宋以後南方糧食品種的豐富、產量的提高、雙季稻的發展和稻麥復種都有深遠意義。

在唐代，饒州的粳米已經作為優質稻品被選為貢品進獻到朝廷。占城稻引入江西後，不斷發展、分育，僅四、五十年的時間，在一些農業發達地區就已經逐漸培育出了早占禾、晚占禾兩個類型，「西昌早種中有早占禾，晚種中有晚占禾，乃海南占城國所有，西昌傳之才四五十年」[3]。這裡提到的西昌是今泰和一帶，位於贛江中下游的吉泰盆地，這一地區是宋代江西重要的產糧區，這裡農業發達，糧食產量向居江西之首。

由於在長期的生產實踐中，人們培育出的水稻品種的日漸豐富，在北宋的江西，出現了專門記錄水稻品種的著作。北宋哲宗（1086-1100）時，在江西誕生了中國第一部水稻品種專著──

2　（元）脫脫等：《宋史》卷一百七十三，志第一百二十六，《食貨志上一‧農田》。

3　（宋）曾安止：《禾譜》，轉引自曹樹基：《禾譜校釋》，《中國農史》1985 年第 3 期。

《禾譜》。作者曾安止（1048-1098）字移忠，號屠龍翁，廬陵太和（今江西泰和縣）人，宋代農學家。熙寧進士，曾任洪州豐城主簿、江州彭澤令，以目疾棄官，授宣德郎。退居鄉間後，曾安止潛心研究水稻栽培，他敘述自己研究緣由說：「近時士大夫之好事者，嘗集牡丹、荔枝與茶之品，為經及譜，以誇於市肆。予以為農者，政之所先，而稻之品亦不一，惜其未有能集之者，適清河公表臣持節江右，以是屬余，表臣職在將明，而恥知物之不博。野人之事，為賤且勞，周爰諮訪，不自倦逸，可謂善究其本者哉。予愛其意，而為之書焉。」**4**。

在「農者，政之所先」這一重農思想的指導下，曾安止對這一「為賤且勞」的「野人之事」、「周爰諮訪，不自倦逸」、「善究其本」，仔細比對辨析，詳細記錄了吉泰盆地的水稻種植品種，「其別凡數十種」**5**。《禾譜》中「禾品」所列有四十六種，詳見表 3-1。

表 3-1　《禾譜》中「禾品」部分所列水稻品種統計

品種	品種名	種類
早禾秔品	稻禾、赤米占禾、烏早禾、小赤禾、歸生禾、黃穀早禾、六月白禾、黃菩蕾禾、紅桃仙禾、大早禾、女兒紅禾、住馬香禾。	12

4　（宋）曾安止：《禾譜・序》，轉引自曹樹基：《禾譜校釋》，《中國農史》1985 年第 3 期。

5　（宋）曾安止：《禾譜》，轉引自曹樹基：《〈禾譜〉及其作者研究》，《中國農史》1984 年第 3 期。

續上表

品種	品種名	種類
早禾糯品	稻白糯、黃糯、竹枝糯、青稿糯、白糯、秋風糯、黃梔糯、赤稻糯、烏糯、椒皮糯。	10
晚禾秔品	住馬香禾、八月白禾、土雷禾、紫眼禾、大黃禾、蜜谷烏禾、矮赤秔禾、稻禾。	8
晚禾糯品	黃梔糯、矮稿糯、龍爪糯、馬蹄糯、白糯、大椒糯、大烏糯、小焦糯、大穀糯、青稿糯、骨雷糯、竹枝糯。	12
附早禾品	早稻禾、早糯禾。	2
附晚禾品	赤稑糯、烏子糯。	2

資料來源：（北宋）曾安止：《禾譜》（見《匡原曾氏族譜》）。轉引自曹樹基：《〈禾譜〉及其作者研究》，《中國農史》1984 年第 3 期。

另外，從《禾譜》其他部分中內容，還發現有六個水稻品種：

（1）黃穋禾「今江南有黃穋禾者（晚稻）。」

（2）白圓禾「以江南早晚較之，早種一如六月白，晚種如白圓禾之類（晚稻）。」

（3）橫禾「今西昌晚種中抑有所謂橫禾者（晚稻）。」

（4）早占禾。

（5）晚占禾「今西昌早種中有早占禾（早稻）；晚種中有晚占禾（晚稻）。」

（6）再生禾（女禾）「今江南再生禾，亦謂之女禾。」**6**

《禾譜》原書共五卷。現存《禾譜》殘卷中記載可見的水稻品種為五十二種**7**，原書記載的品種還有多少，現在已難查考。這其中，《禾譜》中收入的有關江西的水稻品種就有九種以上**8**。曾安止所著《禾譜》對瞭解和研究江西農業種植有著重要意義。它是北宋時期江西水稻農業高度發展的產物。《禾譜》一書不僅是一部北宋時期江西泰和水稻品種專志，而且是中國第一部水稻品種專志。書中所載數十個品種，填補了中國歷史上水稻品種資源記載上的一長段空白。**9**同時，在「集牡丹、荔枝與茶之品，為經為譜，以誇於世肆」而賤視生產勞動的士風之下，曾安止獨能「集農稼之禾稻」，其長遠的眼光、不恥農事的精神更顯可貴。

哲宗紹聖元年（1094），蘇東坡因事被貶往嶺南途中，經過太和時遇到致仕鄉居的曾安止，得見此書。蘇東坡讀後盛讚《禾譜》「文既溫雅，事亦詳實」，惜其「不識農器」，乃作「《秧馬

6　曹樹基：《〈禾譜〉及其作者研究》，《中國農史》1984 年第 3 期。

7　曹樹基：《〈禾譜〉及其作者研究》，《中國農史》1984 年第 3 期，該文統計得出現存《禾譜》中水稻品種為 50 個，其後各家多引用曹説。經筆者重新比對，現存《禾譜》中的水稻品種實為 52 個，特此申明，望今後引者注意。

8　文士丹、吳旭霞：《試論北宋時期江西農業經濟的發展》，《農業考古》1988 年第 1 期。

9　曹樹基：《〈禾譜〉及其作者研究》，《中國農史》1984 年第 3 期。

歌》」以附其後[10]。一百多年後，南宋時期，曾安止的侄孫曾之
謹彌補了這一缺憾，寫就《農器譜》與《禾譜》相配套，書成請
周必大作序，並將二譜寄陸游，陸游特為此賦詩一首。蘇東坡、
周必大、陸游這些人的或詩或序，足見《禾譜》和《農器譜》已
受到時人的認可和重視。關於農器譜的記載和描述，詳見於後。

　　宋代以後，江西依然不斷有新的水稻品種出現。明代王象晉
在《群芳譜》中所提及的稻品「豫章青」，從名稱看，應是宋元
之際南昌一帶培育出來的水稻新品種。[11]水稻品種的增加和豐
富，反映出宋、元時期江西水稻栽培技術的高度發展。

　　元代，江西各地民眾根據不同條件，選種不同的稻作品
種。[12]如南豐州，「山深地寒，止宜晚禾。唯有近郭鄉村，略種
早稻。通計十分之內，早稻止有三分」[13]，說明南豐民眾在山深
地寒之處栽種成熟較晚的水稻，在地勢底平、陽光充足的農田栽
種成熟期較早的水稻。臨江路和吉安路的一些丘陵山地則種植
黍、粟、豆等旱地作物。[14]這說明，當時江西民眾已能根據田土

10 （元）周必大：《泰和曾氏農器譜序》，見雍正《江西通志》卷一三六
　　《藝文》，《文淵閣四庫全書》本。

11 陳榮華等：《江西經濟史》，江西人民出版社，2004 年版。

12 吳小紅：《江西通史・元代卷》，江西人民出版社，2008 年版。

13 （元）劉壎：《水雲村泯稿》卷一四《呈州轉申廉訪分司救荒狀》，《文
　　淵閣四庫全書》本。

14 （元）梁寅：《新喻梁石門先生集》卷一《明農軒記》載臨江路「宜
　　黍、稷、秔、稻」。劉詵：《桂隱集・飲谷平李氏》（載顧嗣立編《元
　　詩選二集・己集》，第 789、790 頁）描繪吉安一代的景色：「粟黃黍短

的高度、朝向、土質、水源等情況選擇合適的農作物品種，並適當栽種一些旱地作物。各地民眾因地制宜、因時制宜選種不同品種，也側面反映出此時水稻品種的豐富和多樣。

在宋、元兩代的基礎上，明代水稻品種又有新的發展。從現有資料看，明、清時期，江西地區的糧食種植有著階段性變化。明前期，贛北鄱陽湖平原、贛中丘陵盆地，一般都以種植水稻為主，間種大豆、山藥、水旱芋等雜糧及油菜、棉、麻等作物，山區及近山丘陵地帶，則種植大麥、小麥、小米、旱芋等，有條件處也種植水稻。明中期以後，隨著本地區平原、丘陵地區以及閩粵地區的人口大量進入贛南、贛東北、贛西北山區，為了解決日益增加的糧食需求，山區和丘陵地帶，凡是有條件的地區，都在開山造田，種植水稻，因為水稻的產量遠遠高於麥、粟等雜糧。明末清初尤其是清中期以後，隨著玉米、番薯、土豆等高產雜糧作物的引進，江西的山區、丘陵乃至部分平原地區，也種起了玉米、番薯、土豆，山坡地、缺水地無法種植水稻，高產雜糧更易為主要糧食作物。明清時期江西地區糧食種植的這種變化，既滿足了人口增長的需要，也使這一地區在商品糧生產基地的地位得以保持，每年有大量的糧食，主要是大米行銷全國各地特別是江南地區。[15]

沙連浦，白髮涉江尋故路。」揭傒斯：《揭文安公全集》卷五《送黃判官歸江西》有「鄰人邀種南山豆，野老同尋北穀芝」之句。

15 方志遠、謝宏維：《江西通史·明代卷》，江西人民出版社，2008 年版。

明代江西水稻種植，占城稻是主要品種。北宋初年傳入江西的占城稻，經過南宋時的大面積普遍推廣和種植，到明代時已經發展出了一個適應江西自然環境（也可說是具有江西本土特色）的占城稻系列。[16]明代，江西種植的占城稻系列主要包括：

　　一、「救公饑」，因其成熟期僅為五十天，故又被稱作「五十日占」。對五十日占或「救公饑」的記載見諸江西各地方志的有很多。正德《建昌府志》載錄：救公饑「三月種，五月熟，他種青黃不接，而此種先可食，故云可以救公饑也」[17]。正德《袁州府志》記載：「五十日占，俗名救公饑，熟最早，然不廣種，少蒔以接糧。」[18]嘉靖《東鄉縣志》稱「救公饑……農家種以續糧」[19]。這是一個早穀品種，產量不高，並不大面積種植，但因其生長期短，能解決春夏糧荒，對貧苦農民的生計關係很大，因而各地都種。農民為了度過青黃不接的糧荒，不得不選育並栽種產量低但成熟期早的「五十日占」——「救公饑」。

　　二、「六十天日占」，以其「種入地僅兩月而熟，故名。米粒小而純白」[20]。此種又名龍早、芒花早等。

　　三、八十日占，又名大穀早，「八十餘日熟」[21]。

16 陳榮華等：《江西經濟史》，江西人民出版社，2004 年版。
17 正德《建昌府志》卷三《物產》。
18 正德《袁州府志》卷二《土產》。
19 嘉靖《東鄉縣志》卷上《土產》。
20 正德《建昌府志》卷三《物產》。
21 同治《贛州府志》卷二一《物產》。

四、百日占，又名百日早，「九十餘日熟，氣足最益人」[22]。此外，大穀占、西穀占、須占等品種的種植也較普遍。[23]

在明代，江西水稻不僅總產量高，而且品種豐富，既多且雜，充分依水土之宜，廣泛吸收不同品種的長處，求得更好的耕作收益。根據現存的明代地方志，如正德《南康府志》、正德《袁州府志》、正德《建昌府志》、嘉靖《贛州府志》、嘉靖《九江府志》、隆慶《臨江府志》及隆慶《東鄉縣志》、嘉靖《瑞金縣志》、嘉靖《永豐縣志》、隆慶《瑞昌縣志》等記載，江西各地栽植的水稻品種計約有早稻二十八個、中稻二十六個、糯稻二十八個、晚稻五個、旱穀三個，合計九十個。[24]這較之宋元時期，品種數量增多，類型也更豐富。其中，一些品種名稱即帶有明確的地名標記，揭示出其「原籍」，如雲南早、湖廣糯、陝西糯、池州占、淮禾、贛州早、饒占等。這既可看做明代各地水稻品種交流的結果，也反映出江西地區與外界的交流與聯繫。各地區的作物之相互交流，對促進農業生產的發展也起了很好的作用。

此外，其他的優質稻種也不少。如八月白，又稱「銀珠米」，正德《建昌府志》載：「八月白，晚稻極早熟者，香白，

---

22 同治《贛州府志》卷二一《物產》。

23 陳榮華等：《江西經濟史》，江西人民出版社，2004年版。

24 許懷林：《〈天工開物〉對稻種記述的得失》，《〈天工開物〉研究》，中國科技出版社，1988年版。轉引自許懷林：《江西史稿》，江西高校出版社，1993年版。

尤可貴，又名銀珠米，韓駒詩『起炊曉甑八月白』是也。」[25]韓
駒（？-1135），本籍四川，南宋初年曾任江州知州，晚年寓居撫
州，由此推斷，色白味香的銀珠米在宋朝已受到推崇，一直到明
代依然享有盛譽，仍為進貢朝廷的特優名產。晚明著名史學家談
遷（1093-1657）在其所著的筆記《棗林雜俎》中也有「江西建
昌府產銀珠米，宋時太守沈遘嘗獻」的記載。再如東鄉縣「白沙
占」，「立秋後乃熟，宜為粉線，宋時崇仁人善製，經進名曰『米
覽』」。東鄉「早糯」，「米白且多，以釀酒，酒清而多」。袁州
有一種「晚糯」，「粒大而堅，用此造經冬酒」。這些各有特點的
品種，適宜加工成別有風味的食品，豐富了人們的飲食生活。

上述六府四縣的資料，雖然只是江西十三府中的一部分，但
因這些府縣的位置分布在江西的東南西北各部，因而還是能夠大
體上反映出江西水稻品種以及水稻生產的概貌。

明代中後期，玉米、紅薯等高產糧食作物的引進，對中國農
業的發展產生了深遠影響，對補充糧食品種，解決山區居民口糧
問題，起到了很大作用，促進了江西糧食商品化發展。

已見成效的水稻生產，在山區卻失去了優勢。河谷地帶固然
可以栽種水稻，山坡、荒崗卻難以平整土地、實施灌溉。即使是
河谷地帶，也因為氣溫、日照等原因，無法推廣雙季稻，從而限
制了地力的充分利用。而山區人口的不斷增加，又造成了當地糧
食供應緊張，於是，明中後期首先傳入中國福建、廣東一帶的耐

---

25 正德《建昌府志》卷三《物產》。

寒耐瘠高產雜糧玉米、甘薯、土豆等，便隨著閩粵人口的進入而在江西山區落戶，支撐起山區糧食供應的半壁江山，而麥、粟、芋、豆等傳統雜糧的種植，在技術上也有新的進步。[26]

由於江西特別是贛南山區地鄰閩粵，這裡成了閩粵流民內遷的第一站。玉米、番薯、土豆等高產雜糧品種，也隨著閩粵流民的內遷來到江西尤其是贛南、贛東北、贛西北山區。

《贛縣志》載：「贛之所產以粟米為多，以山田多旱故也。」[27] 這裡所說的「粟」，實為玉米，當地居民稱之為「苞粟」，故同治《贛州府志》說：當地農民「朝夕果腹多苞粟、薯芋，或終歲不米炊」[28]。然而，有學者研究表明，贛州府歷史上並無以玉米充當主食的習慣，也無大面積種植，故以上記載並不確實。然而，作為描述性的資料，仍可從中反映出贛南山區以雜糧作為重要糧食的事實。[29]將玉米稱為「苞粟」，在江西十分普遍，而且多種於山田瘠土，成為當地居民的輔助食糧乃至於主食。《建昌縣志》說：「苞粟，……雲山頂上，山田不宜稻，村人廣蒔之，蒸龜充饑，亦農家一特品也。」[30]《萬載縣志》也說：「苞

---

26 方志遠、謝宏維：《江西通史·明代卷》，江西人民出版社，2008 年版。

27 乾隆《贛縣志》卷二《物產》。

28 同治《贛州府志》卷二〇《風俗》。

29 曹樹基：《清代玉米、蕃薯分布的地理特徵》，《歷史地理研究》，復旦大學出版社，1990 年版，第 300 頁。

30 光緒《建昌府志》卷一一《物產》。

粟，……土人舂之以代飯。」[31]《義寧州志》則記載得更為詳細：「苞蘆粟，苞數多，長數寸，苞上有鬠，嫩時色白，老漸赤，實大如豆，種宜於瘠土，故山鄉多種之。一干（杆）可得二三苞，褪其莩成米，蒸食，頗與稻米相埒。亦可釀酒。」[32]又有將其稱為「苞蘆」、「寶珠粟」等名稱者。《瑞金縣志》說：「苞蘆，即俗稱玉米者，江南人在山鄉佃田，種以為食。」[33]南昌則稱其為「御米」、「金豆」，由福建流民眾多的寧州傳來：「御米，俗稱金豆，莖葉頗類粟，附莖著包，包裹米，米如石榴子，有紅黃白三種，可蒸食，寧州最多，近南昌亦有之。」[34]

比起玉米，番薯種植技術更為簡便、單位面積產量更高、食用更加方便而且味道更好，因而在江西的種植更為普遍。民國《大庾縣志》詳記了當地番薯的來源及其食用方法：

番薯……萬曆間福建巡撫金學曾傳自外國，故名番薯。閩興、泉、漳人種之，每畝地可收三四千斤，用代穀食。餘者於冬至前後，切片曬乾藏之，作次年糧。銼為粉，比豆蕨為佳。食之甚益人。貨通江、浙、楚、粵，至今大被其利。庾邑近亦有種者，但未得其法，故不能多生。今墟市中見有

---

31 道光《萬載縣志》卷一二《土產》。
32 同治《義寧州志》卷八《物產》。
33 光緒《瑞金縣志》卷六《物產》。
34 同治《南昌府志》卷八《土產》。

比前略大者，然猶未得如閩之獲利多。[35]

　　寧州徐元扈更是盛讚番薯有「十二勝」：產量多、味道美、補身體、易繁殖、不怕風、可當糧、可釀酒、用地少、勞力省、可充邊儲、可做甜食、生熟可食[36]。由於有如此多的優點，所以番薯一經引進，便被迅速推廣。

　　番薯在江西的種植當在明末清初，無論山區平原，幾乎是無處不種薯。在贛南，《石城縣志》有：「番薯原出交趾，……皮肉俱白，味甘，蒸食皆宜，生食更脆。石邑向不多有，近下鄉種山者繁殖，以備二糯不足，雖多食不傷人，亦救荒一善物也。」[37]在贛東北，《廣信府志》說：本地「有昔無而今盛者，番薯出西洋，閩粵人來此耕山者，攜其泛海所得苗種之，日漸繁多，色黃味甘，食之療饑，可以備荒。歷今三十餘年矣」[38]。《玉山縣志》載：「番薯出西洋，閩粵人來此耕山者，攜其泛海所得之苗種之，日漸繁衍，色黃，味甘，食之療饑，可備荒，歷今百有餘年矣。」[39]在贛西北，《鹽乘縣志》記述道：「番薯，種來自南夷，僻鄉荒田種之，惟種於山者皮紫而肉黃，味甘更勝。」[40]鹽乘，

35　民國《大庾縣志》卷二《地理志·物產》。
36　同治《義寧州志》卷八《物產》。
37　乾隆《石城縣志》卷一《物產》。
38　同治《廣信府志》卷二《物產》。
39　同治《玉山縣志》卷一《物產》。
40　民國《鹽乘縣志》卷五《物產》。

即今江西宜豐縣舊稱。《宜春縣志》也有:「薯,即番薯,種自南夷,故名。有腳板薯,分紅白二種,可當菜食。今又有六十薯及本地薯之別。六十薯皮紫而肌白(一稱雲南薯),本地薯皮白而肌紅,蒸食味更佳。尚有安南薯,皮白紅心。」[41]南昌、九江、吉安等地,也有大量種植番薯的記載。《南昌縣志》載:「番薯,種自南夷,近處處有之,皮紫肌白,生熟皆可食。」[42]《建昌縣志》載:「薯,諸書收入菜部,雲山下三源諸區,不種稻種薯,以當米穀,實蔬中長年糧也。……雲山下家家種之。」[43]九江所屬各縣,「芋之收倍於稻」[44]。吉安各處山區則是「貧者半資以為糧」[45]。

正是由於明代即已開始逐漸普遍種植,到了清代,關於玉米、番薯等的記載已屢見不鮮、至為詳盡。因而,以上的描述資料儘管大多引述自清代江西各地方志,但也是明代中後期以後玉米、番薯等高產糧食作物在江西日漸種植的客觀事實的反映。

事實上,當高產雜糧顯示出它在經濟上的價值時,它的種植就不僅僅是限於山區,丘陵及平原地區也在廣泛種植,並取得比山區種植的更好效益。高產雜糧的廣泛種植,不但解決了山區及少田地區居民的日常需要,也使更多的穀米節省下來充當商品糧

---

41 同治《宜春縣志》卷三《物產》。
42 同治《南昌府志》卷八《土產》。
43 同治《建昌縣志》卷一一《物產》。
44 同治《九江府志》卷九《物產》。
45 同治《萬安縣志》卷四《土產》。

出售，而其本身也可製作成乾糧出售。江西在人口持續增長的清代中後期仍有大量的糧食外運，與高產雜糧的種植有著密切的關係。**46**

　　水稻品種不斷增加，對農業的發展有著重要的意義。宋、明時期，江西各地因地制宜、因時制宜，不斷選育出了新的水稻品種。北宋時期，以曾安止所著《禾譜》為標誌，所收錄的五十多個水稻品種，讓我們看到了吉泰盆地乃至整個江西地區稻品的豐富。中國第一本水稻品種專著的出現，正是水稻品種繁盛的反映。元代，江西各地民眾根據不同條件，選種不同的稻作品種。到了明代，占城稻經過兩宋以來的發展、分化形成的占城稻系列已經成為江西各地種植的主要品種。這為雙季稻的發展、稻麥復種提供了條件，是糧食增產的基礎。明代中後期，玉米、紅薯等美洲糧食作物的引進，對中國農業的發展產生了深遠影響。高產雜糧的廣泛種植，對補充糧食品種，解決山區居民口糧問題起到了很大作用，促進了江西糧食商品化發展。

二、雙季稻與稻麥復種制的出現

　　在耕作技術上，宋代以稻作北上和麥豆南移為標誌的南北作物大交流導致了作物品種穩態結構的形成，推動了稻麥連作和雙

---

46 方志遠、謝宏維：《江西通史·明代卷》，江西人民出版社，2008 年版。

季稻的逐步推廣，這就促成了中國耕作制度發生重大變革。**47**

　　宋代甚至宋代以前就已出現了「早稻」「晚稻」的概念。宋代所稱「早稻」和「晚稻」並不是現代意義上的早稻和晚稻，而主要指的是收穫期上的早晚，這與現代早、晚稻的判斷標準是有區別的。即便是當時所謂的「早稻」，大多也屬於現在的中晚熟品種。「早稻」「晚稻」之間在大多數情況下並不構成復種關係。**48**宋代江西各地普遍栽培的早、晚稻，都是一季稻，還不是「雙季稻」，還只是兩丘田中成熟期不同的稻。**49**現代農學對於早稻、中稻和晚稻的界定主要是依據生育期的長短來決定的，而宋代則多是按照收穫期的先後早晚。

　　到了宋代特別是南宋，江西以早稻居多，但各地又有不同。南宋紹興初年，李綱（1083-1140）任江西安撫制置大使，曾因洪州晚米收羅難以完成而申請改羅早米，在向朝廷奏報時說：「據洪州申……緣本州管下諸縣，民田多種早占，少種大禾。其所種大禾，系在向去十月，方始成熟，民間並無蓄積陳大米……本司契勘：本司管下鄉民所種稻田，十分內七分，並是早占米，只有三二分布種大禾。」**50**這裡，占米指的是早禾，大禾是指晚

47 陳榮華等：《江西經濟史》，江西人民出版社，2004 年版。

48 曾雄生：《宋代的早稻和晚稻》，《中國農史》2002 年第 1 期；《宋代的雙季稻》，《自然科學史研究》2002 年第 3 期。

49 許懷林：《江西史稿》，江西高校出版社，1993 年版。

50 （宋）李綱：《梁溪全集》卷一〇六《申省乞施行羅納晚米狀》，《文淵閣四庫全書》本。

禾。家居金溪而曾遊歷過撫州、建昌軍等地的陸九淵（1139-1193）也說：「江東西田分早晚，早田者種占早禾，晚田種晚大禾。」[51]文天祥（1236-1283）在給朋友江萬頃的信中介紹自己家鄉吉州時寫道：「吾州（此指吉州）從來以早稻充民食，以晚稻充官租。」[52]他在贛州知州任上給友人寫信也提到：贛州今年「早收中熟，覺風雨如期，晚稻亦可望」[53]。從這些對南宋江西水稻種植不同時期的描述中，我們可以發現，儘管地方不同，但是，田分早晚、稻分早晚確是普遍現象，而民眾在農事安排時，又往往以選擇早稻（早占、早禾）種植為主。

儘管這一時期早稻依然還只是收穫期相對較短的一季稻，但早稻卻為雙季稻、多熟制的發展提供了條件。雙季稻指的是同一塊稻田中一年之內有兩次收成。宋代，在一些地方已經出現了再種再收的雙季稻，特別是由於早占禾中成熟期更短的稻品出現，為在同一稻田中與晚稻先後並種提供了可能。李覯（1009-1059）描述自己的家鄉南城一帶的農事時，說道：「自五月至十月，早晚諸稻隨時登收，一歲間附郭早稻或再收，茶或三收，苧或四

51 （宋）陸九淵：《象山集》卷一六《與章德茂三》，《文淵閣四庫全書》本。

52 （宋）文天祥：《文山集》卷六《與知吉州江萬頃》，《文淵閣四庫全書》本。

53 （宋）文天祥：《文山集》卷六《與洪端明雲岩》，《文淵閣四庫全書》本。

收。」[54]他這裡說到的縣城附近農村水稻再收，明顯已經是雙季稻了。樂平人馬端臨（約 1254-1323）在所著《文獻通考》「物異考」中有一條關於江西的記載：「（元豐）二年，袁州禾一莖八穗至十一穗，皆層出，長者尺餘。洪州六縣稻已獲，再生皆實。」[55]這裡所說的稻「再生皆實」，可能不是人們有意識的預先安排，而是早稻收割過後遺落田中的穀粒萌發生長結實，這種情況與當時正常的稻作現象差異較大，因而，馬端臨才將這一現象收入「物異」篇。因而，也可以看出，宋代雙季稻的出現還僅是個別地區的現象，種植雙季稻還沒有成為人們自覺的農事活動。

宋代重視農業生產，「勸課農桑」成為地方官員的重要職責之一，因而，每年春耕將興之時，勸民耕種的榜文——「勸農文」極為流行，許多地方官都留下過勸農文。吳泳（約西元 1224 年前後在世，字叔永，潼川人）任隆興府太守時曾發佈勸農文以勸農勤身從事農作，這篇《隆興府勸農文》說到：「吳中厥壤沃，厥田腴，稻一歲再熟，蠶一年八育。而豫章則襟江帶湖，湖田多，山田少，禾大小一收，蠶早晚二熟而已。吳中之民，開荒墾窪，種粳稻又種菜、麥、麻、豆，耕無廢圩，刈無遺隴。而豫章所種占米為多，有八十占、有百占、有百二十占。率

54 乾隆《建昌府志》，《風俗》。

55 （元）馬端臨：《文獻通考》卷二九九《物異考》，中華書局，1986 年版，第 2368 頁。

數日以待獲，而自余三時則舍稡不務，皆曠土，皆遊民也。所以吳中之農專事人力，故諺曰：『蘇湖熟，天下足。』勤所致也。豫章之農只靠天幸，故諺曰：『十年九不收，一熟十倍秋。』惰所基也。勤則民富，惰則民貧。」[56]他通過對吳中和豫章兩地的比較，勸導當地民眾勤於農事，以期像吳中之民那般富足。通過這段文字描述，再結合前一段的介紹，我們可以明顯看出，儘管宋代江西已經出現有雙季稻，但還沒有被人們普遍種植，水稻種植仍然以一季稻為主。同時，也要看到，雙季稻的出現無疑已經預示著稻作技術的新的發展。

　　長期以來，江西都是以水稻種植為主，是南方重要的水稻產區。到了南宋，這一現象有所變化，北方的小麥在江西的種植範圍擴大。「建炎之後，江、浙、湖、湘、閩、廣，西北流寓之人遍滿。紹興初，麥一斛至萬二千錢，農獲其利，倍於種稻。而佃戶輸租，只有秋課。而種麥之利，獨歸客戶。於是競種春稼，極目不減淮北。」[57]小麥推廣到南方，主要是由於北方人大量南遷，他們的食麥麵的習性引起了小麥消費需求的增長，再加上當時戰亂的因素，小麥價格上漲，同時也因為客戶種麥不用輸租，客戶種麥獲利多於種稻，這自然也刺激到了客戶種麥的積極性。此外，宋代南方小麥的種植還與氣候變冷有關。[58]南宋江西地區

---

56 （宋）吳泳：《鶴林集》卷三九《隆興府勸農文》，《文淵閣四庫全書》本。

57 （宋）莊綽：《雞肋編》上，《文淵閣四庫全書》本。

58 魏華仙：《〈雞肋編〉的生態環境史料價值》，《中國歷史地理論叢》2006年第4期。

具備了適宜小麥種植的條件。關於宋代江西種麥的描述很多，比如，陸游（1125-1210）過撫州金溪縣所見是「林薄打麥惟聞聲」[59]，「小麥登場雨熟梅」[60]，一片夏收割麥的繁忙景象。黃震在撫州知州任上時，發佈勸民種麥的文告道：「且說江西，其地（他）十州皆種麥，何故撫州獨不可種？撫州外縣間亦種小麥，何故臨川界並小麥不可種？」[61]正是由於存在「其他十州皆種麥」的普遍現象，身為地方官的黃震才大力提倡當地民眾轉而種麥。

然而，我們也要看到，儘管隨著種麥範圍的擴大，宋代江西客觀上出現了稻麥復種現象，但還並沒有形成稻麥復種的制度，水稻種植依然是主體。地方官員勸農種麥也從另一個側面反映了當時民眾種稻遠勝種麥的實況。

到了元代，稻麥輪作制逐漸普及。元代江西有春麥和冬麥兩種。饒州、南康、吉安、建昌等路均種麥，通常的情況是麥收後隨即插稻秧。劉詵對贛中稻麥輪作期的生產場景是這樣描述的：「三月四月江南村，村村插秧無朝昏。紅妝少婦荷飯出，白頭老人驅犢奔。五更負秧栽南田，黃昏刈麥渡東船。我家麥田硬如

59 （宋）陸遊：《劍南詩稿》卷一二《小憩前平院戲書觸目》，《文淵閣四庫全書》本。

60 （宋）陸遊：《劍南詩稿》卷一二《遣興》，《文淵閣四庫全書》本。

61 （宋）黃震：《黃氏日抄》卷七八《咸淳七年中秋勸種麥文》，《文淵閣四庫全書》本。

石，他家秧田青如煙。」[62]麥收之後隨即栽插稻秧，於是一大片農田中，既有金黃的麥田，又有青綠的稻秧田。但是，如果麥收恰逢久雨不晴，則會出現「麥已熟而不收，秧既老而莫種」[63]的情況。

元代災荒出現後，江西民眾知道及時播種各類作物，以減少饑荒的危害程度。江西的救荒作物主要有蕎麥、芋、粟等。大德十年（1306），南豐出現嚴重饑荒，知州尹伯達勸民眾廣種蕎麥，結果，蕎麥喜獲豐收，「民得麥續食，不復有饑」[64]。吉安一帶也產蕎麥。明初，泰和人劉崧遠遊賦詩，有「順承門外斜陽裡，蕎麥花開似故鄉」[65]之語，由此，泰和種蕎麥可能較普遍。芋則見於贛中，人們喜在冬日用地爐烤芋，以之待客。[66]粟亦是江西民眾的救災作物之一，故有「歲歉有稚粟，尚可分炊晨」[67]

62 （元）劉詵：《桂隱詩集》卷四《秧老歌三首》，《文淵閣四庫全書》本。

63 （元）任士林：《松鄉集》卷一〇《省府祈晴意旨》，《文淵閣四庫全書》本。

64 （元）劉壎：《水雲村泯稿》卷一四《呈州轉申廉訪分司救荒狀》，《文淵閣四庫全書》本。

65 （元）劉崧：《槎翁詩集》卷八《送別叔銘僉憲出順承門》，《文淵閣四庫全書》本。

66 （元）劉詵：《桂隱詩集》卷三《地爐撥芋》，《文淵閣四庫全書》本：「道人山房棕為簾，鑿土燎火防冬嚴。紅蒸榾柮森怪獸，灰中蹲鴟香可拈。黑膚黯淡露玉質，溫潤可以當劫炎。人間宰相君莫問，趺坐且薦春醪甜。」

67 （元）劉詵：《桂隱詩集》卷一《山中五詠》，《文淵閣四庫全書》本。

之詩。**68**

　　明代，江西稻作技術的進步主要表現在水稻施肥技術的進步。從宋應星的《天工開物》可知，明代江西有些地方較為先進的方法是用黃豆肥田：「一粒爛土方三寸，得穀之息倍焉。」一直延續至清代，江西有些地方仍然用這種方法肥田，例如，同治《九江府志》就記載：「山鄉以豆其未老者肥田。」

　　明代江西依然以一季稻為主。而在一些熱能和水能較為充分的地區也已發展了稻麥、稻豆兩熟制。如在贛東南的建昌府，在明代中期的正德年間早稻收割後在十月種麥：「麥，十月種四月收。」**69**正德年間，贛西北的一些平原和盆地的耕作習慣是：「有黃豆青皮豆……泥豆，秋刈稻涸田種之，十月刈。」**70**明代中後期之後，以閩粵客家人為主流的大量移民遷贛，到清前期，江西各地已顯得「地小人眾了」，或者說「人稠而土窄了」**71**。人口的壓力促使耕作技術必須進一步發展，以解決糧食緊張問題。明代，江西土地利用率的提高除因地制宜地發展多熟種植之外，就是利用田頭、地尾及河岸、山地乃至房前屋後廣種雜糧。江西傳統的雜糧有麥、粟、黍、豆等，這幾種作物在宋代即是江西的主要雜糧，明清時期，江西各地仍然廣泛種植。

---

68 對元代江西農業技術進步方面的研究相對較少，此主要參考吳小紅：
　　《江西通史・元代卷》，江西人民出版社，2008 年版。

69 正德《建昌府志》卷三《物產》。

70 正德《袁州府志》卷二《土產》。

71 乾隆《石城縣志》卷一《風俗》。

三、農具的進一步改進和發展

　　早在漢代，《鹽鐵論》中即已提出「鐵器者，農夫之死生也」[72]。繼戰國、秦漢之後，唐宋之際特別是兩宋三百年間，是中國古代冶鐵技術和鐵製工具又一次變革的重要時期。變革的主要內容是：灌鋼法、百煉鋼法等的廣泛使用，鐵犁的進一步改進，鐵刃農具的創製和推廣等。特別由於鐵產量的激增，從而使這次變革具有更加堅實的基礎。[73]鐵製農具的發展和逐漸普及促進了水利興修、土地開墾，推動了粗放農業向精耕細作技術體系的轉化，對提高農業生產力、增加糧食產量有著重要意義。

　　宋代，作為中國古代鐵製農具的成熟階段，隨著炒鋼技術、灌鋼冶煉法和鍛造技術的進步，鋼刃熟鐵農具得以推廣，高效省力的專用農具不斷出現，鋼刃熟鐵農具逐步取代了過去的韌性鑄鐵農具並被廣泛使用開來。

　　創始於唐代的曲轅犁，到宋代已被普遍推廣。從直轅犁改變為曲轅犁，這是耕犁的重要改進，曲轅犁最主要的優點是節省畜力，減輕扶犁農民的體力消耗，且轉彎方便，有利於丘陵山地的墾種。它不僅使農民在耕作時掉轉更靈活方便，更重要的是由於犁鑱、犁壁的分工不同，在犁鑱把土地犁起後，犁壁又將土塊翻下，使熟土在上，生土在下，有利於農作物生長。而且由於犁鑱

72 （漢）桓寬：《鹽鐵論·禁耕第五》，天津古籍出版社，1983 年版，第64頁。

73 漆俠：《宋代經濟史》（上冊），上海人民出版社，1987年版，第109頁。

的加大，為深耕創造了更為有利的條件。因而，曲轅犁的發明，對宋代農業生產的發展起了重要作用。

宋代的犁上還安置了犁刀，這是對犁的一項重大的改進。犁刀，又名劚刀、劃刀，是用來墾闢荒田的。這種工具，是「闢荒刃也，其制如短鐮，而背則加厚」。其鋒刃則已不是此前鑄鐵而成的，而是同其他帶鋒刃的農具一樣，混合了鋼，因而更加鋒利耐用，所以稱之為鋼刃農具。元代農學家王禎在完成於信州永豐（今江西廣豐）任上的《農書》中記載：「如泊下蘆葦地內，必用劃刀引之，犁鑱隨耕，起垡特易，牛乃省力。」[74]「劃刀」的使用，大大地提高了墾荒的效率。犁刀之名初見於宋代文獻，《宋會要輯稿》在說到乾道五年（1169）宋代官田開荒時，就有「每牛三頭，用開荒劚刀一副」[75]的記載。可見，犁刀在宋代已開現，並較為廣泛地使用。

秧馬的使用。北宋中期發明的秧馬是一種兼取秧與插秧之便的工具，這是插秧時使用的一種工具，騎在上面插秧較之彎腰插秧顯然是節省了不少的體力。經蘇軾的介紹和推廣到了江西。對秧馬，蘇軾曾有過這樣的描述：「予昔游武昌，見農夫皆騎秧馬。以榆棗為腹，欲其滑；以楸桐為背，欲其輕。腹如小舟昂其首尾；背如覆瓦，以便兩髀雀躍於泥中，繫束稿其首以縛秧；日

---

74 （元）王禎：《農書》卷二《農桑通訣二》，《文淵閣四庫全書》本。

75 （清）徐松：《宋會要輯稿》，第一百二十二冊，《食貨三》，第 4844頁。

行千畦，較之傴僂而作者，勞佚相絕矣。」[76]可見，舟形的秧馬對減輕農民勞動強度，提高勞動生產率有著很大幫助。王禎在《農書》中還描繪了秧馬的形制，與蘇軾的上述敘述是契合的。蘇軾到江西後，將這一新工具進行了介紹和推廣，「吾嘗在湖北，見農夫用秧馬行泥中，極便，頃來江西作秧馬歌以教。」[77]在泰和縣石山鄉匡原村曾氏宗祠發現的《秧馬歌》碑刻還保留有完整的內容，歌曰：

> 春雲濛濛雨淒淒，春秧欲老翠剡齊。
> 嗟我婦子行水泥，朝分一壟莫千畦。
> 腰如箜篌首啄雞，筋煩骨殆聲酸嘶。
> 我有桐馬手自提，頭尻軒昂腹脅低。
> 背如覆瓦去角圭，以我兩足為四蹄。
> 聳踴滑汰如鳧鷖，纖纖束稿亦可齎。
> 何用繁纓與月題，揭從畦東走畦西。
> 山城欲閉聞鼓鼙，忽作的盧躍檀溪。
> 歸來掛壁從高棲，了無芻秣饑不啼。
> 少壯騎汝為老犁，何曾蹶軼防顛擠。

76　（宋）蘇軾：《東坡全集》卷二二《秧馬歌·並引》，《文淵閣四庫全書》本。

77　（宋）蘇軾：《東坡志林》卷六，《文淵閣四庫全書》本。

錦韉公子朝金閨，笑我一生蹋牛犁。**78**

　　在山區，還出現了經改造過的高轉筒車，這對解決山地、丘陵地區梯田的灌溉有著重要的意義。在灌溉工具中，除舊有的利用竹筒連接起來引水澆灌外，宋代有所謂的筒車。筒車是在靠河岸的水中建立起來的，利用水流的力量，將輪輻轉動，輪輻上的竹筒灌滿了水，而後流到岸上，通過管道灌於田中。宋人也稱之為水輪。有了這樣的灌溉工具，王安石的好友王令興奮地說：「旱則我為用，爾龍尚何謂？」**79**還有一種踏車即龍骨車，也就是東漢畢嵐所發明的翻車渴烏。這種龍骨車，在宋人詩書中頻頻提到，南方種植水稻的地區，幾乎家家都有，它已經是廣泛使用的灌溉工具了。龍骨車不但在「臨水地段皆可置用」，即使地段高，也可利用它把水提運上去，「若岸高三丈有餘，可用三車，中間小池倒水上之，足救三丈已上高旱之田」**80**。

　　揚扇被用作收選糧食的工具。王安石在描述農事活動的《揚扇》一詩中寫道：「精良止如留，疏惡去如擯。如擯非爾憎，如留豈吾吝。無心以擇物，誰喜亦誰慍。翁乎勤簸揚，可使糠粃盡。」**81**使用揚扇時，只要「勤簸揚」，便「可使糠粃盡」，這就

78　（宋）蘇軾：《東坡全集》卷二二《秧馬歌》，《文淵閣四庫全書》本。

79　（宋）王令：《廣陵集》卷六《水車謝龍》，《文淵閣四庫全書》本。

80　（元）王禎：《農書》卷一八《農器圖譜十三》，《文淵閣四庫全書》本。

81　（宋）王安石：《臨川文集》卷一一《揚扇》，《文淵閣四庫全書》本。

大大方便了農民對穀物的篩選。

　　曾安止作《禾譜》後一百多年，南宋時，曾安止侄孫耒陽令曾之謹「追述東坡作歌之意」[82]，寫成《農器譜》，與《禾譜》配套，彌補了《禾譜》缺少農具記載的缺憾，「凡耒耕、耨鎛、車戽、蓑笠、銍刈、篠蕢、杵臼、斗斛、釜甑、倉庾，厥類惟十，附以雜記勒成三卷。皆考之經傳，參合古制，無不備是。可補伯祖之書，成蘇公之志矣」[83]。從《農器譜》的農具分類來看，除部分為農產品加工儲藏工具外，大部分為翻地、灌溉、收割等方面的農業生產工具。所著的《農器譜》不僅參證了歷史記載，而且仔細對照了當時的農具形制，極為詳實，是一部相當全面的農具專著。書成，周必大為之作序，曾之謹並將《禾譜》《農器譜》二書並寄陸游，陸游深為讚譽，為之賦《耒陽令曾君寄禾譜農器譜二書求詩》一首，詩曰：

　　　　歐陽公譜西都花，蔡公亦記北苑茶。
　　　　農功最大置不錄，如棄六經崇百家。
　　　　曾侯奮筆譜多稼，儋州讀罷深咨嗟。
　　　　一篇秧馬傳海內，農器名數方萌芽。
　　　　令君繼之筆何健，古今一一辨等差。

82　（元）馬端臨：《文獻通考》卷二一八《經籍考四十五・農家》，中華書局，1986 年版，第 1773 頁。

83　（宋）周必大：《泰和曾氏農器譜序》，見雍正《江西通志》卷一三六《藝文》，《文淵閣四庫全書》本。

我今八十歸抱耒，兩編入手喜莫涯。

神農之學未可廢，坐使末俗慚浮華。[84]

《農器譜》的出現，表明江西在農業生產工具的製造和使用方面也領先全國。二十世紀八〇年代，江西省文物工作隊曾在武寧縣發掘出一件北宋鐵鋤，其形制性能與現在的鐵鋤幾乎完全一樣。[85]可見宋代江西農具已經達到較為先進的水準。

第二節 ▶ 江西糧倉地位的形成

江西地處長江中下游地區，江西省境內除北部較為平坦外，東、西、南部三面環山，中部丘陵起伏，成為一個整體向鄱陽湖傾斜而往北開口的巨大盆地。北面鄱陽湖平原，地勢開闊。境內自南向北分布著五條幹流——贛江、撫河、信江、饒河及修水，河川密布，形成無數大小不一的盆地。這些平原和河谷盆地，氣候溫和，水熱資源豐富，非常適合農業的發展，這為江西深厚、久遠的農耕文明的積澱奠定了基礎。

江西自古就有「魚米之鄉」的美譽。至唐宋時期，江西已成為朝廷重要的徵糧區。隨著江西經濟的不斷發展和全國經濟重心

---

84 （宋）陸游：《劍南詩稿》卷六七《耒陽令曾君寄禾譜農器譜二書求詩》，《文淵閣四庫全書》本。

85 李恒賢：《江西省博物館館藏農業科技文物目錄》，《農業考古》1981年第 1 期。

的逐步南移，江西的經濟地位日益重要，江西作為全國重要糧食產區的優勢明顯，逐漸確立起了其全國「糧倉」的重要地位。

江西在全國的經濟地位在唐中後期不斷提高。著名歷史學家陳寅恪先生在其《隋唐制度淵源略論稿》中認為，唐中葉「安史之亂」後，北方藩鎮割據，江南地區對於唐王朝的地位日趨重要，唐王朝的財賦逐漸依賴於江南，出現了所謂「財政江南化」，也即「中央財政制度之漸次江南地方化」。[86] 在這一過程中，江西的地位日趨突出。宋代司馬光所著《資治通鑑》中憲宗元和二年（807）有載：「是歲，李吉甫撰《元和國計簿》上之，總計天下方鎮四十八，州府二百九十五，縣千四百五十三。其鳳翔、鄜坊、邠寧、振武……等十五道七十一州不申戶口外，每歲賦稅倚辦止於浙江東、浙江西、宣歙、淮南、江西、鄂岳、福建、湖南八道四十九州，一百四十四萬戶，比天寶稅戶四分減三。天下兵仰給縣官者八十三萬餘人，比天寶三分增一，大率二戶資一兵。其水旱所傷，非時調發，不在此數。」[87] 此所述江南八道四十九州一百四十四萬戶中，江西一處計有八州二十九點三萬餘戶，占到了正常情況下賦稅人口的百分之二十點三，這一比重，已直觀說明了唐中葉後江西的重要經濟地位。兩宋是江西經濟繁榮發展的時期，農業特別是水稻種植業發展迅速，江西是全國重要的水稻生產區之一，也是主要的稻米輸出地區。宋以後，

86　陳寅恪：《隋唐制度淵源略論稿》，中華書局，1963 年版，第 141 頁。

87　（宋）司馬光：《資治通鑑》卷第二三七，《唐紀》五三。

江西依然保持全國重要糧食生產地的地位。到了明代，隨著江南地區商品經濟的發達，糧食種植面積減少，經濟作物種植面積擴大，江西農業則全面興旺，除輸納巨額的稅糧和漕米外，還向周邊臨近省份輸出大量的商品糧，江西已成為全國重要的「糧倉」。

宋代，隨著人口的增長、耕地面積的擴大、水利設施的興修以及農業生產技術的進步，這一時期江西的糧食產量得到大幅度增長。

此時江西農業生產興旺、糧食豐足的情況已為時人所樂道。孔武仲在寫於紹聖四年（1097）的《筠州無訟堂記》中有過一段描述，「筠，江西支郡，始者市區寂寥，人物鮮少，近歲乃更昌大蕃富。其屬邑布在險阻，樂歲粒米糧戾，而四方商賈不能至，囷倉之積，守之至白首而不發。」[88]筠州，始增設於南唐保大十年（952），宋代時下轄三縣：高安、上高、萬載。始設時，這一地區經濟基礎較為薄弱，然而，經過幾十年的發展，入宋之後，較之前代已有很大改觀，民豐糧足，餘糧積倉。紹興年間（1131-1162），張孝祥途經清江（今樟樹）時看到了一幅壯麗場景：「入清江界，地名九段田，沃壤百里，黃雲際天，他處未有也。」有感於此，他特賦詩一首：

　　野水彌漫欲漲川，稻雲烘日更連天。

---

88 光緒《江西通志》卷六七《建置略》。

定無適粵千金橐，可買臨江九段田。

黃犢眠邊高樹蔭，白雞啼處遠炊煙。

此中若許投簪紱，便老鋤耰蕡數椽。**89**

從「沃壤百里，黃雲際天」、「稻雲烘日」的描述中，我們不難想像當時贛江中下游地區水稻種植的興盛景象。

北宋著名思想家、建昌軍南城人李覯（1009-1059）介紹自己家鄉時說：「吾邑之在江表，亦繁巨矣。戶口櫛比，賦米之以斛入者，歲且數萬。」**90**吉泰盆地歷來是江西重要的糧食生產區，產糧尤豐，《禾譜》作者、北宋農學家曾安止對此有專門論述：「江南俗厚，以農為生。吉居其右，尤殷且勤。漕台歲貢百萬斛，調之吉者，十常六七，凡此致之縣官耳。」**91**有宋一代，吉州向朝廷輸納的糧食數額有多少呢？南宋淳熙時的著名學者袁燮（1144-1224）《絜齋集》所收錄的《朝請大夫贈宣奉大夫趙公墓誌銘》中的一段記載可資參考：

（趙善持）擢隆興元年進士第……通判吉州……嘗攝郡政，時方和糴，江西吉當十萬石。官吏白公：「本錢未降，

89　（宋）張孝祥：《於湖集》卷七《律詩》，《文淵閣四庫全書》本。

90　（宋）李覯：《盱江集》卷二七《書·上孫寺丞書》，《文淵閣四庫全書》本。

91　（宋）曾安止：《禾譜·序》，轉引自曹樹基：《禾譜校釋》，《中國農史》1985 年第 3 期。

而省符屢趣，計將安出？均之諸縣其可？」公曰：「今八縣之民輸米郡倉，斛計四十八萬，凡水腳等費，皆變米得錢，市商牟利，由是傷農，其可重擾乎？若使以米代錢，公私俱便。」民果樂從。比新大守至，糴已足矣⋯⋯諸司以課最奏天子。**92**

一州八縣（注：宋代，吉州下轄廬陵、吉水、安福、太和、龍泉、永新、永豐、萬安八縣）共輸納糧米四十八萬斛，和糴又增十萬石，再加添水腳等費折米，合計超過五十八萬石。這裡且不計此次臨時和糴糧米十萬石，僅正常時期所需交納的糧米數加上水腳雜費折米，數量應在五十萬石左右，這樣的數額確屬巨大。同時「以米代錢」，也說明了當時吉州各地糧食可供應量大，這樣的措施才既不致傷農又「公私俱便」，人們樂意接受又圓滿完成和糴指標。「比新守至，糴已足」，按期足額完納，再次證明當地糧產充足。

饒州地區的糧食供應也很多。南宋紹興中，程邁知饒州，「時鄱陽歲饑，多盜，以邁知饒州」**93**，他奏請「蠲舟車征算，增米價以來遠商，察徵商諸弊，使不得為便。未幾，米暴集，閱數至六十餘萬斛，價為之損半，民食大足，而羨餘及於徽、信二

---

92 （宋）袁燮：《絜齋集》卷一七《朝請大夫贈宣奉大夫趙公墓誌銘》，《文淵閣四庫全書》本。

93 光緒《江南通志》卷一四七《列傳・吉安府》。

州」[94]。程邁能在短時間內解決當地的饑荒，除措施得當能招來商賈販米到此之外，也緣於鄱陽周圍鄰縣糧食充足多有富餘，才能使多達六十餘萬斛的糧米短期內「暴集」。

江西是宋代朝廷的重要糧食供應區。宋代江西全境供輸的糧食，從漕糧數額上可以部分反映出來。北宋時，漕糧對王朝穩定意義至關重大。宋太宗曾說：「東京（指汴京）養甲兵數十萬，居人百萬家，天下轉漕，仰給在此一渠水，朕安得不顧。」[95]這是因為汴京的糧食供應，雖有汴渠、黃河、惠民渠、廣濟渠四條水道轉輸供應，但是主要來源還是通過汴渠運來的東南六路的糧食。汴渠「歲漕江、淮、湖、浙米數百萬，及至東南之產，百物眾寶，不可勝計」。太平興國六年（981），汴河運米 300 萬石，菽 100 萬石；黃河粟 50 萬石，菽 30 萬石；惠民河粟 40 萬石，菽 20 萬；廣濟河粟 12 萬石。合計 552 萬石，汴河占 72.46%。「至道初（995），汴河運米五百八十萬石，大中祥符初（1008），至七百萬石。」可見，汴河漕糧，是重中之重，乃宋朝命脈所系。[96]真宗景德四年（1007），「定汴河歲額六百萬石」[97]。在每年的汴渠漕米定額六百萬石中，江西地區供應的糧米始終佔有重要的比重。

---

94 光緒《江西通志》卷一二六《宦績錄》。

95 （元）脫脫等：《宋史》卷九十三，志第四十六，《河渠三‧汴河》。

96 許懷林：《江西史稿》，江西高校出版社，1993 年版，第 280 頁。

97 （元）脫脫等：《宋史》卷一百七十五，志第一百二十八，《食貨上三‧漕運》。

宋神宗熙寧八年至十年（1075-1077）間，沈括出任三司使，主管全國財政。對當時漕運詳情，他曾有具體記載：

　　　　發運司歲供京師米，以六百萬石為額。淮南一百三十萬石，江南東路九十九萬一千一百石，江南西路一百二十萬八千九百石，荊湖南路六十五萬石，荊湖北路三十五萬石，兩浙路一百五十萬石。通羨餘歲入六百二十萬石。**98**

　　從中可見，江南西路運出漕糧居東南六路中第三位。政和七年（1117），《宋史》記載：

　　　　立東南六路州軍知州、通判裝發上供糧斛任滿賞格，自一萬石至四十萬石升名次減年有差。張根為江南西路轉運副使，歲漕米百二十萬石給中都。**99**

　　綜合這兩段資料，大致可以看出，一百二十萬石是北宋時期江南西路較為穩定的漕米數額。

　　然而，宋代江西全境的實際漕米總數卻遠不在此數。兩宋江西諸州軍縣分屬江南西路、東路，宋代饒州、信州、江州、南康

98　（宋）沈括：《夢溪筆談》卷一二《官政二》，嶽麓書社，2002年版，第95頁。

99　（元）脫脫等：《宋史》卷一百七十五，志第一百二十八，《食貨上三·漕運》。

軍四州軍屬江南東路管轄，江南西路所轄十州軍中的興國軍今則
歸於湖北境內，按照沈括所記江南東路九十九萬餘石的數額，
饒、信、江、南康四者至少可占十分之四，約合四十萬石，而江
南西路一百二十餘萬之十分之一，計有十二萬石。如此粗略計
算，可知宋代江西饒、洪等十三州軍歲供漕米數為一百四十八萬
石左右，與兩浙路相近。

　　曾鞏於元豐二年（1079）撰寫的《洪州東門記》中稱洪州
「其部所領八州，其境屬於荊、閩、南粵，方數千里。其田宜粳
稌，其賦粟輸於京師，為天下最。在江湖之間，東南一都會
也」[100]。曾鞏曾於熙寧九年（1076）出任洪州知州，記中所謂
「輸粟居最」雖不乏溢美之處，但也說明了當時江西地區在全國
漕運糧米中所處的重要地位。

　　南宋之後，由於南宋朝廷偏安江南，定都臨安府（今浙江杭
州），疆域僅限南方，財賦完全依賴江南各州軍，江西每年漕運
的糧食比之北宋時又增加不少。吳曾（字虎臣，撫州崇仁人）在
《能改齋漫錄》中說：

　　　　惟本朝東南歲漕米六百萬石，以此知本朝取米於東南為
　　　　多。然以今日計，諸路共六百萬石，而江西居三分之一，則

100　（宋）曾鞏：《元豐類稿》卷一九《洪州東門記》，《文淵閣四庫全書》
　　　本。

江西所出為尤多。**101**

《能改齋漫錄》是吳曾在紹興三十二年編成的筆記文集，記載史事異聞，辯證詩文曲故，解析名物制度，資料豐富，援引廣博，保存了若干有關唐宋兩代的重要資料。按其所說，江西在歲供漕米六百萬石中占三分之一，則江西每年輸出漕糧為二百萬石。如果再綜合宋代江西全境分屬江南東、西路的情況估計，歲漕兩百萬石還遠不是江西全境的總漕運量。在全國糧食供應中江西地區所占比重尤大、數額尤多，這既是宋代江西的重要經濟地位的體現，也反映了這一時期江西農業生產的興旺發達。

江西作為全國重要的糧食供應區，到了元代依然沒有改變。《元史・食貨志》記載：

> 天下歲入糧數，總計一千二百十一萬四千七百八石，腹裡二百二十七萬一千四百四十九石，行省九百八十四萬三千二百五十五石，遼陽省七萬二千六十六石，河南省二百五十九萬一千二百六十九石，陝西省二十二萬九千二十三石，四川省一十一萬六千五百七十四石，甘肅省六萬五百八十六石，雲南省二十七萬七千七百一十九石，江浙省四百四十九萬四千七百八十三石，江西省一百一十五萬七千四百四十八

---

101 （宋）吳曾：《能改齋漫錄》卷一三《唐宋運漕米數》，上海古籍出版社，1979 年版。

石，湖廣省八十四萬三千七百八十七石。[102]

　　根據以上記載，元代全國歲入糧數總計一千兩百一十一萬餘石，其中，江西行省的稅糧一百一十五點七萬餘石，占總額的百分之九點五五，僅次於江浙、河南行省，居第三位。從至元二十年至延佑、天歷年間（1283-1330），全國漕運的糧食由四萬餘石增至三百三十四萬餘石，其中江西提供的數量也相當多。大德十一年（1307）十月，中書省奏：「常歲海運漕糧百四十五萬石，今江浙歲儉，不能如數，請仍舊例，湖廣、江西各輸五十萬石，並由海道達京師。從之。」[103]從中可見，在海運至京的糧食中，江西約占三分之一。上述記載都說明，江西地區是元代糧食的主要供應地。

　　不過，元代江西行省管轄範圍很廣，包括了現在的江西、廣東兩省等部。但必須指出的是，今屬江西的饒州路、信州路、鉛山州當時則歸屬江浙行省。兩相抵消，再加上元代的廣東其實還沒大面積開發，糧食生產尚未充實的事實。所以，雖然元代江西行省範圍不等於現在的江西省，但大部分漕糧供應負擔依然應該是落在目前江西省的所管轄的範圍內的。

　　江西同時也是元代救災糧的重要供應地。每遇災荒之年，朝廷還需從江西調出大量糧食賑災。《元史》中不乏這類的記載。

102　（明）宋濂等：《元史》卷九十三，志第四十一，《食貨一》。

103　（明）宋濂等：《元史》卷二十二，本紀第二十二，《武宗一》。

如大德二年（1298）五月，「淮西諸郡饑，漕江西米二十萬石以備賑貸，命中書省遣使監」[104]。至大四年（1311）十二月，「浙西水災，免漕江浙糧四分之一，存留賑濟。命江西、湖廣補運，輸京師」[105]。

　　除了供應大量的漕米、稅糧、救災糧外，江西也是宋元時期商品糧的重要供應地。曾安止說：「（吉州）春夏之間，淮甸荊湖，新陳不續，小民艱食，豪商巨賈，水浮陸驅，通此（吉州）饒而阜彼乏者，不知其幾千萬億計。朽腐之逮，實半天下。」[106]江西的糧食貿易興隆可見一斑。《新安志》也有載：「祁門水入於鄱，民以茗、漆、紙、木行江西，仰其米自給。」[107]

　　宋代是江西經濟全面繁榮的時期，特別是農業得到迅速發展，技術進步、生產興旺，糧食產量增加。江西的重要經濟地位得以不斷凸顯。這一時期，江西地區在漕糧輸納的比重、數額上都佔有優勢地位，商品糧貿易也得到發展。

　　明代，江西作為全國的重要產糧區和糧食供應區地位日趨重要，這顯著表現為江西交納的夏稅、秋糧漸居全國之最。表 3-2 反映的是明代洪武、弘治、萬曆三朝夏、秋賦糧徵收數額的對照情況。

104　（明）宋濂等：《元史》卷一十九，本紀第一十九，《成宗二》。

105　（明）宋濂等：《元史》卷二十四，本紀第二十四，《仁宗一》。

106　（宋）曾安止：《禾譜》，轉引自曹樹基：《禾譜校釋》，《中國農史》1985 年第 3 期。

107　（宋）羅願：《新安志》卷一《風俗》，《文淵閣四庫全書》本。

表 3-2　洪武 26 年、弘治 15 年、萬曆 6 年夏、秋賦糧徵收對照

	洪武 26 年（1393）	弘治 15 年（1502）	萬曆 6 年（1578）	資料來源
全國	夏稅麥　　4712900 石 秋糧米　24729450 石 麥米合計　29442350 石 米占百分比　　83.99%	4625594 石 22166666 石 26792260 石 82.73%	4605243 石 22033171 石 26638414 石 82.71%	《萬曆明會典》卷二四至二五，戶部、稅糧 1-2
江西	夏稅麥　　　79050 石 秋糧米　　2585256 石 麥米合計　2664306 石 米占百分比　　97.03%	87636 石 2528270 石 2615906 石 96.67%	88072 石 2528270 石 2616342 石 96.63%	
全國排名	第二位	第一位	第一位	

資料來源：《萬曆會典》卷二四至二五，戶部、稅糧 1-2。

　　從表 3-2 中，對比明代初期、中期和後期不同階段稅糧比重和數額，我們可以看到，有明一代，江西輸納的稅米在全國居於首要位置。江西作為明代的天下「糧倉」，江西每年上貢的糧米對維護統治穩定和全國社會經濟的發展都具有舉足輕重的作用。儘管上述稅糧數額不代表真實的上繳數額，但是，也從一個側面反應了江西承擔的稅糧任務之重。

　　明代江西糧食外運除上貢京師北京外，還供應和運銷閩、粵、皖、蘇、浙等地區。明代的糧食外運主要分為漕糧、官府採買和民間販賣的商品糧。江西除以豐富的糧產負擔巨額的漕糧供應外，還有大量的糧食進入流通領域運銷周邊鄰近省份。儘管這些民間的商貿往來疏於具體數量統計，但依然可以從時人的記錄中去發現江西在區域糧食流通中的重要影響。

明中葉以後，伴隨著經濟作物的普遍種植，再加上農作物的商品化、市鎮發展和人口壓力等原因，宋代就有「蘇湖（常）熟、天下足」之譽的江南地區逐漸成為糧食輸入區。這主要是因為，一方面農業中糧食種植面積減少，從事糧食生產的農業人口縮減，導致糧食總產量大為減少；另一方面，市鎮數量的增加、規模的擴大，非農業勞動人口增多，又加大了當地的糧食消費量。隨著本地糧食總產量減少和糧食消費量的增加，使得明代中葉以後江南地區的糧食供求逐漸緊張，以前的餘糧輸出區開始慢慢變為糧食輸入區，對其他地區的糧食依賴性不斷增強。江南地區與長江中下游糧食主產區如江西、湖廣等地的糧食供求關係形成於明代中後期，晚明人黃希憲在其《撫吳檄略》卷一中稱：「吳所產之米原不足供本地之用，若江、廣（指江西、湖廣）之米不特浙屬藉以濟運，即蘇屬亦望為續命之膏。」[108]以至江浙城鄉出現了「商人載米而來者，舳艫相銜也，中人之家，朝飲夕糶，負米而入者，項背相望」[109]的景象。而吳應箕（1594-1645）《樓山堂集》中也稱，「江南地阻人稠，半仰食於江、楚、廬、安之粟」[110]。說「半仰食」可能誇大了些，但是，實際數量肯定也是不會少的。而這時，江浙地區輸入的外省米穀中，又以鄰近的皖北和贛南供給為主。除遠距離、跨區域的糧食調劑供需

---

108 （明）黃希憲：《撫吳檄略》卷一，（日）《內閣文庫藏明代稀書》。

109 （清）顧炎武：《天下郡國利病書》卷二〇《江南》。

110 （明）吳應箕：《樓山堂集》卷一〇，中華書局，1985 年版。

外，有些與江西接鄰的地區，如浙江西部常山一帶，接連江西廣信府玉山縣等地，口糧也主要依賴於江西供應，若無廣信府諸縣大米接濟，「則終歲饑饉者十家而七矣」。江西與江浙的這種日趨緊密的糧食供求關係不僅解決了江浙地區民眾生計所必需的口糧供應，更為重要的是，它還為江浙特別是乙太湖流域為中心的江南地區商品經濟的發展提供了基本物質保障，促進了那裡的經濟作物和手工業的發展。

生活於明代中後期的顧起元在其文集《客座贅語》中記有：「金陵百年來穀價雖翔貴，至二兩或一兩五六錢，然不逾數時，米價輒漸平……而湖廣、江西亦荒，米客不時至，則穀價驟湧，而人情嗷嗷矣。」[111]從中，我們看到，當時全國重要糧食產區湖廣地區和江西地區的大米順江而下，運銷南京，對民生至為要緊。

安徽南部的徽州一帶，是茶、木材和紙墨的產區，地處皖南山區，山多田少，土地貧瘠，糧食不足，是明清時期著名的缺糧區。糧食主要依靠外地供給，「徽（州）池（州）之間，人多田少，大半取於江西、湖廣之稻以足食者也，商賈從數千里轉輸」[112]。徽州府屬諸縣所需糧食大部分仰賴江西供應的情況一直延續至清代，康熙《徽州府志》記：「趙士吉曰：郡處萬山，

---

111 （明）顧起元：《客座贅語》卷二《議糴》，中華書局，1987 年版點校本，第 56 頁。

112 （明）吳應箕：《樓山堂集》卷一二《江南平物價議》，中華書局，1985 年版，第 139、140 頁。

百貨皆仰外……一日饒河閉糴，則徽民仰屋；越舟不至，六邑無衣。」當地人汪偉在奏疏中也寫道，徽州介萬山之中，糧食仰賴饒州鄱陽、浮梁，「一日米船不至，民有饑色，三日不至有餓殍，五日不至有盡奪」。江西即是產糧之地，徽州的糧商往往雲集江西，有的為行商，通過水運，將稻米販往徽州後轉售坐賈；有的為牙商，坐鎮江西，設立米號，專門收購糧食。

明清時期，江西的糧米主要通過兩個途徑運銷外省。一是由贛江至鄱陽湖運出再沿長江而下為最大宗，二是經大小隘口翻山越嶺由陸路運銷江、浙、閩、粵、皖等省。儘管明代每年從江西運銷外省的糧米具體數字難以估計，然而，通過以清代江西每年外銷糧食總量達一千萬石左右的情況作參照[113]，明代的數量想也不在少數。

在看到明代江西大量糧食外運的同時，我們不應忽視，在中國古代地方大量糧食外運表像的背後，往往意味著國家對該地區的某種超經濟強制與掠奪，帶有著明顯的政治目的。而且，也必須注意到這樣一個事實，在封建生產方式下，市場上的商品糧不

---

113 陳支平：《清代江西的糧食運銷》（《江西社會科學》1983 年第 3 期）通過對江西各地糧食的運銷分析，得出：「清代江西省向江浙閩粵運銷的糧食總量每年大致在一千萬石左右……清代江西省外銷的商品糧食已占全省糧食總產量的百分之十。」許滌新、吳承明主編：《中國資本主義發展史》第一卷《資本主義萌芽》（人民出版社，2003 年版）中論述明代商品糧食的運銷時，認為：「在明後期，較長距離的糧食運銷，估計恐怕不過在一〇〇〇萬石左右。」江西是明代糧食運銷中主要的糧食輸出地區，由於缺乏具體數位，我們難以估量，但實際數量每年應有幾百萬石。

能與一地的餘糧完全畫等號。糧食由農民個體生產所有。進入長距離運銷的糧食，部分是小生產者的餘糧，而大部分是來自地主的租谷，他們為了獲取豐厚的商業利潤，常常不顧本地民食所需，大量出售給外地商人，或囤積居奇，有意刺激糧價上升，從中牟利，因而，明代江西大量糧食外運，並不等於廣大的普通民眾都已經糧食充盈。因而，「這樣的糧食販運，是當時最大量的商品流通，但它也是最典型的封建商業」[114]。

　　這一點，我們可以以贛南地區為例加以說明。在明代，贛南地區被普遍認為是重要的糧食產區和供應區，而實際情況卻是以犧牲本地的糧食供給為代價，並非以本地糧食供給的富餘為基礎。特別是明後期，贛南的糧食生產，儘管勉強有餘，而實際儲備不足，應付災荒的能力較為脆弱。如天啟《贛州府志》中所言：

> 　　贛亡他產，頗饒稻穀，自豫章吳會，咸仰給焉。兩關轉穀之舟，日絡繹不絕，即儉歲亦櫓聲相聞。該齊民不善治生，所恃贍一切費者，終歲之入耳。故日食之餘，則盡以出糶，鮮有蓋藏者。且田土強半鄰壤占籍，土著無幾，公庾之積又未能陳陳相因足支二三年，如南昌、臨、吉諸郡告急，時時輸兩關粟濟之下流，固甚便。假令贛人饑，誰其輸之粟

---

114 許滌新、吳承明主編：《中國資本主義發展史》（第一卷）《資本主義萌芽》，人民出版社，2003 年版，第 93 頁。

耶？越嶺則路為艱，溯河則水為逆。往戊子、己丑（指萬曆十六、十七年）之間，道饉相望，其故可知已。閉糶之禁，它郡率籍為口實，然空所有以飽人腹而坐困以待斃，是自盡之術也。鄉鄰同室之鬥，救之寧無分緩急乎？[115]

儘管贛南地區「出糶」普遍，然而民眾「不善治生」、「鮮有蓋藏」，而官府儲備也不足，「公庚之積又未能陳陳相因足支二三年」。正常時期，順流而下，贛南地區的糧食轉輸他處固然便利，但若遇本地饑荒需仰濟他處時則難。因而，由出糶轉而閉糶，正是贛南士紳們對本地利益的爭取和維護。

江西在與鄰省的糧食供求關係中，自古都是巨額大米輸出者，這一方面促使江西糧食生產長盛不衰而成為商品糧基地，另一方面也滿足了鄰境的需要，使其能順利發展經濟作物和手工製造等行業。還有一方面則是江西人形成了非常強烈的「重糧」思想，不知不覺地在阻滯著其他生產事業。[116]

明清時期，諺語「湖廣熟，天下足」流行於時，江西卻不被提及。儘管如此，並不表示江西在全國糧食生產和供應中沒有重要地位。明清時期，隨著湖廣地區開發加快，糧食大量輸出外省，「湖廣熟，天下足」之諺被人們廣為傳頌。但是，「湖廣熟，天下足」並不是簡單地對「蘇湖（常）熟，天下足」的代替。此

115 天啟《贛州府志》卷三《輿地志・土產》。
116 許懷林：《江西史稿》，江西高校出版社，1993 年版，第 574 頁。

時，湖廣地區的水稻生產技術水準及單產量均不及長江三角洲地區，兩湖商品糧的大量輸出，並不反映其農業生產水準已經超過了江浙先進的農業區。這句諺語出現於明代中後期，由起初表達人們的一種期望到名符其實，其間經歷了相當一段時期。[117]湖廣地區在明後期大力開發，到了清代才真正成為全國重要糧食生產區。因而，在闡述明清特別是明代糧食外運時，不能因為諺語的存在而過分誇大湖廣地區的重要地位而忽視了江西的實際影響。之所以在諺語中有湖廣地區而未包括江西，除去江西不如湖廣地區交通便利的原因外[118]，一個根本的原因就是江西承擔的稅糧任務更重，大量的糧食通過稅糧的方式轉運到了中央，而不是如湖廣那樣以商品糧的方式供應給周邊省份。

　　明代除了洪武年間的戶口、耕地和田賦數字可信之外，其他

---

117 有關「湖廣熟，天下足」諺語形成和內涵等問題，詳見徐凱希：《關於建國前湖北農業發展水準的探討 —— 從「湖廣熟，天下足」說起》，《湖北社會科學》1987 年第 3 期。張建民：《「湖廣熟，天下足」述論 —— 兼及明清時期長江沿岸的米糧流通》，《中國農史》1987 年 4 期；張國雄：《湖廣熟天下足的經濟地理特徵》，湖北大學學報（哲學社會科學版）1993 年第 4 期；《明清時期兩湖外運糧食之過程、結構、地位考察 ——「湖廣熟、天下足」研究之二》，《中國農史》1993 年第 3 期；《「湖廣熟，天下足」的內外條件分析》，《中國農史》1994 年第 3 期；龔勝生：《論「湖廣熟、天下足」》，《農業考古》1995 年第 1 期；張家炎：《明清長江三角洲地區與兩湖平原農村經濟結構演變探異 —— 從「蘇湖熟，天下足」到「湖廣熟，天下足」》，《中國農史》1996 年第 3 期。

118 張國雄：《明清時期兩湖外運糧食之過程、結構、地位考察 ——「湖廣熟，天下足」研究之二》，《中國農史》1993 年第 3 期；《「湖廣熟，天下足」的內外條件分析》，《中國農史》1994 年第 3 期。

年份的數字均不可信。因此，我們只能對比洪武年間江西與湖廣的人口、田地、賦稅糧米等項（詳見表 3-3）數字。通過對比，我們不難發現，明初江西人口眾多，人均耕地少，人地關係緊張，糧食產量雖高而消耗也大，而且，明代江西輸納的賦稅糧米至多，在全國位居前列。反觀明初湖廣地區，賦稅數額較低，人地關係相對寬鬆，所承擔的稅糧亦較少，隨著明中期以後土地開發，人口增加，糧食產量也應飛速增加，可以提供大量富餘的商品糧進行流通轉輸外省。因此，湖廣地區很容易獲得「湖廣熟，天下足」的美譽。

表 3-3　明洪武年間江西與湖廣戶口數、田地數及稅糧對比

專案	戶數（戶）	口數（口）	田地數（畝）	人均田地（畝/人）	實徵米麥（石）
江西	1553928	8982481	43118601	27.75	麥79050，米2585256
湖廣	775851	4702660	220217575	283.84	麥138766，米2323670

資料來源：梁方仲：《中國歷代戶口、田地、田賦統計》，上海人民出版社，1980 年版，第 204-205 頁、第 334-342 頁、第 344-348 頁。

　　儘管沒有這一美譽，江西是明代重要的糧食生產和供應區，這是不容置疑的事實。江西的糧食生產不僅解決了本地眾多人口的口糧，還繳納了巨額的賦稅，並有大量的糧食進入市場進行流通，而且，這種全國糧倉的地位一直持續到現代。

　　綜上所述，我們可以看到，兩宋以至明代是江西歷史上的繁榮時期，農業得到迅速發展，糧食產量豐富，江西成為全國著名的糧食生產區和重要的糧食供應區，除了向朝廷輸納巨額的稅糧外，還有大量的糧食外運周邊地區。特別是到了明代，江西每年交納的賦稅位居首要，奠定了其「糧倉」的地位，此外，江西大量糧食運銷江浙等地，對這些地區商品經濟的發展和經濟作物的種植起到了促進作用。江西的糧食輸出，為維持全國社會經濟的穩定和發展起到了重要作用，然而，隨著糧食重要產區和供應區地位和分工的形成，也使得江西其他生產事業受到了阻滯。

第三節 ▶ 經濟作物的種植

　　江西省位於北緯 24°24´-30°04´，東經 113°34´-118°29´，屬於亞熱帶季風氣候區，年平均氣溫 15℃-20℃，年降水量為八百毫米──一千五百毫米，年生長期約兩百七十天──三百天，氣候溫暖濕潤、四季分明。地處長江中下游南岸的贛省，是個多山的省份，東南西三面環山，東臨武夷山脈與閩浙相連，西枕羅霄山脈與湖湘交界，南瀕大庾嶺、九連山與粵省相接，中部以丘陵山地為主，五百米以上的山地占全省總面積的百分之三十六，海拔一百──五百米的丘陵占百分之四十二，另外，贛省北依長江與鄂皖相望，又位於東南丘陵之腹地，並有贛江縱貫南北，撫河、信江、饒河、修水連接東西，從而形成山水相連，「三面環山一面江」的地理格局。因此適宜的溫度、充沛的降水、綿延的山嶺、連貫的河流，為江西經濟作物的種植提供了得天獨厚的區

位環境，江西的勞動人民便以此為基礎，在保證糧食產量大幅度增長的前提下，因地制宜，進行經濟作物的廣泛種植。

一、宋元時期經濟作物的種植與農家經濟的興盛

1. 茶葉種植

茶樹的生長對環境的要求是很高的，需要溫暖的氣候、適宜的光照、肥沃的土壤和良好的排水條件。由於以山地丘陵為主要地形區位的江西擁有呈酸性的紅壤和黃壤，極適宜茶樹的生長，因此贛省成為全國著名的產茶區亦不足為奇。

宋代的茶樹種植源於唐代，唐代江西茶葉生產及貿易的興盛分別體現在唐王朝對贛省茶稅的增收和茶葉的行銷地上。就產量而言，江西省尤其是浮梁縣產茶當居全國首位，據《舊唐書》記載：

> 貞元九年正月，初稅茶。先是，諸道鹽鐵使張滂奏曰：「伏以去歲水災，詔令減稅。今之國用，須有供儲。伏請於出茶州縣，及茶山外商人要路，委所由定三等時估，每十稅一，充所放兩稅。其明年已後所得稅，外貯之。若諸州遭水旱，賦稅不辦，以此代之。」詔可之，仍委滂具處置條奏。自此每歲得錢四十萬貫。**119**

119　（後晉）劉昫等：《舊唐書》卷四九，志第二九，《食貨下》。

《元和郡縣志》也寫到：「浮梁縣……每歲出茶七百萬馱，稅十五餘萬貫。」[120]因此，由「每歲得錢四十萬貫」和「浮梁縣……稅十五萬貫」可知浮梁縣上交稅額是很巨大的，占總額的百分之三十七點五，而且由「每十稅一」可知浮梁茶葉每年出售可得一百五十萬貫，數目亦是不小。[121]就貿易而言，以浮梁為代表的江西茶葉，暢銷中原，甚至遠至西北，據《膳夫經手錄》記載：

> 饒州浮梁（茶），今關西、山東閭閻村落皆吃之，累日不食猶得，不得一日無茶也。其於濟人，百倍於蜀茶……婺源方茶，制置精好，不雜木葉，自梁、宋、幽、並間，人皆尚之。賦稅所入，商賈所齎，數千里不絕於道路。[122]

其中「關西」指函谷關、潼關之西，「山東」指太行山以東，所以「關西」和「山東」應主要指陝西、山東、河南等地；

---

120 （唐）李吉甫：《元和郡縣志》卷二十九《江南道·饒州·浮梁》，《文淵閣四庫全書》本。注：「馱」是何種單位，到底是多少斤，並未有統一的認識，學者也只是一種猜測。關於「馱」的理解，參見許懷林：《江西史稿》，江西高校出版社，1998 年版，第 129 頁。

121 （唐）李吉甫：《元和郡縣志》所講的浮梁產茶七百萬馱，不一定全為浮梁所產，這是因為浮梁是昌江上的重要碼頭，附近的婺源、祁門等縣的茶葉也運來此地集中轉運，因此這七百萬馱應該為浮梁及其附近各縣所產，因而將其歸為江西所產自然不為過。參見：陳榮華等：《江西經濟史》，江西人民出版社，2004 年版，第 186 頁。

122 （宋）晁載之：《續談助》卷五。

「梁、宋、幽、並」主要指河南、河北、山東等省，因此，由此材料可知，浮梁茶和婺源方茶已行銷中原數省，另外，學者也指出有由於「驅馬市茶」，而使浮梁茶傳入大西北的事實。由此可見，在唐代，以浮梁為代表的江西茶葉不僅產量大，而且銷路廣，表明宋以前，江西茶葉是極其興盛的。

由唐代發展而來的江西茶業，其產品中亦分為片茶、散茶，但以片茶為主，虔州、袁州、饒州、臨江軍的片茶種類有：「仙芝、玉津、先春、綠芽之類二十六等」[123]，而且江西茶葉質地優良，市場效益好，茶稅又是官府收入的重要來源之一，因而引起官府的重視。於是宋朝對茶葉實行禁榷法，由官府壟斷，設立茶稅徵收機構，統一收購和買賣，通過茶稅來控制江西茶葉的生產，以保證茶利歸於官府。據《宋史‧食貨》記載：

> 宋榷茶之制，擇要會之地，曰江陵府，曰真州，曰海州，曰漢陽軍，曰無為軍，曰蘄州之蘄口，為榷貨務六。初，京城、建安、襄復州皆置務，後建安、襄復州務廢，京城務雖存，但會給交鈔往還，而不積茶貨。在淮南則蘄、黃、廬、舒、光、壽六州，官自為場，置吏總之，謂之山場者十三；六州採茶之民皆隸焉，謂之園戶。歲課作茶輸租，餘則官悉市之。其售於官者，皆先受錢而後入茶，謂之本

123 （元）脫脫等：《宋史》卷一百八十三，志第一百三十六，《食貨志下五‧茶上》。

錢；又民歲輸稅願折茶者，謂之折稅茶。總為歲課八百六十五萬餘斤，其出鬻皆就本場。在江南則宣、歙、江、池、饒、信、洪、撫、筠、袁十州，廣德、興國、臨江、建昌、南康五軍……**124**

從上文中可得出兩點：第一，為保證茶稅的徵收，宋廷頒布了詳細的「榷茶之制」：官府以茶作為租稅，並將餘者盡收，為了加強控制和徵稅之便，還在全國各「要會之地」設立「榷貨務」、「山場」等機構，由此我們可以推斷，徵收茶稅之地便為產茶之區；第二，在江南十五個產茶州軍中，江西地區包攬其中的三分之二：江州、饒州、信州、洪州、撫州、筠州、袁州以及臨江軍、建昌軍、南康軍。因此，江西已是宋廷非常重視的產茶區，有十個產茶州（軍）。通觀這十個產茶地，分布在除贛南地區以外，幾乎所有江西的地區，可見，宋代江西產茶之區相當廣泛。

宋代江西不僅茶葉產地分布廣泛，而且形成了許多聞名遐邇的名茶。

分寧縣（今修水縣）在宋代已是著名的產茶之區，其所產雙井茶，品質優異，成為上層王公貴族所追逐的奢侈品。歐陽脩在《雙井茶》一詩中講到：

124　（元）脫脫等：《宋史》卷一百八十三，志第一百三十六，《食貨志下五‧茶上》。

西江水清江石老，石上生茶如鳳爪。

窮臘不寒春氣早，雙井芽生先百草。

白毛囊以紅碧紗，十斤茶養一兩芽。

長安富貴五侯家，一啜尤須三日誇。

寶雲日注非不精，爭新棄舊世人情。

豈知君子有常德，至寶不隨時變易。

君不見建溪龍鳳團，不改舊時香味色。**125**

又在《歸田錄》中贊道：

　　臘茶出於劍、建，草茶盛於兩浙。兩浙之品日注為第一。自景祐（1034-1038）以後，洪州（即為隆興府）雙井白芽漸盛，近歲製作尤精，囊以紅紗，不過一二兩，以常茶十數斤養之，用避暑濕之氣。其品遠出日注上，遂為草茶第一。**126**

南宋周輝在《清波雜誌》中誇道：

　　雙井因山谷而重。蘇魏公（蘇頌）嘗云：平生薦舉，不

125　（宋）歐陽脩：《文忠集》卷九《居士集九・雙井茶》，《文淵閣四庫全書》本。

126　（宋）歐陽脩：《文忠集》卷一二六《歸田錄》，《文淵閣四庫全書》本。

知幾何人。唯孟安序朝奉（分宜人）歲以雙井一斤為餉，蓋公不納包苴，顧受此，其亦珍之耶！[127]

葉夢得[128]在《避暑錄話》中也說道：

> 草茶極品，惟雙井、顧渚。亦不過各有數畝。雙井在分寧縣，其地屬黃氏魯直家也。元祐間魯直力推賞於京師旅人交致之，然歲僅得一二斤。爾顧渚在長興縣，所謂吉祥寺也，其半為今劉侍郎希范家所有，兩地所產歲亦止五六斤……蓋茶味雖均其精者，在嫩芽。取其初萌如雀舌者，謂之槍。稍敷而為葉者，謂之旗。旗非所貴，不得已取一槍一旗猶可，過是則老矣，此所以為難得也。[129]

通過對比寫出了分寧雙井的稀少珍貴及養生之用。另外，關於南宋初年的名品茶葉，《宋史・食貨志》也記載：

> 「霅川顧渚，生石上者謂之紫筍，毗陵之陽羨，紹興之日鑄，婺源之謝源，隆興之黃龍、雙井，皆絕品也。」[130]

---

127 （宋）周輝：《清波雜誌》卷四《文淵閣四庫全書》本。

128 葉夢得，宋代蘇州吳縣人，卒於南宋紹興十八年（1148）。

129 （宋）葉夢得：《避暑錄話》卷下，《文淵閣四庫》本。

130 （元）脫脫等：《宋史》卷一百八十四，志第一百三十七，《食貨下六・茶下》。

由此可見，分甯雙井成為「草茶第一」，茶中絕品，並被富貴王侯們一啜誇三日，自然不足為怪。

　　江西宜豐黃檗山茶也享有盛譽。朱彧在《萍洲可談》說道：

　　　　江西瑞州府黃檗茶，號絕品，士大夫頗以相餉，所產甚微。寺僧、園戶竟取他山茶冒其名，以眩好事者。黃魯直家正在雙井，其自言如此。**131**

　　這說明正是由於黃檗茶的品質優而產量少，所以冒充者多。另外，北宋蘇轍在《茶花二首》一詩中贊曰：

　　　　黃柏春芽大麥粗，傾山倒谷采無餘。
　　　　只疑殘枿陽和盡，尚有幽光霰雪初。
　　　　耿耿清香崖菊似，依依秀色嶺梅如。
　　　　經春結子猶堪種，一畝荒原試為鋤。

　　　　細嚼花須味亦長，新芽一粟夜間藏。
　　　　稍經臘雪侵肌瘦，旋得春雷發地強。
　　　　開落空山誰比數，蒸烹來歲最先嘗。
　　　　枝枯葉硬天真在，踏遍牛羊未改香。**132**

131　（宋）朱彧：《萍洲可談》卷二，《文淵閣四庫全書》本。

132　（宋）蘇轍：《茶花二首》，見《欒城集》卷一〇《詩九十六首》，《文淵閣四庫全書》本。

全詩細緻入微地寫出了黃柏（蘗）茶生長過程，以說明其生長的茂盛和品質優良。

此外，婺源綠茶、洪州的白露茶和羅漢茶、建昌的雲居山茶、宜春的稠平茶、鉛山的雙港茶都是當時茶中絕品。

元代，分寧縣依然是重要的產茶區。元代分寧曾設有榷茶提舉司，說明分寧是該路的主要產茶地。分寧元代屬龍興府（治所在南昌），南昌也因此而成為重要的茶葉銷售之地。元代文學家柳貫曾作詩描述道：「豫章城西江上舟，船翁夾柁起紅樓。官鹽法茗[133]有饒乏，市利商功無算籌。」[134]可見，鹽船茶船彙集於南昌城西河道，給商人帶來巨額利潤。元代雙井茶延續了其一貫的優良品質，柳貫有詩曰：「舊聞雙井團茶美，近愛麻姑乳酒香。不到洪都領佳絕，吟詩真負九回腸。」[135]

元代婺源縣也是江西的重要產茶之區。據《安撫同知羅榮可墓碣》記載：

> 婺源官課已重，前官創增萬三千餘緡，提舉司又強委盡辦文引多至五萬餘緡，因頓足大呼曰：「國初天下茶課不過五萬餘緡耳，婺源一州乃七倍國初，天下民何以堪？幾何不

---

133 法茗，指繳納了茶課的合法茶貨。

134 （元）柳貫：《待制集》卷六《律詩七言·洪州歌》，《文淵閣四庫全書》本。

135 （元）柳貫：《待制集》卷六《律詩七言·洪州歌其十四》，《文淵閣四庫全書》本。

為變？」[136]

　　從中可見，婺源茶課已在全國佔據重要位置，雖是朝廷苛求的結果，但亦充分說明當地產茶之盛。

　　另外，臨江軍、袁州府、吉安府、瑞州府等地也是重要的產茶區，大德年間（1279-1307），「今以中憲大夫、袁州路總管兼管，內勸農事，提調造茶勾當」[137]。

　　宋代通過「榷貨務」、「山場」等茶稅徵收機構，使得「歲課作茶輸租，餘則官悉市之」，各地茶農生產的茶葉盡數掌握在官府手中，因此通過官府查出的「茶課」數量，應該比較接近於實際的生產量。關於當時，東南各州軍茶葉產地及交納茶稅數目，《宋史·食貨志》有詳細的記載：

　　　　在淮南……六州……總為歲課八百六十五萬餘斤，其出鬻皆就本場。在江南則宣、歙、江、池、饒、信、洪、撫、筠、袁十州，廣德、興國、臨江、建昌、南康五軍；兩浙則杭、蘇……十二州；荊湖則江陵府、潭……七州，荊門軍；福建則建、劍二州，歲如山場輸租折稅。歲為總課江南千二十七萬餘斤，兩浙百二十七萬九千餘斤，荊湖二百四十七萬

136　（元）劉岳申：《申齋集》卷一〇《安撫同知羅榮可墓碣》，《文淵閣四庫全書》本。

137　（元）姚燧：《牧庵集》卷二二《金故昭勇大將軍行都統萬戶事榮公神道碑》，《文淵閣四庫全書》本。

餘斤，福建三十九萬三千餘斤，悉送六榷務鬻之。[138]

　　從這段材料中可知，北宋共有茶課兩千三百〇六點二萬斤，其中江南一地即占一千〇二十七萬斤，約占了百分之四十五，而江西產茶的十個州又不僅說明了在宋代東南諸州茶葉產地之廣泛，而且從資料上可以看出，合計歲課兩千三百多萬斤中，江南一地即產「千二十七萬餘斤」，可以說是十占其四。關於這十州軍的茶葉產量，「按所列產茶州軍和歲課數量折算平均數，江西的十州軍的歲課數約占東南諸路茶課總數的十分之三。」[139]綜合估計，江西的茶葉產量大概占北宋的十分之一左右。北宋時期，在東南諸州中，江西地區無論是產茶之地，還是上繳茶稅之數，都佔有舉足輕重的地位。

　　南宋江西所產茶數相比北宋又有了一定的上升，江南西路的產茶數量躍居各路首位，表明江西的茶葉種植業非常發達。《宋會要輯稿》中有兩個年份的產茶數額的記載。紹興三十二年（1162）諸州路軍縣所產茶數見表 3-4。

---

138 （元）脫脫等：《宋史》卷一百八十三，志第一百三十六，《食貨下五・茶上》。

139 許懷林：《江西史稿》，江西高校出版社，1993 年版，第 282 頁。

表 3-4　紹興三十二年（1162）諸州路軍縣所產茶數

地方 行政區	產茶數	地方 行政區	產茶數
浙江東路	1063020 斤 20 兩 9 錢	浙江西路	4484615 斤 23 兩
江南東路	3759226 斤 32 兩	江南西路	5383468 斤 14 兩 4 錢
荊湖南路	1125846 斤 39 兩	荊湖北路	905845 斤 30 兩
福建路	981669 斤 8 兩	淮南西路	19257 斤 17 兩
廣南東路	2600 斤	廣南西路	89736 斤
諸路合計	17815283 斤 13 兩		
江南西路所占諸路合計之份額			30.22%

資料來源：（清）徐松：《宋會要輯稿》第一百三十五冊，《食貨二十九》，第 2、3 頁，《中興會要》，中華書局，1957 年版，第 5308、5309 頁。

　　由表 3-4 可見，江南西路產茶數額占諸路數額的三分之一，位居其他各路之前，但是江西並不僅僅包括江南西路（該路中的興國軍下轄永興、大冶、通山，並非屬於江西，應除外），還有江南東路的饒州、信州、南康軍和徽州的婺源，因此可以預見江西省所產茶葉數量亦是巨大，所占份額亦要增加。

　　根據《宋會要輯稿》之《乾道會要》記載，經計算統計諸州路軍縣所產茶數，見表 3-5。

表 3-5　乾道年間（1165-1173）諸州路軍縣所產茶數

地方行政區	產茶數	地方行政區	產茶數
浙東路	841265 斤 26 兩 7 錢	浙西路	4739216 斤
江南東路	3741380 斤	江南西路	5260190 斤
荊湖南路	1074700 斤 33 兩 1.5 錢	荊湖北路	866880 斤
福建路	1037884 斤 26 兩 9 錢	淮南西路	22951 斤 43 兩 2 錢
廣南東路	2100 斤	廣南西路	52528 斤
諸路合計	17639095 斤 28 兩 9.5 錢		
江南西路所占諸路合計之份額		29.82%	

資料來源：（清）徐松：《宋會要輯稿》第一百三十五冊，《食貨二十九》，第 20-22 頁，《乾道會要》，中華書局，1957 年版，第 5317、5318 頁。

　　由表 3-5 可見，江南西卷路產茶數額和所占比例雖然較表 3-4 有所降低，但是仍占諸路合計的近三分之一，高居首位。同樣的道理，若再加上江南東路的饒州、信州、南康軍和徽州的婺源的茶葉產量，可以估計，在乾道年間，江西省茶葉產量仍位居榜首。

　　元代品茶成為全國各民族、各階層的共同嗜好。王楨在《農書》中講到：「夫茶，靈草也。種之則利博，飲之則神清，上而王公貴人之所尚，下而小夫賤吏之所不可闕。誠民生日用之所

資，國家課利之一助也。」[140]於是元朝繼承宋代的榷茶制度，嚴格控制茶業，「元之茶課，由約而博，大率因宋之舊而為之制焉」[141]，茶課主要來自江南，而江西是其中一個重要地區。元朝仍然堅持嚴禁自由採集、買賣茶葉，「私自採買者，其罪與私鹽法同」[142]。在世祖至元十三年（1276）平定南宋之後，推行「長引短引之法」[143]，在江西實行茶葉專賣，「是歲（至元十三年，即 1276），徵（茶稅）一千二百餘錠。（至元）十四年（1277），取三分之半，（茶稅）增至兩千三百餘錠。（至元）十五年（1278），又增至六千六百餘錠」[144]。為對茶稅進行統一管理，元朝於一二八〇年在江州設置「榷茶都轉運司」，至元二十五年（1288），該司改稱「江西等處都轉運司」作為徵收江淮、荊湖、福廣的總衙門，主要負責徵收茶課、酒課、醋課。此後所徵茶稅不斷上升，至元十八年（1281），茶稅猛增到兩萬四千錠，五年後增至四萬錠，延祐五年（1318）達二十五萬餘錠，到延祐七年（1320）達二十八萬九千二百一十一錠。四十多年間，茶課收入增加了二十多倍，是元朝財政的重要來源之一，雖然有

---

140 （元）王楨：《農書》卷一〇《百穀譜九・茶》，《文淵閣四庫全書》本。

141 （明）宋濂等：《元史》卷九十四，志第四十三，《食貨二》。

142 （明）宋濂等：《元史》卷九十四，志第四十三，《食貨二》。

143 所謂長引、短引之法，元朝皇帝忽必烈首創，當時規定：長引每引計算茶為一百二十斤，收鈔五錢四分二釐八毫；短引計算茶為九十斤，收鈔四錢二分零八毫。後數額屢有變化。

144 （明）宋濂等：《元史》卷九十四，志第四十三，《食貨二》。

元代通貨膨脹的因素，卻也表明元代江西茶葉的產量當不在少數。

2. 植桑養蠶

宋以前，江西的植桑養蠶業比較落後，不夠發達。西元九六〇年，趙匡胤始建大宋，自此一直到南宋滅亡的三百餘年，江西的植桑養蠶業才由少到多，在各州逐漸興盛。據《宋史》記載：

> 太平興國二年，江西轉運使言：「本路蠶桑數少，而金價頗低。今折徵，絹估少而傷民，金估多而傷官。金上等舊估兩十千，今請估八千；絹上等舊估四一千，今請估一千三百，餘以次增損。」從之。[145]

材料中所講的「傷民」，指不利於調動桑農蠶民的積極性，未促進桑蠶生產的發展。江南西路轉運司不僅說明了宋代初年植桑養蠶業衰弱落後的現實情況，更重要的是他針對當時桑蠶少而價格偏低的現象，認為只有調高絹之價格，並同時降低絹稅，才能刺激生產的發展。由於該提議的合理性，從而得到朝廷的首肯。

有宋一代，江西可以說全境都植桑養蠶，誠如南城李覯的《盱江集》記載：

---

[145] （元）脫脫等：《宋史》卷一百七十四，志第一百二十七，《食貨上二·方田賦稅》。

愚以為東南之郡，山高者鮮不鑿，土深者鮮不掘……平
原沃土，桑柘甚盛。蠶女勤苦，罔畏饑渴。急採疾食，如避
盜賊，繭薄山立，繰車之聲連甍相聞，非貴非驕，靡不務
此，是絲非不多也。**146**

　　李覯所描述的東南諸郡桑蠶事業的盛況，是當地的普遍現
象，也是對江西地區的整體概述。

　　贛東北的饒州和信州地區。元祐六年（1091）餘干進士都頡
曾以詩敘述饒州風物，文人洪邁在《鄱陽七談》中追述道：「鄱
陽素無《圖經》《地志》。元祐六年，餘干進士都頡始作《七談》
一篇，敘土風人物……其二章，言濱湖蒲魚之利，膏腴七萬頃，
柔桑蠶繭之盛。」**147**可知南宋鄱陽地區蠶桑業就很發達了。樂
平、餘干、安仁（今餘江）、德興等縣亦有許多栽桑育蠶的人士
活動，洪邁在《夷堅志》中有多處記述涉及：

　　樂平縣西三十五里，地名龍漩渦。相傳以為昔有龍從地
出，陷為汙池，不知其何歲年也。紹熙歲甲寅（1194）七月
十八日，天大雷雨，白晝晦暝，人對坐不相觀，皆謂昏暮。

146　（宋）李覯：《旴江集》卷一六《富國策第三》，《文淵閣四庫全書》
　　　本。

147　（宋）洪邁：《容齋隨筆》五筆卷六《鄱陽七談》，《文淵閣四庫全書》
　　　本。

已而廓然開霽，日腳銜山，視官道旁桑園中一穴……[148]

余幹潤陂民譚、曾二家，每歲育蠶百箔。[149]

安仁縣崇德鄉民曹三妻黃氏……在生之日，辛苦看蠶，緝麻苧，三年艱辛，織得綢絹三十匹，布十五匹。[150]

德興民丁六翁，與同邑陸二翁為姻家，其居隔一都，皆致力農桑，為上戶。[151]

官至宰執的洪適，在自家園地組織桑蠶生產，他曾幻想說：

厥亭灌園，沃桑盈陌，封植以補之；厥亭「繭甕」。[152]

倚檻課條桑，作繭看成甕。我亦效吳蠶，踏破愁清夢。[153]

洪適在園中建「繭甕亭」，目的是「……效吳蠶，踏破愁清

148　（宋）洪邁：《夷堅志》支志乙卷三《龍漩渦》，中華書局，1981 年版，第 817 頁。

149　（宋）洪邁：《夷堅志》支志丁卷七《餘干譚家蠶》，中華書局，1981 年版，第 1023 頁。

150　（宋）洪邁：《夷堅志》三志巳卷九《曹三妻》，中華書局，1981 年版，第 1374、1375 頁。

151　（宋）洪邁：《夷堅志》支志庚卷一《丁陸兩姻家》，中華書局，1981 年版，第 1137 頁。

152　（宋）洪適：《盤洲文集》卷三二《盤洲記》，《文淵閣四庫全書》本。

153　（宋）洪適：《盤洲文集》卷九《繭甕亭》，《文淵閣四庫全書》本。

夢」。雖是作者嬉戲之言，但反映了當地桑蠶之事，深入人心。辛棄疾在鉛山縣寓居時，留下了許多描寫鄉間場景的詩，其中多處提到蠶桑業的生產：

> 看雲連麥隴，雪堆蠶簇。[154]
> 誰家寒食歸寧女，笑語柔桑陌上來[155]
> 陌上柔桑破嫩芽，東鄰蠶種已生些。[156]
> ……　……
> 閑意態細生涯，牛欄西畔有桑麻，
> 青裙縞袂誰家女，去趁蠶生看外家。[157]

這些詩描述的是當地柔桑茁壯，幼蠶初生，蠶女愉悅的畫面。弋陽人謝枋得在《蠶婦吟》中細緻地描寫了當地蠶婦起早貪黑辛勤勞作的場景，他說：「子規啼徹四更時，起視蠶稠怕葉稀。不信樓頭楊柳月，玉人歌舞未曾歸。」[158]其實，整個信州、饒州一帶蠶桑都很興盛，謝枋得曾說「吾知饒信間，蠶月如岐

---

154 （宋）辛棄疾：《稼軒詞》卷二《山居即事》，《文淵閣四庫全書》本。

155 （宋）辛棄疾：《稼軒詞》卷三《鵝湖歸病起作》，《文淵閣四庫全書》本。

156 （宋）辛棄疾：《稼軒詞》卷三《代人賦》，《文淵閣四庫全書》本。

157 （宋）辛棄疾：《稼軒詞》卷三《春日即事題毛村酒廬》，《文淵閣四庫全書》本。

158 （宋）謝枋得：《疊山集》卷一《蠶婦吟》，《文淵閣四庫全書》本。

邡。兒童皆衣帛，豈但奉老親。婦女賤羅綺，賣絲買金銀。」[159]
說明當地生產蠶絲之多。

在信州玉山縣，農民育蠶有火蠶、冷蠶、冰蠶等品種，建炎
初定居玉山的趙藩在《郊居書事》中描寫當地蠶事：「物意因人
喜，人情與物和。家家繰繭火，處處插秧歌。麥熟黃疑委，桑餘
路尚多。」[160]當地還出產一種特異蠶種，名曰：冰蠶。楊萬里在
《過玉山東三塘》一詩中說：「繰車香裡過征衫，白繭黃絲兩兩
三。不是秋風上饒路，一生不信有冰蠶。」[161]詩人對冰蠶的新奇
驚訝之情溢於言表。

贛北地區。北宋時留下了贛北各州縣許多關於蠶桑業的記
載。《江西通志》引《圖經》說「（武寧縣）男勤稼穡，女務蠶
績，有淳古之風」[162]；分甯縣「其人修農桑之務，率數口之家，
留一人守舍行饁，其外盡在田……雜植五穀無廢壞，女婦蠶杼無
懈人」[163]。說明桑蠶業已經成為洪州農村非常普遍的生產項目
和男耕女織中必不可少的勞作內容。南宋有關贛北地區的蠶桑業

159 （宋）謝枋得：《疊山集》卷一《謝劉純父惠布》，《文淵閣四庫全書》
本。

160 （宋）趙藩：《淳熙稿》卷一一《郊居書事》，《文淵閣四庫全書》本。

161 （宋）楊萬里《誠齋集》卷二六《過玉山東三塘》，《文淵閣四庫全書》
本。

162 雍正《江西通志》卷二六《風俗·武寧圖經》，《文淵閣四庫全書》
本。

163 （宋）曾鞏：《擬峴台記》，見《元豐類稿》卷一七《記》，《文淵閣
四庫全書》本。

記載史料也不少。淳熙六年（1179），理學大師朱熹知南康軍，在《勸農文》中：「（要求農民注重）桑柘麻苧之功……農畝桑蠶之業……（並將）星子知縣王文林種桑等法，再行印給……」[164]

　　贛中的吉安和撫州地區。唐宋八大家之一的曾鞏在《擬峴台記》中講到：「撫非通道，故貴人富賈之遊不至。多良田，故水旱螟螣之災少，其民樂於耕桑以自足。」[165]南宋初年的兵荒馬亂，流寇騷擾，撫州生產暫時衰退，到孝宗以後發展較快，紹興年間，汪藻知撫州時，在《撫州奏乞罷打造戰船等事》這一奏疏中講到：「但見江西地理素薄，民生甚微，方此耕蠶之時，舉家暴露，視田桑眇眇然，不得為卒歲衣食之計，人人愁歎。」[166]紹興以後，撫州桑蠶事業不僅復蘇，而且繁榮。陸遊在去四川上任，途徑江西時，作詩《上已臨川道中》曰：「纖纖女手桑葉綠，漠漠客舍桐花春。」[167]後又在《金溪道中》說：「雲闇苦竹市，雨來烏石岡。駕犁雙犢健，煮繭一村香。」[168]宋代南城人呂南公也描述過蠶桑生產的「蠶蛾已撒明年卵，蠶婦乍聞愁夜

---

164 （宋）朱熹：《晦庵集》卷九九《勸農文》，《文淵閣四庫全書》本。

165 （宋）曾鞏：《元豐類稿》卷一八《記》，《文淵閣四庫全書》本。

166 （宋）汪藻：《浮溪集》卷一《撫州奏乞罷打造戰船等事》，《文淵閣四庫全書》本。

167 （宋）陸遊：《劍南詩稿》卷一《上已臨川道中》，《文淵閣四庫全書》本。

168 （宋）陸遊：《劍南詩稿》卷一二《金溪道中》，《文淵閣四庫全書》本。

短」[169]。從中可見，栽桑養蠶已成鄉民通常農事，習以為常。

吉州亦然。著名詩人黃庭堅任太和知縣時，曾多次以桑蠶為內容，來勸課農桑，鼓勵當地農民從事蠶桑生產，如他在《寄陳適用》一詩中說：「已非紅紫時，春事歸桑柘。空餘車馬跡，顛倒桃李下。」[170]他又在《寄題安福李令先春閣》一詩中講：「春至最先知，雨露偏花藥。是日勸農桑，冰銷土膏作。」[171]紹興年間的知縣陳則勸導鄉民從事農桑生產，並能在「公暇課吏役種桑麻公圃中」[172]。其務農桑之心跡，由此可見一斑。詩人楊萬里在介紹自己家鄉的民俗時曾說：

> 去年上元客三衢，衝雨看燈強作娛。
> 今年上元家裡住。村落無燈惟有雨。
> 隔溪叢祠稍簫鼓，不知還有遊人否。
> 兒女炊玉作繭絲，中藏吉語默有祈。
> 小兒祝身取官早，小女只求蠶事好。[173]

---

169 （宋）呂南公：《灌園先生集》卷四。參考許懷林：《江西史稿》，江西高校出版社，1998 年版，第 280 頁。

170 （宋）黃庭堅：《山谷外集》卷四《寄陳適用》，《文淵閣四庫全書》本。

171 （宋）黃庭堅：《山谷外集》卷四《寄題安福李令先春閣》，《文淵閣四庫全書》本。

172 同治《泰和縣志》卷五《宦績》。

173 （宋）楊萬里：《誠齋集》卷五《上元夜裡俗粉米為繭絲書吉語置其中，以占一歲之福禍，謂之繭蔔，因戲作長句》，《文淵閣四庫全書》本。

這段史料充分說明了當地居民以耕桑為業，祈求蠶熟糧豐的願望。

贛西地區。宋神宗元豐年間，蘇轍被貶到當時江南西路的筠州，五年未得調，因而很熟悉筠州民情，他認識到蠶長成與小麥成熟在季節上的關聯，在詩中寫道：「蠶眠初上簇，麥熟正磨鐮。雲氣重重合，江流夜夜添。」[174]他還在送別高安縣令的詩中說：「一邑憂勞水旱中，牛刀閒暇似無功。政成仍喜新蠶熟，歸去還將舊橐空。」[175]可見，筠州一帶蠶桑業是否成熟，和地方官的政績還密切相關。南宋劉克莊在袁州任上時，在《謝晴文》中講：「民力農桑，方患積陰之沴，吏憂蠶麥，願開霽色之祥。」[176]後來在萍鄉，他寫道：「聞說萍鄉縣，家家有絹機。荒年絲價貴，未敢議寒衣。」[177]又在《江西道中》說：「丁男放犢草間嬉，少婦看蠶不畫眉。歲暮家家禾絹熟，萍鄉風物似豳詩。」[178]從這些詩文中不難看出，袁州、萍鄉等地蠶桑業的普遍，地方官也將蠶桑業作為重要的施政內容。文人孫覿在《分宜道中》描述了分宜縣蠶麥豐收的景象：

174 （宋）蘇轍：《欒城集》卷一一《陰晴不定簡唐覲秘校並敇吳二君五首其二》，《文淵閣四庫全書》本。

175 （宋）蘇轍：《欒城集》卷一二《送高安羅令審禮》，《文淵閣四庫全書》本。

176 （宋）劉克莊：《後村集》卷三〇《謝晴文》，《文淵閣四庫全書》本。

177 （宋）劉克莊：《後村集》卷五《萍鄉》，《文淵閣四庫全書》本。

178 （宋）劉克莊：《後村集》卷六《江西道中》，《文淵閣四庫全書》本。

老牸挽犁泥沒膝，刻刻青秧針水出。

大麥登場小麥黃，桑柘葉大蠶滿筐。

猿鳥相呼聚儔侶，繰絲百箔聞好語。

此時物色不可孤，勸君沽酒提壺盧。**179**

　　詩中描述了分宜鄉村犁田、插秧、打麥、採摘桑葉、餵蠶和繰絲等農忙場景，表明蠶桑業已是農家日常勞作的重要內容。

　　贛南地區蠶桑業相對落後。但到了南宋，贛南地區的蠶桑業也有了一定的發展，嘉定十六年（1223），擔任南安軍學教授的豐城徐鹿卿曾寫《愛山堂七絕句》：「比屋桑麻三月雨，夾溪桃李四時春。」**180**在他給南安知軍馮宮教的《勸農上宮教》一詩中講到：

竹馬兒童喜欲狂，循良太守似龔黃。

倉庚百囀蠶桑啟，布穀一聲粳稻香。

耕饁盡陶齒國化，遊嬉已遍舜民鄉。

文書便合登高閣，為說東郊入務忙。**181**

---

179 （宋）孫覿：《分宜道中》，見雍正《江西通志》卷一五〇《藝文》，《文淵閣四庫全書》本。

180 （宋）徐鹿卿：《清正存稿》卷六《愛山堂七絕句》，《文淵閣四庫全書》本。

181 （宋）徐鹿卿：《清正存稿》卷六《勸農上宮教》，《文淵閣四庫全書》本。

兩首詩都是講南安軍居民喜種桑育蠶，並喜獲豐收的歡愉之情。咸淳七年（1271），贛州知州李雷應升任荊湖路提刑後，文天祥在《贛州重修嘉濟廟記》中對其治贛成績評價道：「粟米在市，蠶麥滿野，雞犬相聞，達於嶺表。」[182]但聯繫到贛南地區長期以來蠶桑業不夠發達的事實，上述描述恐怕更多也只是文學想像，而不是實景描述。孝宗乾道年間，王楠擔任贛州知州，「先禮教後刑罰……俗喜麻苧，鮮絲纊，公課種桑多者，減役、役贖罪」[183]。贛州遲至南宋，蠶桑業還需要靠行政手段刺激，說明蠶桑業還不夠發達，當地人主要靠種植苧麻來解決穿的問題。

　　蠶桑業還是個高度市場化的產業，導致一些奸商對桑葉囤積居奇，賤買貴賣。據洪邁的《南昌胡氏蠶》記載：

　　　　淳熙十四年，豫章蠶頓盛，桑葉價值過常時數十倍。民多以為憂，至舉家哭於蠶室，命僧誦經而送諸江。富家或用大板浮篗筐其上，傍置紙錢而書摽云：「下流善友，若饒於桑者，願奉此錢以償，乞為育此蠶，期無愧於天地。」他不得已而葦棄者。皆感額起不忍心。獨南昌縣忠孝鄉民胡二，桑柘有餘，足以供餵養，志於鬻葉以規厚利。[184]

182　（宋）文天祥：《文山集》卷一二《贛州重修嘉濟廟記》，《文淵閣四庫全書》本。

183　（宋）葉適：《水心集》卷二三《朝議大夫秘書少監王公基誌銘》，《文淵閣四庫全書》本。

184　（宋）洪邁：《夷堅志》支志景卷第七《南昌胡氏蠶》，中華書局，

淳熙十四年（1177），洪州蠶盛桑貴，許多養蠶者桑葉匱乏，不得不忍痛棄蠶，而一些桑葉富足之家，則指望依靠賣葉獲暴利。

另一類似的事例發生在信州上饒縣，洪邁的《張翁殺蠶》中記載道：

> 乾道八年（1172），信州桑葉驟貴，斤直百錢。沙溪民張六翁有葉千斤，育蠶再眠矣，忽起牟利之意，告其妻與子婦曰：「吾家見葉以飼蠶，尚欠其半……今宜悉舉箔投於江，而採葉出售，不惟百千錢可立得，且輕快省事。」**185**

這段史料說明張六翁在面對桑貴蠶多的情況下，要殘忍地棄蠶賣葉，以牟取暴利。以上兩段資料雖然都是講了奸猾之人如何趁亂掘利，但卻從反面說明了當時育蠶人家之多，桑葉需求量之大，桑蠶生產之盛。

伴隨著桑蠶興盛、產量倍增的生產狀況而來的是沉重賦稅的降臨，民眾因此苦不堪言。新喻的孔平仲在《聞砧作》一詩中說：「見蠶成繭能幾日，繒帛輸官千萬匹。」**186**楊萬里在《隆興

1981 年版，第 935 頁。

185 （宋）洪邁：《夷堅志》丁志卷第六《張翁殺蠶》，中華書局，1981年版，第 590 頁。

186 （宋）孔平仲：《清江三孔集》卷二二《古詩‧聞砧作》，《文淵閣四庫全書》本。

府奉新縣懷種堂後記》描述道：「繭絲貿易，為粟為帛，舉重其估，易而為泉，民之輸者，其費視舊十百，始不堪命。」[187]

3. 棉花種植

棉花作為纖維作物之一，與苧麻、葛等是布匹生產的重要原料，因而也在農業經濟中佔有一席之地。棉花在宋元以前稱為木棉，早在新疆、雲南和海南島等邊遠地區種植，並沿著西北和西南這兩個方嚮往內地傳播。[188]在江西，棉花的種植與推廣是當地農業發展的一件大事，使得人們日常生活中的衣料來源更加廣泛，為江西紡織業的崛起打下了堅實的基礎。

江西植棉產生於何時？這本是一個見仁見智的問題。漆俠教授在其著作《宋代經濟史》中認為是在南宋後期，為支援這一論點，他提供了兩個依據。一是南宋咸淳四年（1268）中進士的臨川文人艾可信在《木棉》詩中描寫了其家鄉種植並紡彈棉花的情況：「收來老繭倍三春，匹似真棉白三分。車轉輕雷秋紡雪，弓彎半月夜彈雲。聞得上方存節儉，區區欲獻野人芹。」[189]漆俠教授認為，艾可信是南宋末年的士人，宋亡後不仕，該詩寫於何時不詳，但可以推測出應該是「宋元之際或者更早的一些時候」，[190]因此，他認為撫州地區已經開始植棉。

---

187 （宋）楊萬里：《誠齋集》卷七七，《記・隆興府奉新縣懷種堂後記》，《文淵閣四庫全書》本。

188 陳榮華等：《江西經濟史》，江西人民出版社，2004年版，第239頁。

189 許懷林：《江西史稿》，江西高校出版社，1998年版，第400頁。

190 漆俠：《宋代經濟史》（上冊），上海人民出版社，1987年版，第142頁。

另一個依據是宋末元初的艾性寫的《木棉布歌》中曾詳細談及棉紡織情形：

> 吳姬織綾雙鳳花，越女製綺五色霞。
> 犀薰麝染脂粉氣，落落不到山人家。
> 蜀山橦老鵲銜子，種我南園趁春雨。
> 淺金花細亞黃葵，綠玉苞肥壓青李。
> 吐成秋繭不用繰，回看春箔真徒勞。
> 烏鏐笴滑脫茸核，竹弓弦緊彈雲濤。
> 按挲玉箸光奪雪，紡絡冰絲細如髮。
> 津津貧女得野蠶，軋軋寒機緯霜月。
> 布成奴視白氎氈，價重唾取青銅錢。
> 何須致我爐火上，便覺挾纊春風前。
> 衣無美惡暖則一，木棉裘敵天孫織。
> 飲散金山美玉簫，風流未遜揚州客。**191**

艾性的《木棉布歌》主要從棉花的種植、棉桃的綻放、棉籽的剝離、棉花的輕彈、棉布的紡織、保暖的效果、價值的評判等方面，描述了當地種棉織布的情景，毋庸置疑地成為臨川以及撫州種棉花發展棉紡織的重要資料。

---

191 （宋）艾性：《剩語》卷上《木棉布歌·古體詩》，《文淵閣四庫全書》本。

還有來自《元典章》的記載：

> 大德元年（1297）三月，行省淮中書省箚該，元貞二年
> （1296）九月十八日奏過一事節該：江南百姓每（『每』是
> 指『們』）的差稅，亡宋時秋夏稅兩遍納有：夏稅木棉、
> 布、絹、絲、綿等⋯⋯江東、福建、湖廣百姓每（『每』是
> 指『們』）夏稅依亡宋體例交納呵。[192]

由這段材料，我們可以知道，元朝時命令江南百姓交納「秋
夏稅」，其中夏稅包括木棉，其上交依據是「亡宋體例」，即按
照南宋時的徵稅標準來收取。既然是南宋時江南百姓都要交納木
棉稅，元朝沿襲這一制度，因此所述地區自然也應該包括江西州
縣。[193]

綜上所述，南宋末年江西等地已經開始種棉花了，官府也開
始徵收木棉稅了，因此，江西的木棉種植至少始於南宋後期。

隨著棉花種植面積的擴大，棉花和棉布產量的增加，官府開
始設立專門的徵稅機構。據《元史》記載：「至元二十六年⋯⋯
夏四月⋯⋯置浙東、江東、江西、湖廣、福建木棉提舉司，責民
歲輸木棉十萬匹，以都提舉司總之。」[194]至元二十九年（1292）

192 《元典章》卷二四《租稅・納稅・起征夏稅》。

193 許懷林：《江西史稿》，江西高校出版社，1998 年版，第 401 頁。

194 （明）宋濂等：《元史》卷一十五，本紀第一十五，《世祖十二》。

中書省又命江西行省「於課程地稅內徵收木棉白布，已後年例必須收納」[195]。由這兩段材料，我們可以看出在江西不僅設置了木棉徵收機構——「木棉提舉司」，而且明確規定了木棉徵收稅額。雖然徵收機構的設置，對棉布生產的發展是一種強制性刺激，但絕不能認為提舉司的設置之後才具備了對棉徵稅的條件，而是應該認識到在這之前江西棉花已經比較廣泛的種植這一客觀現實。

有許多資料證明，元代江西的棉花種植已經有了一定的規模。吉州盧陵農村棉織業，在南宋末年產生的基礎上，進一步發展。宋末元初，劉詵在《野人家》一詩中寫道：

> 野人家，瓦少茅半遮。牆外橫青山，牆頭出葵花。繞屋桐樹繞屋麻，地碓春粟如黃芽。小奴高髻發爬艍，平生有額不點鴉。月色夜夜照紡車，木棉紡盡白雪紗。為言主家頗豪奢，繡羅作裙歌嬌娃。州符昨夜急如火，馬蹄踏月趨官衙。[196]

在《田家詠》一詩中寫到：

> 田家務生理，機車夜紛然。

---

[195] 《元典章》卷二六《科役‧和買‧體察和買諸物》。

[196] （元）劉詵：《桂隱詩集》卷二《野人家》，《文淵閣四庫全書》本。

少多有程度，夜久始安眠。

雞鳴復競起，照室松明懸。

日日不遑息，不飽粥與饘。

自言多假貸，火宅百慮煎。

大家急索逋，往往乘豐年。

豐年固可喜，可喜亦可憐。**[197]**

　　兩段史料，通過描寫農人種棉花、紡棉紗、織棉布的過程，勾勒出農家生活的場景和旱地作物的興旺。

　　饒州路餘干州的農民所得棉種，來自淮南。元大德初年（1297），「土人得種於淮上」**[198]**即可證明「棉種來自淮南」之說。信州永豐縣（今廣豐縣）棉花種植的興盛得益於元代著名農學家王禎的提倡，據《江西通志》記載：

　　　　王禎，字伯善，東平人，博通經史、清介自持。大德四
　　年（1300）尹永豐（今廣豐縣），以課農興學為務。常買桑
　　苗及木棉子導民分藝，遇旱或淫雨，必齋戒虔禱。著有《農
　　器圖譜》、《農桑通訣》，刊《廬陵詩集》一卷名《農務
　　集》。**[199]**

---

197 （元）劉詵：《桂隱詩集》卷一《田家詠》，《文淵閣四庫全書》本。

198 康熙《餘干縣志》卷二《土物・木棉》。

199 雍正《江西通志》卷六三《名宦七》，《文淵閣四庫全書》本。

材料表明，王禎在「尹永豐」時，重視植棉種桑，並教民「分藝」，而且著書立說加以勸導，這對當地乃至江西的棉花種植都有巨大的影響。

4. 柑橘栽培

柑橘的種植與生產在江西號稱一絕，是江西重要特產之一。宋代以前，當地雖有種植，但大多自產自銷，或與鄰省交易，並未風靡九州，而其真正聞名於天下、為統治階級所好則始於北宋。唐宋八大家之一的歐陽脩在《歸田錄》中描述道：

> 金橘產於江西，以遠難致，都人初不識。明道、景祐初（1032-1034），始與竹子俱至京師。竹子味酸，人不甚喜，後遂不至；而金橘香清味美，置之樽俎間，光彩灼爍，如金彈丸，誠珍果也。都人初亦不甚貴，其後因溫成皇后尤好食之，由是價重京師。余世家江西，見吉州人甚惜此果，其欲久留者，則於綠豆中藏之，可經時不變云。橘性熱而豆性涼，故能久也。**200**

從這段史料中，我們可以瞭解到「金橘」雖然產於江西但由於道路遙遠，京師之人並不知道該物，直到仁宗明道、景祐年

---

200 （宋）歐陽脩《文忠集》卷一二七《歸田錄》，《文淵閣四庫全書》本。

間，才與「竹子」[201]一起進貢。京師之人很是喜歡這種色香味俱佳的水果，而後由於上仁宗寵愛的溫成皇后也喜歡吃，結果出現「價重京師」的局面。歐陽脩還道出了吉安人保藏金橘的辦法，說明宋代吉安人對金橘的認識已經很深入了。

宋代金橘已成為吉安地區的著名特產。據文人羅大經的《鶴林玉露》記載了一段有趣的逸事：

> 楊東山嘗為余言：昔周益公（指周必大）、洪容齋（指洪邁）嘗侍壽皇宴，因談肴核。上（指宋高宗）問：『容齋，卿鄉里所產？』容齋，番陽人（是鄱陽人）也，對曰：『沙地馬蹄鱉，雪天牛尾狸。』（宋高宗）又問益公，公（指周必大）廬陵人也，對曰：『金柑玉版筍，銀杏水精蔥。』上吟賞。[202]

可見金橘已經成為人所盡知的吉安特產，以至名聞天下。

宋代江西還培育出了植株矮小，可為觀賞佳品的金橘[203]。據張世南的《游宦紀聞》寫道：

> 金橘產於江西諸郡，有所謂金柑，差大而味甜。年來商

---

201 「竹子」疑為山竹子，是南方地區生長的一種水果。

202 （宋）羅大經：《鶴林玉露》卷一一，《文淵閣四庫全書》本。

203 俗名「金彈子」，帶有觀賞性質的金橘。

販小株，才高二三尺許，一舟可載千百株。其實累累如垂彈，殊可愛。價亦廉，實多根茂者，才直二三鐶。[204]

從上述材料可見，吉州這種帶有觀賞性質的金橘由於價廉物美，行銷四方。

撫州亦是柑橘的重要產地。早在唐代，撫州柑橘便是土貢之一，據《新唐書》記載：「撫州臨川郡，上土貢：金絲、布葛、竹箭、朱橘。」[205]到了宋代，撫州柑橘已全國知名。據洪適的《盤洲文集》寫到：「甘橘三叢，皆東嘉、太末、臨汝、武陵所徙。」[206]「東嘉」是浙江溫州，「太末」是浙江龍游，「武陵」在湖南，而「臨汝」是撫州臨川的古稱，因此臨川柑橘也是江南著名品種之一。

江西柑橘的另一塊重要產區位於洪州至臨江軍一帶。在唐代，詩人張九齡便對當地橘林有所描述：「江南有丹橘，經冬猶綠林，豈伊地氣暖，自有歲寒心。」[207]「滄滄澄江漫，飛飛度鳥疾。邑人半艫艦，津樹多楓橘。」[208]說明早在唐代，洪州便是一產橘之地。到了宋代，南昌東湖地區的柑橘日益興盛，李覯在

204 （宋）張世南：《游宦紀聞》卷二，《文淵閣四庫全書》本。

205 （宋）歐陽脩等：《新唐書》卷四一，志第三一，《地理五》。

206 （宋）洪適：《盤洲文集》卷三二《盤洲記》，《文淵閣四庫全書》本。

207 （唐）張九齡：《曲江集》卷三《詩·感遇》，《文淵閣四庫全書》本。

208 （唐）張九齡：《曲江集》卷三《詩·登郡城南樓》，《文淵閣四庫全書》本。

《東湖》中對當地橘林作了描述：

> 古郡城池已瞰江，重湖更在郡東方。
>
> 水仙坐下魚鱗赤，龍女門前橘樹香。
>
> 路絕塵埃非灑掃，地無風雨亦清涼。
>
> 使君待客多娛樂，只有醒時覺異鄉。**209**

該詩既寫出了古城美景，道路潔淨，又寫出了門前橘香，客多娛樂的歡愉場面。在豐城縣，當地所產柑橘不僅用於食用，而且可做藥材，據張杲在《功在橘皮》一文中講到：

> 橘皮寬膈降氣，消痰逐冷，有殊功。他藥多貴新，唯此貴陳……外舅莫強中，知豐城縣，得疾，凡食已，輒胸滿不下，百方治之，不效。偶家人輩合橘紅湯，取嘗之，似有味，因連日飲之。一日坐廳事方操筆，覺胸中有物墜於腹，大驚，目瞪，汗如雨，急扶歸。須臾腹痛，下數塊如鐵彈子，臭不可聞，自此胸氣廓然。蓋脾之冷積也，抱病半年所服藥餌凡幾種不知，功乃在一橘皮。世人之所忽，豈可不察哉？其方：橘皮去穰取紅一斤，甘草、鹽各四兩，水五碗，

209 （宋）李覯：《旴江集》卷三七《近體·東湖》，《文淵閣四庫全書》本。

慢火煮幹焙搗為末點服。**210**

小小橘皮竟能治病救人，可見豐城柑橘之神奇功效。

　　南宋時期，柑橘種植面積更為擴大。從洪州的豐城到臨江軍的清江縣，再到新幹縣，這沿著贛江兩岸，是連片的橘林，橘動影移，連綿無際，風光旖旎。文人范成大於乾道八年（1172）去四川，途徑江西時，於船上看到江邊美景，在日記中寫道：

> 「十日，宿上江，兩日來，帶江悉是橘林，翠樾照水行，終日不絕。林中竹籬瓦屋，不類村墟，疑皆得種橘之利。江陵千本，古比封君，此固不足怪也。」**211**

　　說明當地居民可能是專業種植柑橘，可得「種橘之利」。橘民聚居於橘林之中，「竹籬瓦屋」，形成一道奇特的景觀。他在另一首詩《清江道中橘園甚夥》中描寫了清江種植的橘林：「芳林不斷清江曲，倒影入江江水綠。未論萬戶比封君，瓦屋人家衣食足。暑風泛花蘭芷香，秋日籬落明青黃。我舟來遲佳景盡，但見碧樹愁春霜。」**212**本詩以「芳林」破題，寫出了贛江兩岸房屋

210　（宋）張杲：《醫說》卷八《功在橘皮》，《文淵閣四庫全書》本。

211　（宋）范成大：《驂鸞錄》，《文淵閣四庫全書》本。

212　（宋）范成大：《清江道中橘園甚夥》，見雍正《江西通志》卷一五〇《藝文》，《文淵閣四庫全書》本。

鱗次櫛比，家給人足，這一切得益於「芳林」的種植，「芳林」
即為橘林。三湖橘民種橘經驗豐富，並研製出「松毛、綠豆藏
橘，可以久留」[213]的儲藏保鮮技術，與前文提到的歐陽脩將金
橘散於綠豆之中以保鮮，有異曲同工之妙，於是該方法得以廣為
流傳。

　　在饒州、贛州、南安軍等地，橘林分布也很廣泛，文人墨客
都有表述。鄱陽洪適建別墅於盤洲，園中多柑橘，品種繁多：繡
橘、脆橙、金橘、羅柑等等。[214]蘇軾被貶嶺南，在贛州認識贛
縣的鶴園居士王子直，贈其詩《贈王子直秀才》曰：「水底笙歌
蛙兩部，山中奴婢橘千頭。」[215]他在南康縣境浮石一帶，見章江
兩岸橘林很多，作《舟次浮石》一首，其中說：

　　　　渺渺疏林集晚鴉，村村煙火梵王家。
　　　　幽人自種千頭橘，遠客來尋百結花。
　　　　浮石已乾霜後水，蕉溪間試雨前茶。
　　　　不如一夢歸南去，翠竹江村遠白沙。[216]

　　「幽人自種千頭橘」，從詩句中可以看出，浮石柑橘種植數

---

213 道光《新幹縣志》卷一《物產》。
214 （宋）洪適：《盤洲文集》卷八《雜詠上》，《文淵閣四庫全書》本。
215 同治《贛州府志》卷七四《藝文志・宋詩》。
216 同治《南安府志》卷二六《藝文九・詩》。

量之多，而且是很出名的，否則就不會「遠客來尋百結花」了。

　　從以上材料，我們可以總結到，從贛江北端到章江兩岸，柑橘生產極其興盛，很多當地農民已經成為種橘專業戶，柑橘生產已是宋代江西農業經濟的一個重要方面。

　　5. 苧麻的種植

　　苧麻，就江西而言，其品種主要有火麻（又稱大麻、分枲麻、苴麻）、蒿麻（亦名白麻、緣麻）、黃麻、絡麻、糙麻等，可用來紡繩織布，但質地粗糙，僅供鄉民自銷，市場影響小。真正給江西帶來經濟效益的則是苧麻及其織品夏布。苧麻在江西的種植有悠久的歷史。在唐代，江西觀察使所轄八州中，有七州的貢品是苧布、白苧布、葛布。[217]到了宋代，在江西的土產貢品中，苧麻已占絕大多數份額。《元豐九域志》記載：

　　　　上江州潯陽郡軍事……土貢生石斛雲母各一十斤，……上饒州鄱陽郡軍事……土貢麥金一十兩、簟一十領，……上信州上饒郡軍事……土貢葛粉一十斤、白蜜二十斤、水晶器一十事，……同下州南康軍……土貢芽茶一十斤，……都督洪州豫章郡鎮南軍節度……土貢葛三十匹，……上虔州南康郡昭信軍節度……土貢白苧二十匹，……上吉州廬陵郡軍事……土貢葛一十匹、苧布一十匹，……上袁州宜春郡軍事……土貢白苧十一匹，……上撫州臨川郡軍事……土貢葛

217　陳榮華等：《江西經濟史》，江西人民出版社，2004 年版，第 341 頁。

三十匹，……上筠州軍事……土貢苧布一匹，……同下州南
安軍……土貢苧一十匹，……同下州臨江軍……土貢絹一十
匹，……同下州建昌軍……絹一十匹。**218**

由這段材料我們可以看出，在北宋中後期，江西各州軍進貢
的土產，以苧布居多：涉及五州縣，共計六十匹，表明苧麻在江
西的普遍種植。歐陽脩曾在《寄題沙溪寶錫院》中寫道：

為愛江西物物佳，作詩嘗向北人誇。
青林霜日換楓葉，白水秋風吹稻花。
釀酒烹雞留醉客，鳴機織苧遍山家。
野僧獨得無生樂，終日焚香坐結跏。**219**

歐陽脩這首於皇祐五年（1053）在永豐縣所寫的描寫家鄉之
作，體現了永豐縣當地人種苧麻、織苧布的習俗。

另外，撫州的蓮花紗、是官貴們喜愛的夏季衣料（故又稱夏
布）。上饒產的醒骨沙也很有名。虔州、袁州的白苧布是精美的
麻製品。洪州、撫州的葛布很受歡迎。**220**

218 （宋）王存：《元豐九域志》卷六《江南東路》，《文淵閣四庫全書》
本。

219 （宋）歐陽脩：《寄題沙溪寶錫院》，見《文忠集》卷一四《居士集
十四·律詩六十五首》。

220 陳榮華等：《江西經濟史》，江西人民出版社，2004年版，第272頁。

6. 其他經濟作物

作為一種獲利較大的經濟作物——甘蔗，由廣東移民帶到江西，宋代先後在贛南、贛東、贛東北普遍種植。《齊民要術》中記載雩都甘蔗品種好。而在宋代的樂平縣已出產「蔗糖沙」，權邦彥在《樂平道中》說：「稻米流脂薑紫芽，芋魁肥白蔗糖沙。」[221]在元代，長期居於鄉里的劉詵曾說：「儒官如蔗杪，妄意近佳境。亦知嗜習累，誑俗示雋永。」[222]作者將儒官比做蔗梢，不僅說明他對甘蔗的熟悉，而且表明當地甘蔗生產之多。當然，甘蔗的大範圍種植還應在明代。

原產於非洲（一說中亞）的西瓜，生長在乾旱和溫差較大的沙質土壤的環境中，汁液豐厚，為他果所不可比。西瓜最先傳入中國新疆地區，大約在唐末五代傳到中國北方的契丹遼國轄區，據《新五代史》記載：

> 自上京東去四十里，至真珠寨，始食菜。明日東行，地勢漸高。西望平地，松林鬱然數十里，遂入平川，多草木，始食西瓜云。契丹破回紇得此種，以牛糞覆棚而種，大如中國冬瓜，而味甘。[223]

---

221 （宋）權邦彥：《樂平道中》。參見許懷林：《江西史稿》，江西高校出版社，1998 年版，第 490 頁。

222 （元）劉詵：《桂隱詩集》卷一《古體五言·送艾幼玉赴南安儒教》，《文淵閣四庫全書》本。

223 （宋）歐陽脩：《新五代史》卷七三，四夷附錄第二。

南宋初年，洪浩出使金朝被拘十五年，並於紹興十三年
（1143）被釋放回歸，曾描述道：

　　西瓜形如扁蒲而圓，色極青翠，經歲則變黃，其皷類甜
瓜，味甘脆，中有汁，尤冷。《五代史四夷附錄》云：「以
牛糞覆棚種之」。予攜以歸，今禁圃、鄉圃皆有，亦可留數
月，但不能經歲，仍不變黃色。鄱陽有久苦目疾者，曝乾服
之而愈。蓋其性冷故也。[224]

　　史料表明在南宋初年的時候，西瓜亦在我國南方種植，但規
模很小，並未推廣。洪浩的兒子洪適在其盤洲別墅中，也種植了
西瓜，並作《西瓜》一詩：「萬里隨邊使，分留三十年。甘棠遺
愛在，一見一潸然。」該詩描述了作者一看到園中西瓜，想起當
年父親被拘金地，受苦受難，便潸然淚下之情。由此推測，江西
民間有了西瓜的種植。

　　南宋時期，江西已經出現了專業的蔬菜的種植與貿易。洪邁
在《灌園吳六》中寫道：

　　臨川市民王明，居廛間販易，貲蓄微豐，買城西空地為
菜圃，雇健僕吳六種植培灌，又以其餘者俾鬻之。受傭累
歲，紹興辛亥，力辭去，留之不可，王殊恨恨。未幾，夢其

224　（宋）洪皓：《松漠紀聞》卷二，《文淵閣四庫全書》本。

至，趨役如平常……**225**

由此文可見，王明作為商人，同時經營菜圃，並雇傭吳六為其勞作，將多餘蔬菜進行出售，猜測吳六非常能幹，使其獲利頗豐，以至於王明捨不得吳六離去。

於紹興兵火之年遷入洪城內東湖居住的蘇翁（蘇雲卿），就是專營蔬菜生產的專業戶。有史料記載：

> 巨鍤長柄，略與身等。披荊棘，轉瓦礫，闢廢地為圃。或區或架，或籬且塍。應四時蔬菜，不使一闕。藝植耘芟，皆有法度，灌注培壅，時刻不差。雖隆暑極寒，土石焦灼，草木凍死，圃中根荄芽甲，滋鬱暢茂。以故蔬不絕圃，味他圃蔬為最勝，市鬻者利倍而售速，每先期輪直，不二價，而人無異辭。晝爾治圃，宵爾織屨。屨堅韌，革烏可穿，屨不可敗。織未脫手，人爭貿之以饋遠，號曰蘇公屨。**226**

由此記載可知，蘇翁通過辛勤勞作，闢廢地為菜園，設籬搭架，使得四時蔬菜，供應不輟，而且他注重蔬菜的品質，以優質產品贏得市場，收到「利倍而售速」的良好效果。

225　（宋）洪邁：《夷堅志》支志甲卷第五《灌園吳六》，中華書局，1981 年版，第 752 頁。

226　（宋）張世南：《游宦紀聞》卷三，《文淵閣四庫全書》本。

二、明代經濟作物的廣布與商品經濟的繁榮

有明一代，商品經濟的發展比宋代更為迅猛，農業的商品化程度更高，江西也廣泛地種植經濟作物。明代經濟作物種植的一個特點就是，許多經濟作物的新品種隨著閩粵流民而傳入江西，使江西經濟作物品種更加豐富。總體說來，江西經濟作物在宋元發展的基礎上，規模進一步擴大，品種進一步增加，因而商品經濟更顯繁榮。

1.茶葉的種植

明代，江西在全國茶業的領先地位已消失，但仍為主要產茶地和茶葉輸出省。明代主要產茶地，據《明史‧食貨志》記載：

> 其他產茶之地，南直隸常、廬、池、徽，浙江湖、嚴、衢、紹，江西南昌、饒州、南康、九江、吉安，湖廣武昌、荊州、長沙、寶慶，四川成都、重慶、嘉定、夔、瀘⋯⋯**227**

可見江西的南昌、饒州、南康、九江、吉安等府為主要的產茶區，但實際上，茶芽生產遍佈江西全省十三府，見表 3-6。

表3-6　弘治十三年（1500）江西各府進貢茶芽統計（單位：斤）

府名	南昌府	南康府	贛州府	袁州府	臨江府	九江府	瑞州府	建昌府	撫州府	吉安府	廣信府	饒州府	南安府	合計
產量	75	25	11	18	47	120	30	23	24	18	22	27	10	450

　　資料來源：（明）申時行修、趙用賢纂：《大明會典》卷之一百一十三，《禮部》七十一，《歲進·茶芽》，選自：《續修四庫全書》編纂委員會：《續修四庫全書》，上海古籍出版社，1995年版，第146、147頁。

　　將表3-5所謄錄的產茶地，與宋代產茶地（集中在贛中和贛北）相比較，贛南地區的贛州府和南安府明代開始有了茶樹的種植和茶芽的產出，雖然只占總數的百分之四點六七，但畢竟改變了全省茶葉生產的局面，使得江西全省均為產茶區。

　　明代江西紅茶生產區有兩個。一是贛東北廣信府的鉛山等縣，所產稱為「河紅」。到嘉靖初年廣信府六縣均出產茶葉，其中以上饒、鉛山、弋陽為佳。[228]在鉛山縣，該地所產茶葉屬於福建武夷茶的一支，因處於武夷山的北側，其味不如位於南側之茶，而之所以稱該茶為「河紅」，是因為鉛山的河口鎮是福建茶的集散地。二是贛西北包括南昌府的義寧縣和武寧縣，所產稱為「寧紅」，該地茶葉興起源於棚民的遷入和紅茶製作技術的傳

228 嘉靖《廣信府志》卷六《食貨志》。

入。該地所產之茶，清新健脾、口味絕佳，據萬曆《新修南昌府志》記載：「有茶，能清頭目，令人少睡，新建洪崖、白露、鶴嶺，武寧嚴陽、寧州雙井者佳。」[229]

　　江西其他地區也有生產茶葉的記載。位於武夷山西側的建昌府，雖是武夷茶的生產區之一，但其味不佳。其他如南豐、南城、瀘溪縣民則常往「閩山摘茶」[230]。撫州府種茶歷史悠久，據同治《東鄉縣志》記載：「（東鄉縣）茶為利，東北皆產之，而潤陂獨多，黃石獨佳。肩販者攜赴他處，加選製，往往得善價。」[231]袁州府的茶葉在宋代便作為貢品進獻，據嘉靖《袁州府志》引前志記載：「《茶譜》雲袁界橋，其名甚著，今惟稱仰山、稠平、木平者為佳，稠平尤號絕品。」[232]其下設的萬載縣「茶用大葉，皆崇鄉及宜春產。崇鄉味較佳。新年宴飲，幾無虛日，價非倍之……辛亥以後，日趨奢靡。大橋、改江等處多有茶葉，香味亦佳」[233]。瑞州府各縣「清明採摘（茶葉），山中處處有之」[234]。九江府的廬山物產豐富，而最為著名的當推雲霧茶，雲霧之名始於明代，李時珍的《本草綱目》已將其列為名茶。該

229 萬曆《新修南昌府志》卷三《輿地類·土產》。

230 （清）陳夢雷：《古今圖書集成·職方典》卷八八二《建昌府·物產考》。

231 同治《東鄉縣志》卷八《土產》。

232 嘉靖《袁州府志》卷五《物產》。

233 民國《萬載縣志》卷一《風俗》。

234 （清）陳夢雷：《古今圖書集成·職方典》卷九〇九《瑞州府·物產考》。

茶生於山澗崖石之上，其形為一葉一芽，芽葉均嫩，條小而緊、滋以雲霧資其生長，以「味醇、色秀、香馨、液清」而久負盛名。明代詩人王世懋有詩贊曰：「金芽碧玉雲間生，讚美桃李莫如君。五老峰下成綠海，茶香千里萬年名。」廬山茶葉自古多由寺廟僧人栽種，他們將採摘晾乾茶葉作為春天辦的大事，「諸庵寺皆藝之，不減他名產」[235]。據《九江府志》記載：「五邑（南昌、饒州、南康、九江、吉安）俱產（茶），惟廬山者味香可啜。」[236]另據江皋的《江州竹枝詞》寫到：「匡廬山上採茶歸，雲霧迷空盡濕衣。學得北源新焙法，江南嫩甲雨前肥。」[237]說明九江廬山所產之茶，為茶中極品，居贛省產茶「五邑」之首。南康府各縣之茶以「出雲居山者佳」[238]。在贛州府，茶葉所產亦多且味美，據同治《贛縣志》記載：

> 山阜園地皆產，惟山高而土黃，得清虛之氣多者為貴。贛之儲茶，出自儲山，曰大圓儲茶，香味最佳，昔常入貢，所產無多，人不易致。各鄉亦有藝茶為業者。[239]

235　（明）桑喬：《廬山紀事》卷一《通志》。

236　嘉靖《九江府志》卷四《物產》

237　雍正《江西通志》卷一五八《藝文·七言絕句》，《文淵閣四庫全書》本。

238　康熙《南康府志》卷一《物產》。

239　同治《贛縣志》卷九《物產》。

值得注意的是，這些地區所產茶葉主要是自銷，其剩餘產品才進入市場，並形成大規模的商品茶生產基地。

明代茶課仍是國家財政來源重要組成部分，明人劉辰在《國初紀事》中寫道：

> 茶之所產多在江西、湖廣，所以前朝茶運司在江州，專任茶課。爾差官司分頭前去各府州踏勘且數，起課作額，以資國用。[240]

可見明廷也非常重視茶課在財政中的作用。關於江西所承擔之茶課，限於資料，目前無法統計，但關於這方面內容地方志中記載很多：

> 大明洪武二十四年，本府（指袁州府）歲半各色課鈔，茶課一萬三千三百六十一貫一百九十文……[241]
>
> 弘治年間（即1449-1457），每年茶課鈔八百三十六錠一貫四百六十六文。[242]
>
> （南康府也曾）茶課米四千六十六石九鬥七升一合二

---

240 陳榮華等：《江西經濟史》，江西人民出版社，2004 年版，第 343 頁。

241 正德《袁州府志》卷二《貢賦》。

242 康熙《永豐縣志》卷二《物產》。

勻。[243]

由以上三段史料記載，我們可知明朝前期對江西茶稅的徵收是極其沉重的，但從另一方面也說明了當時江西茶業的產量亦不在少數。但是就全國而言，明朝中期之後，江西的茶葉產量在全國的比重已大為下降，據《明會典》記載：

> 弘治十三年（1500）……（共）計茶芽四千斤……直隸五百斤……浙江五百斤……江西四百五十斤……湖廣二百斤……福建二千三百五十斤……[244]

可見在明代，江西所產茶芽「四百五十斤」，只占當時進貢「茶芽四千斤」的百分之十一，這與宋代江西茶葉十占其三的盛況形成鮮明對比，因此在明代，優質茶葉主要分布在南直隸、浙江、江西、湖廣、福建，儘管江西仍是茶葉的重要產區，就全國而言，贛省茶葉產量已無明顯優勢。

2. 植桑養蠶

宋元時期，江西植桑養蠶遍佈全省，有明一代，贛省上繳的絲絹亦不在少數。《明會典》記載，弘治十五年（1502）在輸往

---

243 乾隆《贛州府志》卷二《物產》。

244 （明）申時行修、趙用賢纂：《大明會典》卷一一三《禮部七一·歲進·茶芽》，見《續修四庫全書》，上海古籍出版社，1995年版，第146、147頁。

中央物資中，江西布政司上交的絲棉及其織品主要有：

夏稅：……絲綿折捐八千二十九匹二丈三尺八寸四分八
釐，本色絲八千二百三斤一十一兩一千一分一釐四毫，農桑
絲折捐三千四百八十六匹一丈二尺一寸一分五釐，苧布一千
三百四十一匹二尺四寸，鈔六千八百五十六錠六十八文。[245]

另外，方志遠、謝宏維等人對明代江西兩稅中的絲麻棉及其
織物有深入的研究。[246]根據前人的研究總結，筆者將其內容整
理成表，以便查閱，見表 3-7。

表 3-7　洪武、弘治、嘉靖、萬曆各時期江西兩稅中絲麻棉及
其織物情況

	絹（匹）	絲（斤）	苧布（匹）
洪武二十六年	15477		
弘治十五年	11516	8203	1341
嘉靖初	3411（折絹）	4264（農桑絲）	
萬曆六年	8025（夏稅絲綿折絹）、3486（農桑絲折絹）	8209（本色絲）	1341

---

245 （明）申時行等修、趙用賢等纂：《大明會典》卷二四《會計一·
糧稅一》，見《續修四庫全書》，上海古籍出版社，1995 年版，第
404、405 頁。

246 方志遠、謝宏維：《江西通史·明代卷》，江西人民出版社，2008 年
版，第 172 頁。

續上表

	絹（匹）	絲（斤）	苧布（匹）
萬曆三十九年	7919（京庫絲綿折絹）、884（京庫絲桑折絹）	6747（存留江西布政使司庫荒絲）	1328（南京庫苧布）

資料來源：鐘起煌主編、方志遠、謝宏維著：《江西通史・明代卷》，江西人民出版社，2008 年版，第 172 頁。

　　由表 3-7，我們可以瞭解到江西上繳兩稅的主要稅種及折捐情況，可見明代江西植桑養蠶仍具規模。

　　關於明代，絲棉麻及其織物的產地與稅額，見表 3-8。

表 3-8　明代江西絲、棉、麻及其織物的產地與稅額[247]

府州縣	年代	物產	兩稅、土貢	資料來源
南昌府	嘉靖	葛布	農桑絲 422 斤，折絹 337 匹	嘉靖《江西通志》第四
	萬曆	苧、麻、火麻、木棉、棉布、棉綢	農桑絲 612 斤，折絹 490 匹	萬曆《南昌府志》卷七
	萬曆三十九年		農桑絹 49 匹，南京棉布折色米，該布 8933 匹，皆折銀	《江西賦役全書・南昌府總》
寧州	嘉靖	棉布、葛布、絹、綢、絲苧布	農桑歲徵絲 66 斤	嘉靖《寧州志》卷六、卷一三

247 方志遠、謝宏維：《江西通史・明代卷》，江西人民出版社，2008 年版，第 173-175 頁。

續上表

府州縣	年代	物產	兩稅、土貢	資料來源
豐城縣	嘉靖	苧布、棉布、葛布、絲綢	夏稅京庫農桑折絹196匹，秋糧南京庫棉布米4548石	嘉靖《豐乘》卷四
武寧縣	嘉靖	葛、苧、布、絹、棉花	南京棉布米1194石。雜賦農桑科四60斤，折織絹48匹	嘉靖《武寧縣志》卷一、卷四
建昌府	正德七年		農桑絲折絹196匹	萬曆《建昌府志》卷四
	嘉靖初	葛布、土段、金絲布、絹	農桑絲246斤，折絹196匹	嘉靖《江西通志》卷一六
建昌府	萬曆	綢、絹、苧布、葛布、土段（若北方土綾）、棉布		萬曆《建昌府志》卷三
新城縣	正德	苧布、棉布、絲（桑葉薄、織絹帛、皆資吳、杭）、棉、綢	農桑科絲11斤，折絹9匹（非土產）	正德《新城縣志》卷三、卷四
臨江府	隆慶	罌、棉花、木棉布、苧布	桑絲73斤，折絹59匹，征銀	隆慶《臨江府志》
	嘉靖	苧布、葛布	農桑絲73斤，折絹59匹	嘉靖《江西通志》卷二二
	萬曆三十九年		南京棉布折米，該布7013匹，帶征農桑絲絹59匹，皆折銀	《江西賦役全書·臨江府總》

續上表

府州縣	年代	物產	兩稅、土貢	資料來源
清江縣	崇禎	惟南京本色棉布獨為土物，蓋居人種花，半貿半織。麻、苧、土葛，亦兼有之。惟無綢、絹	生絲 9 斤，折絹 7 匹，又分本色、折色	崇禎《清江縣志》卷三
九江府	嘉靖	葛、苧布、葛布、棉布、絲、棉、苧麻、白麻、檾麻	農桑絲 489 斤，折絹 385 匹	嘉靖《江西通志》卷一四，嘉靖《九江府志》卷四
九江府	萬曆三十九年		起運農桑絹 389 匹，折銀	《江西賦役全書·九江府總》
瑞昌府	隆慶	絲、苧、木棉、葛	農桑絲 75 斤	隆慶《瑞昌縣志》卷一、卷三
饒州府	嘉靖		農桑絲 251 斤，折絹 200 匹	嘉靖《江西通志》卷八
饒州府	正德	桑、柘、蠶、棉花、火麻、苧麻	官民田農桑科絲 251 斤，織造絹 200 匹	正德《饒州府志》卷一
饒州府	萬曆三十九年		農桑絹 103 匹，南京綿布折色米，該布 8347 匹，京庫絲綿折絹 106 匹，農桑折絹 95 匹，帶派南京苧布 1297 匹，皆折銀	《江西賦役全書·饒州府總》

續上表

府州縣	年代	物產	兩稅、土貢	資料來源
廣信府	嘉靖	絲、棉、苧布、棉布、兼絲（以絲雜苧）、北布（以木棉雜苧）、葛布、叢絲綢、棉綢、假綢（以綿絲雜木棉線）、綢、絹、隔織（紋眼紗）、鵝眼綾	絲綿 18002 斤，布 1320 匹，農桑絲 190 斤，折絹 152 匹	嘉靖《江西通志》卷一〇，嘉靖《廣信府志》卷五、卷六
	萬曆三十九年		起運京庫絲綿折絹 7919 匹，農桑絹 152 匹，南京庫苧布 1328 匹，存留本庫荒絲 8014 斤，南京棉布米，該布 5507 匹，皆折銀	《江西賦役全書·廣信府總》
鉛山縣	嘉靖	綢、絹、苧布、鵝眼綾、棉布、腰機、兼絲、紡紗綢、假綢、棕布、絲綢	夏稅絲 995 斤，綿 222 斤，布 251 匹	嘉靖《鉛山三縣志》卷二、卷四
永豐縣	嘉靖	叢絲、棉綢、假綢（以絲雜木棉成者）	農桑絲 5 斤，苧布 139 匹	嘉靖《永豐縣志》卷三

續上表

府州縣	年代	物產	兩稅、土貢	資料來源
撫州府	弘治	桑、柘	臨川縣絲 31 斤，歲織絹 24 匹。崇仁縣絲 3 斤，歲織絹 2 丈。宜黃縣絲 31 斤。金溪縣絲 25 斤，歲織絹 20 匹。樂安縣絲 14 斤，歲織絹 11 匹	弘治《撫州府志》卷一二
	嘉靖初	葛	農桑絲 115 斤，折絹 92 匹	嘉靖《江西通志》卷一八
東鄉縣	嘉靖	綢（俗不治蠶，然閑民亦有市繭抽絲，以織綢者）、棉布、夏布、苧麻、棉花	農桑春絲 10 斤	嘉靖《東鄉縣志》卷上
瑞州府	正德	桑、柘、苧麻、苧布、棉花、棉布、葛皮、葛布	絲 351 斤，折造絹 281 匹	正德《瑞州府志》卷三
	嘉靖初		農桑絲 351 斤，折絹 281 匹	嘉靖《江西通志》卷三〇
	萬曆三十九年		南京棉布折色米，該布 9111 匹，帶徵農桑絹 281 匹，皆折銀	《江西賦役全書·瑞州府總》

續上表

府州縣	年代	物產	兩稅、土貢	資料來源
袁州府	弘治、正德間	棉布、苧布、葛布、絹、綢、土綾	桑絲 519 斤，折絹 415 匹	嘉靖《江西通志》卷三二，正德《袁州府志》卷二，嘉靖《袁州府志》卷五
	嘉靖	多棉布、有苧布、葛布、絹、綢、土綾	農桑絲 519 斤，折絹 410 匹	
	萬曆三十九年		農桑絹 318 匹，京庫苧布米，該布 50000 匹，南京棉布折色米，該布 12805 匹，南京苧布米，該布 61399 匹，帶徵農桑折絹 97 匹，皆折銀	《江西賦役全書·袁州府總》
吉安府	弘治、十五年		農桑絲 1085 斤，織造成淨絹 872 匹	嘉靖《吉安府志》卷五
	嘉靖初	葛布、棉布、苧布	農桑絲 1085 斤，折絹 872 匹	嘉靖《江西通志》卷二四
	萬曆三十九年		農桑絹 221 匹，外農桑絹 115 匹，南京棉布折色米，該布 10890 匹，農桑絹 537 匹，南京庫苧布米，該布 3899 匹，舊依派剩折解苧布米，該布 1473 匹，皆折銀	《江西賦役全書·吉安》

續上表

府州縣	年代	物產	兩稅、土貢	資料來源
贛州府	嘉靖	葛布、苧布、苧、麻、絲綢、麻布	農桑絲172斤，折絹137匹	嘉靖《江西通志》卷三四、嘉靖《贛州府志》卷四
	萬曆三十九年		起運農桑絹23匹，南京庫棉布米，該布4174匹，帶派農桑絹117匹，皆折銀	《江西賦役全書‧贛州府總》
	萬曆末至天啟	葛、苧兼一為之，其精者猶當中品	農桑絲155斤	天啟《贛州府志》卷三、卷七
瑞金縣	嘉靖	葛布、苧布、土綢		嘉靖《瑞金縣志》卷一
南康府	正德、嘉靖	桑、柘、葛布、棉花、苧麻	農桑絲170斤，折絹136匹	正德《南康府志》卷五，嘉靖《江西通志》卷一二
南安府	嘉靖、萬曆	絹、焦布、苧布、葛布、棉布	夏稅桑絲75斤，折絹60匹	嘉靖《江西通志》卷三六，嘉靖《南安府志》卷二〇，萬曆《南安府志》卷一三
南康縣	嘉靖	絹、綢、苧布、葛布	夏稅桑絲75斤，折絹60匹	嘉靖《南康府志》卷二

3. 棉花種植

明廷素來重視棉花的種植生產，因而，棉花的種植和官府積極鼓勵密不可分。據《明史‧食貨志》記載：

太祖初立國即下令，凡民田五畝至十畝者，栽桑、麻、木棉各半畝，十畝以上倍之。麻畝征八兩，木棉畝四兩。載桑以四年起科。不種桑出絹一匹。不種麻及木棉，出麻布棉布各一匹，此農桑絲絹所由起也。**248**

可見明初就已經對民田種植棉花有了硬性規定，因此，明代棉花在全國範圍內得到廣泛種植，據丘濬在《大學衍義補》中說：「至我朝，其種（指棉花）乃遍佈於天下，地無南北皆宜之，人無貧富皆賴之。」**249**

據學者研究，「明代植棉之縣占總數的百分之十三，而江西植棉之縣占本省縣數的百分之十一點六」**250**，這說明江西是相對適宜種植棉花的。《安福縣志》對種植棉花所需環境和土壤有如下議論：

福邑木棉，惟大河兩岸居多，岡阜處亦間有之。其種植也，地宜沙土相兼，宜肥瘦得宜，地太高燥不生，太卑濕亦不生，太肥側脆易萎，太瘦則矮而不盛。河地有沙有土，不燥不濕，糞之適宜，得利甚多，較之岡阜，不啻十倍。**251**

248 （清）張廷玉等：《明史》卷七十八，志第五十四，《食貨二·賦役》。

249 （明）丘濬：《大學衍義補》卷二二《制國用·貢賦之常》，《文淵閣四庫全書》本。

250 閔宗殿：《明清時期經濟作物、園藝作物的專業化經營》，《古今農業》2001 年第 3 期，第 22 頁。

251 道光《安福縣志》卷一《物產》。

　　從上文對棉花習性的深刻認識中，不難看出江西雖不普遍種棉，但種植棉花已有豐富的實踐經驗。

　　明代贛北贛中已具有相當規模的棉花種植，逐漸形成以九江府為中心的產棉區域。嘉靖《九江府志》講到由於「以木棉價值，收成勝於他產」，因此本府所屬五縣，都有種植。府治所在地德化縣「封郭、桑落二洲者核小而絨多」[252]，品質上乘。德化縣以品質著稱，彭澤縣則以數量聞名。該縣棉田廣闊，收穫時節，「木棉如雪滿江鄉」，「木棉可抵稻黍之半」。九江府的棉花，除供本地銷售外，還經常銷往蘇松等棉紡發達地區。

　　九江之外，其他府縣也有一定規模的棉花生產。據嘉靖《江西通志》卷三二記載，南康府的「物產」中有棉花。[253]饒州府：「帛類，布、棉、麻苧數色，各縣出。貨類，棉花。」[254]撫州府：「木棉布，紡木棉花為之，聚萬石塘，出東鄉。」[255]信州府的弋陽縣：「棉布，粗者名蠻布，稍細者名腰機。」[256]據《江西通志》記載：「吉安府……棉布，各縣出。」[257]這說明在江西中部地區棉的種植範圍是很廣泛的。在贛南地區，情況卻相反，據《瑞金縣志》記載：「棉布，瑞金舊無棉花，皆買諸商販。隆

252　嘉靖《九江府志》卷四《食貨志》。

253　許懷林：《江西史稿》，江西高校出版社，1998 年版，第 489 頁。

254　正德《饒州府志》卷一《土產》。

255　嘉靖《撫州府志》卷八《物產》。

256　萬曆《弋陽縣志》卷六《物產》。

　257　雍正《江西通志》卷二七《土產》。

慶三年（1569），知縣呂若愚始募人買花種於臨郡，教鄉民種之，但土種不生，今亡。」[258]表明棉花的種植在贛南地區是受自然條件限制的，棉花無法種植。

4. 柑橘栽培

江西水果類特產作物以柑橘為先，其種植區域主要集中在贛中和贛南。明代繼承宋元柑橘產區，柑橘種植面繼續發展。[259]當時普遍栽種的水果品種主要有：橙、桃、楊梅、枇杷、葡萄、西瓜等。[260]但卻以南豐的柑橘為最，魯琪光在《南豐風俗物產志》中說：「（南豐桔）四方知名，楊梅村人不事農功，專以為業。」[261]這說明在南豐出現了柑橘的專業經營者，這表明當地柑橘種植水準的提高和種植規模的擴大。

5. 苧麻的種植

到了明代，苧麻的種植在全省分佈較為廣泛，「撫州、建昌、寧都、廣信、贛州、南安、袁州苧最饒，緝麻織線，猶嘉湖之治絲」[262]。但主要的分布區有三處：一是以宜春、萬載為中心的贛西北地方，二是以石城、寧都為中心的贛南地區，三是以

---

258 康熙《瑞金縣志》卷四《食貨·物產》。

259 余龍生、孫丹青：《明清時期江西特產作物的種植及其影響》，《農業考古》2009 年第 1 期，第 209 頁。

260 陳榮華等：《江西經濟史》，江西人民出版社，2004 年版，第 346 頁。

261 同治《南豐縣志》卷九《物產志》。

262 吳其睿：《植物名實圖》卷一四，第 1、2 頁。轉引自李衛東、昌慶鐘、饒武元：《清代江西經濟作物發展及其局限》，《中國農史》2001年第 4 期，第 51 頁。

宜黃、臨川為中心的贛東地區。

　　袁州府的苧麻及夏布生產在明代達到鼎盛，是福建流民進入山區的結果。據《袁州府志》中的《驅除棚寇功德碑》記載：

　　　　袁州接壤於南，為吳楚咽喉重地。百年以前，居民因土曠人稀，招入閩省之不逞之徒，賃山種麻，蔓延至數十餘萬，盤踞深谷，即在太平無事之秋，陰行劫掠，一遇變生，輒為亂首。崇禎壬午，天井盜起，則邱仰寰入據郡城。[263]

　　這段史料主要說明了袁州棚民的來源和數量以及由於管理不善，棚民所引起的騷亂，也表明在明代中後期，大量福建移民進入贛西北山區租山種麻。據康熙《宜春縣志》記載：

　　　　明嘉靖年間，閩人避倭之亂入贛，於宜春縣北三關之地墾地種麻……迨後粵東之人亦至，蔓延至數十萬……結棚而住。[264]

　　由此史料可知，早在嘉靖年間，福建流民便在贛西北種麻，後又有廣東流民進入，他們被稱為「棚民」。另據民國《萬載縣志》記載：

---

[263] 同治《袁州府志》卷五《武備·武事》。
[264] 康熙《宜春縣志》卷一二《風俗》。

萬邑棚籍一項，其始原系閩廣等處失業窮民，荷鋤而來，墾山種麻，搭棚棲止，深山之中，或數家為一處，或數十家為一處。[265]

亦有雍正《萬載縣志》記載：「閩人、（本省撫州）樂安人相率開山，插藍種苧。」[266]

明末文人施閏章於袁州駐守時，寫《麻棚謠》描述明末當地種麻的情景：

山陬鬱鬱多白苧，問誰種者閩與楚。
伐木作棚禦風雨，緣岡蔽谷成儔伍。
剝麻如山召估客，一金坐致十石黍。[267]

該詩寫到，袁州民不會種麻，於是將土地租於閩楚等鄰省的流民，這些流民於是架棚聚居，「賃山種麻」、「鑿山種麻」使當地的苧麻生產範圍大為擴展，於是當地人將他們所住的茅棚稱為「麻棚」。可見明朝後期袁州的苧麻生產已進入高潮時期。何為「袁州麻」？《江西之特產》描述道：

---

265 民國《萬載縣志》卷一《風俗》。

266 雍正《萬載縣志》卷三《風俗》。

267 （明）施閏章：《學餘堂詩集》卷一九《麻棚謠》，《文淵閣四庫全書》本。

　　宜春在袁州中樞，舊屬袁州府，所以宜春麻便以袁州麻著稱。麻因收割季節關係，普通只分頭麻、二麻、三麻，但俗稱都是春麻、月麻、嫩麻。同時因為品質不同，須分別花色，普通分有頭麻、提麻、三茶、腳花（或腳貨）、白麻、線麻、麻把等……麻的好壞，通常決定在纖維的長短，通常的長度是在二十四寸至四十寸以上。四十寸以上的麻，又分為上中下三等。三十寸以下的麻，就被稱為腳貨。二十寸至三十寸的麻，叫做粗麻。**268**

　　「袁州麻」分類極其細緻，而且每一類別都有嚴格的標準，說明當地苧麻生產不僅繁盛，而且有了分區種植不同類型的植株。

　　贛南的寧都、石城、瑞金、興國等地，明代開始接納大量閩粵移民，「粵閩流寓種藍載苧，亦多獲利」**269**。應該說，清代贛南繁榮的苧麻和夏布業是在明代打下了堅實的基礎的。**270**清代寧都地方志說：「州俗無不緝麻之家。」**271**

---

268 王松年：《江西之特產・袁州苧麻》，聯合徵信所（南昌分所）出版社，1949 年版，第 117 頁。

269 康熙《興國縣志》卷一《物產》。

270 關於清代贛南夏布生產的繁榮，參考黃志繁、廖聲豐：《清代贛南商品經濟研究——山區經濟典型個案》，學苑出版社，2005 年版，第 20—21 頁。

271 道光《寧都直隸州志》卷一二《土產》。

到了清代，江西幾乎全省皆種麻，這顯然是明代打下的基礎。樂安「環境皆山，……尤多種麻」[272]；盧陵「苧麻各鄉地俱藝之」[273]；分宜縣「邑北山地多種苧，其產甚廣」[274]。

6. 甘蔗種植

明代後期，在袁州的分宜等地，甘蔗種植已成為當地人民維持生計的重要來源，「先年奉徙流民男婦寓居分宜嶺上，結棚為舍，耕種麻蔗以資生」[275]。甘蔗種植也是福建流民推動的，明末清初人施閏章描述袁州流民說：「閩海多流人，江甸多蔗田……保聚使荷耒，緝茅依山原。種蔗復種苧，地利餘金錢。」[276]

贛南是甘蔗的另一重要產區。南康縣兩大特產——甘蔗和長勝果（花生），「行遠而利溥」，甘蔗「昔閩人賃土耕種」，故南康縣「較他邑為殷富」[277]。清初繼續了明代的趨勢，隨著閩粵流民遷入贛南趨勢的加強，贛南甘蔗種植業迅速發展，據乾隆《贛州府志》記載：「甘蔗，贛州各邑皆產，而贛縣、雩都、信豐最多……（雩都縣）瀕江數處，一望深青，種之者皆閩人，承

---

272 何剛德：《撫郡農產考附跋》卷下，光緒 29 年。

273 乾隆《盧陵縣志》卷六《輿地志五‧物產》。

274 同治《分宜縣志》卷一《物產》。

275 同治《分宜縣志》卷一《物產》。

276 （明）施閏章：《學餘堂詩集》卷八《流人篇》，《文淵閣四庫全書》本。

277 康熙《南康縣志》卷三《輿地志三‧土產》。

載而去者皆西北、江南鉅賈大賈，計其交易每歲裹鏹不下萬金。」[278]可見雩都甘蔗種植的規模很大。乾隆《贛州府志》總結道：「甘蔗，贛州各邑皆產，而贛縣、雩都、信豐最多。」[279]

7. 藍靛種植

藍靛[280]種植。雖然江西擁有藍草資源，但是品質並不佳，而且價格尚貴。據《泰和縣志》記載：「本縣土產藍草，長尺四五寸，故其為靛，色雖淡而價甚高，由於土人少種故也。成化末年，有自福汀販賣藍子至者，於是洲居之民皆得而種之。不數年，藍靛之出，與汀州無異，商販亦皆集焉。」[281]從中可見，江西的藍靛種植是福建汀州府流民帶動起來的。

贛南山區是藍靛的一個大產區，當地雖然不太適宜種棉花，但由於接納了大量福建和廣東移民，因而成為藍靛重要種植區域。明代南贛巡撫周用在《乞專官分守地方疏》中講到進入贛南地區的流民「搬運谷石，砍伐竹木，及種靛栽杉、燒炭鋸板等項，所在有之」[282]。《明史・張狪傳》寫到：

---

278 乾隆《贛州府志》卷二《物產》。

279 乾隆《贛州府志》卷二《物產》。

280 藍靛，又稱藍青，由於這種顏色多為青色，故又稱為靛，提取於藍草之中，其種類有：蓼藍、大青、馬藍、木藍、苜藍等。關於其製作方法，《齊民要術》中記載，將藍草經過發酵，摻入石灰，水解後再經氧化，就成靛藍，是很好的植物染料。

281 光緒《泰和縣志》卷一一《食貨志・土產》。

282 （明）周用：《乞專官分守地方疏》，見雍正《江西通志》卷一一七《藝文》，《文淵閣四庫全書》本。

隆慶二年（1568）春，（張翀）以右僉都御史巡撫南、贛。所部萬羊山跨湖廣、福建、廣東境，故盜藪，四方商民種藍其間。至是，盜出劫，翀遣守備董龍剿之。龍聲言搜山，諸藍戶大恐。盜因煽之，嘯聚千餘人。兵部令二鎮撫臣協議撫剿之宜，久乃定。南雄劇盜黃朝祖流劫諸縣，轉掠湖廣，勢甚熾。翀討擒之。**283**

《明穆宗實錄》亦記載：

江西萬洋山跨連湖廣、福建、廣東之地，舊稱盜藪，而各省商民亦常留居其間，皆以種藍為業。**284**

萬洋山處於兩省交界之地，地廣人稀，因此流民常來此砍山燒炭、墾荒種地，以為生計，其中不少人從事種藍之業，由於人數眾多，釀成大規模的動亂。南贛地方藍靛種植形成規模之後，很多商賈來此採購，獲利頗豐，贛州甚至成為一個轉賣中心。據天啟《贛州府志》中的《輿地志・土產》記載：「（贛州）城南人種藍作靛，西北大賈歲一至，汛舟而下，州人頗食其利。」**285**

袁州府也是重要的藍靛生產地。《清史稿・裴幰度傳》記載

---

283 （清）張廷玉等：《明史》卷二百一十，列傳第九十八，《張翀》。
284 《明穆宗實錄》卷二六，「隆慶二年十一月乙卯」條。
285 天啟《贛州府志》卷三《輿地志三・土產》。

明清交際之時：

> 福建、廣東流民入江西，就山結棚以居，藝靛葉、煙
> 草，謂之「棚民」，往往出為盜。萬載溫上貴、寧州劉允公
> 等，皆以棚民為亂。[286]

袁州府是棚民重點集聚之區，自然也就是藍靛的重要產地。

8. 煙草種植

煙草，其名為何為「煙」？同治《祁陽縣志》是這樣解釋
的：「明啟、禎時始有此，種山埠間，摘其葉曬乾，切為絲，以
管吸之，吸入口中吐出煙起，故謂之煙。」[287]關於煙的傳入問
題，史書有大量記載：

> 《安遠縣志》：王阮亭（士禎）云：姚旅《露書》，煙
> 草，呂宋本名淡巴菰是也。張尚瑗（介賓）則謂種出自日
> 本，明天、崇間，始入中國，初傳於漳浦，稱石馬名煙。傳
> 於建寧，稱金絲建煙。[288]

> 《淡巴菰賦·序》：僅淡巴菰之行遍天下，而莫能考其
> 自出。以其興之勃也，則亦無故實可稽。姚旅以為來自呂

---

286 （清）趙爾巽：《清史稿》卷二九二，列傳七九，《裴憺度》，中華書
　　局，1977 年版點校本，第 10312、10313 頁。

287 同治《祁陽縣志》卷八《物產》。

288 同治《安遠縣志》卷一《物產》。

宋。按淡巴者，原屬呂宋旁近小國名。王圻言其明初曾入
貢，有城郭宮室市易，君臣有禮。但淡巴之種入上國，其始
事者莫知為誰。黎士宏曰：始於日本，傳於漳州之石馬。然
亦不能得其詳。**289**

由上述材料，我們可知，煙草最初可能產於呂宋（今菲律
賓），明末由日本商人或者福建商人帶來，先在閩省種植，後又
傳入其他地區，直至全國**290**。據乾隆《贛縣志》記載：「蔫，煙
草也，中出日本，明末始入中國，《本草》、《廣雅》諸書不載，
今閩人以其葉制煙，有石馬、畬塘、金絲之名，贛與閩接壤，故
種者亦多增。」**291**可見，贛南因與閩接壤，煙草傳入比較快。據
《石城縣志》記載：「三十年來始得其種並製作法」**292**，由此計
算煙草傳入贛南時間當在崇禎末年。另有道光十年《雩都縣志》
記載：「（煙草）啟、禎間自閩入。」**293**因此，煙草大約在明末
天啟、崇禎年間傳入贛南地區。**294**

289 全祖望：《鮚埼亭集》卷八《淡巴菰賦‧序》。

290 關於煙草的引入及傳播，可參見李隆慶：《新大陸的一份沉重禮
物──煙草的發現傳播及其他》，《華中師範大學學報（人文社會科
學版）》1997 年第 5 期；陶衛寧：《論煙草傳入我國的時間及其路
線》，《中國歷史地理論叢》1998 年第 3 期。

291 乾隆《贛縣志》卷七《食貨志二‧物產》。

292 乾隆《石城縣志》卷三《田賦志‧物產》。

293 道光《雩都縣志》卷一二《土產志》。

294 參考李曉方：《清代贛南煙草生產的迅猛發展及其原因探析》，《贛南
師範學院學報》2005 年第 5 期，第 80 頁。

　　廣豐、玉山一帶是江西另一片產煙區。《玉山縣志》講到：「淡巴菰之名，著於永豐，其制之精妙，則色香味莫與玉比。日傭數千人以治其事，而聲價馳大江南北。」[295]廣豐、玉山之所以產煙，也和其地理上毗鄰福建，從而與大量福建流民進入有關，「閩人之來玉者，率業此以起其家」[296]。

　　明末清初，煙草種植在贛南傳播極為迅速，「贛南邑遍植之」[297]，據乾隆《石城縣志》記載：「煙草，明末自海外流傳閩漳，故漳煙名最遠播。石與閩接壤，三十年來始得其種並製作法，以黃絲為上品。」[298]這說明石城煙草始於明清交際之時，但不久便形成自己的特色產品「黃絲」，甚至到清中期，石城煙草已「不讓閩漳也」[299]，可見發展之快。瑞金作為贛南的又一大產煙區，常有閩人大量聚集，種植煙草，據康熙《瑞金縣志》記載：

　　　　自閩人流寓於瑞，以蒔煙為生，往往徒手起家，驟擁雄資。土著之人，貪目前之近利，忘久遠之大害，於是貰田與人，或效尤而又甚。[300]

295 道光《玉山縣志》卷一二《土產》。
296 同治《玉山縣志》卷一《物產》。
297 乾隆《贛州府志》卷二《地理志‧物產》。
298 乾隆《石城縣志》卷一《物產》。
299 乾隆《石城縣志》卷一《物產》。
300 康熙《瑞金縣志》卷四《物產》。

閩人到贛種植煙草，作為生計，當地居民也是要麼租田給閩人種煙草，要麼自己種植，說明閩人和很多當地居民成為專業種煙者，更有甚者，將稻田改為煙田，致使「膏腴之畝，半為煙土，半為稻場」[301]。將糧田改為煙田，說明在贛南，種煙收入[302]。乾隆《安遠縣志》記載：

　　　　田一百把，除牛稅穀及所占之外，納租十二桶。種煙，每百把，可栽一千本，摘曬可三百斤。價錢每百斤四千文，價貴六千文不等。新稻出，每桶三四百文不等。將煙一百斤以還租，仍獲二百斤之利。[303]

　　按：「把」本為稻草單位，此處作田畝單位計，一百把約合三至四畝，為說明煙草之利重，本處以四畝計算。桶作為計量單位，每兩桶約合一石。一塊田，相當於四畝地，當時一畝地產穀三石，則共產穀十二石或二十四桶，按照「每桶三四百文不等」計算，應得錢 7200-9600 文，除掉要「納租十二桶」外，還剩 3600-4800 文；以煙草而言，每百把可獲三百斤，按照「價錢每百斤四千文，價貴六千文不等」計算，應得錢 12000-18000 文，

301 康熙《瑞金縣志》卷四《物產》。

302 已是家庭的主要收入了參考於少海：《試論明清贛南商品經濟的發展》，《江西師範大學學報（哲學社會科學版）》1997 年第 1 期，第 83 頁。

303 乾隆《安遠縣志》卷一《輿地志‧土產‧草》。

除去要「將煙一百斤以還租」，還剩 8000-12000 文。由此可見，種煙所得利潤相當於種稻所得利潤的三至四倍，表明種煙草較之種糧獲利為大，因此民眾爭相種煙，自然順理成章，使得煙草不僅種植於山地，甚至將農田用於種植煙草的現象也極為普遍。**304** 由於種煙草確實獲利頗豐，甚至「村閭娶婦有以煙若干擔充聘幣者」**305**，煙草承擔了類似貨幣的功能，充分說明了煙草在當地的經濟生活中佔有重要的地位，並已成為當地財富的標誌之一。發展至清代，煙草已是「無地不種，無人不食，竟為日用必需之物」**306**，雩都縣情況亦然，「煙草……啟、禎間自閩入，今到處有之」**307**。煙草是種經濟價值極高的作物，在改變贛南單一稻作經濟結構、實現煙米互換貿易、促進商品經濟發展方面，發揮了巨大的作用。**308**

9. 經濟林木

對於經濟林的種植，早在洪武年間，朱元璋即下令「全國各地凡有五至十畝土地的農戶要種桑樹、木棉各半畝，十畝以上的農戶還要加種柿樹、核桃和棗樹。歉年可度荒，豐年可賣

---

304 參考李曉方：《明清時期贛南經濟作物的推廣種植與生態環境的變遷探析》，《農業考古》2007 年第 4 期，第 200 頁。

305 康熙《贛州府志》卷二《物產》。

306 道光《瑞金縣志》卷二《物產》。

307 同治《雩都縣志》卷五《土產》。

308 參考李曉方：《煙草生產在清代贛南區域經濟中的地位和作用》，《農業考古》2006 年第 1 期，第 190 頁。

錢」。[309]在新喻、廬陵（今吉安）等地都有相關記載：「明洪武二十七年，奉例度地開設城鄉二百七十一處，栽桑及棗共得二萬七千八百一十二株，亦古先王授衣剝棗之遺意也。」[310]「明初令諸州縣俱植桑柘，舊志載桑園百餘所，然廬陵罕習蠶事，桑園多廢不存。」[311]這說明在明代初期經濟林木的種植主要靠行政命令來推行，效果喜憂參半。

到了明中後期，伴隨著全國商品經濟的發展，江西山區種植經濟作物和林木非常盛行。杉木是中國最普遍而重要的商品材，廣泛用於建築、橋樑、船舶、傢俱、器具等方面，竹子也普遍使用於廣大南方地區。除了直接砍伐森林，人們還會在山地種植杉木、竹林等經濟林木，這也是江西山民謀生的重要方式之一。在贛東北地區的貴溪縣「邑鄰閩界，多深山大谷，競種杉以為封殖，第商賈貨鬻，斧斤不以時入，今見其濯濯矣」[312]。在贛中的宜春地區，人們在種杉過程中還發明了一種科學的種杉模式，「桐子樹，籽可取油，凡栽杉先植此樹，以其葉落而上肥」[313]，將桐樹與杉木套種，給杉木創造肥沃的生長條件，這種種植技術一直為後世沿用，是我們的先人在勞動過程中的經驗總結。當地

309 劉白楊：《明代江西森林變遷研究》，華中師範大學碩士學位論文，2007 年，第 41 頁。

310 同治《新喻縣志》卷二《地理二·物產》。

311 民國《廬陵縣志》卷四《疆域志·物產》。

312 同治《貴溪縣志》卷一《物產》。

313 正德《袁州府志》卷二《土產》。

人也將杉木資源開發用於貿易，在靖安縣「隙地種竹，竹巨而茂。其巨者剖之可為篾，歙人貿以通舟楫所不及，其次者以為篷」[314]。林木貿易在贛南地區也很興盛，贛州府杉木生產尤其發達，「贛產杉木，故木材最多，江省各郡多取於此」，「贛多以杉木、苗竹為業」，「杉，有赤白二種，赤為香杉，實而多油；白為土杉，虛而乾燥，初植者其長較速，伐去留根，夏生日次發，三發亦可成材。龍南人運售外省獲利最饒」[315]。興國縣「山阜向植杉木，安徽客販多採焉，木去地存，閩粵流民僑居，賃土遍種茶子……吳中尤爭購焉」[316]，用材林和經濟林都是山地種植的物件，也是山區利潤的重要來源。可見贛南地區已捲入了當時的林木貿易洪流之中。

314　（清）陳夢雷：《古今圖書集成》卷八五三《職方典·南昌府部》。

315　同治《贛州府志》卷二一《物產》。

316　乾隆《興國縣志》卷一二《物產·志地·六鄉圖》。

宋明江西手工業的發展

　　自唐末五代以來，隨著中國經濟重心的逐步南移，江西經濟開始得到較全面的發展。宋明時期，江西的手工業，如製瓷、造紙、冶煉、紡織、造船、製茶、榨油、製糖等，都有較大發展。在眾多門類的手工業中，製瓷、礦冶、紡織、造船、造紙等是主幹手工業，在生產水準、規模及產量等方面出現了不同程度的提高，尤其是製瓷業和礦冶業特別發達，影響輻射全國，為宋明時期江西經濟的進一步繁榮提供了有利條件。

第一節 ▶ 製瓷業的延綿不絕

　　在唐、五代的基礎上，宋明時期江西的製瓷業發展到一個新的高峰。宋代，江西製瓷業有了明顯的發展。江西瓷窯的分布地區擴大，形成眾窯爭輝的興旺景象。除了景德鎮窯之外，江西境內還有永和窯、南豐白舍窯、臨州白滸窯、贛州七里鎮窯、吉安市臨江窯、寧都以及景德鎮湖田窯等窯口。景德鎮窯的名聲大起，成為宋代瓷窯的傑出代表。入明以後，江西製瓷業延續了其發展、繁榮的勢頭，景德鎮的瓷器遍銷海內外，帶動江西瓷器走

向另一個高峰。

一、景德鎮的陶瓷業

宋明時期，景德鎮瓷業在唐、五代的基礎上進一步得到發展，其原料產地不斷增加、生產分工漸趨細密、國內外市場較前擴大。明末清初的景德鎮則成為全國規模最大的製瓷中心，並逐漸發展成為享譽海內外的瓷都。

1. 景德鎮的瓷業生產

景德鎮位於江西省的東北部，北界安徽省，為皖贛交通要道，古有「昌江通衢」之稱。全境處於黃山、懷玉山餘脈與鄱陽湖平原的過渡地帶，以低山和丘陵為主。東北、西北部多山，群峰林立，崗巒重疊，最高峰達海拔一千六百一十八點四米。東南部多丘陵、平原，地勢由東北朝西南向下傾斜，最低高度為海拔二十米。景德鎮處於昌江之濱，昌江上溯祁門、下接波陽。城區主要分布在昌江兩岸，江流橫貫市中心，並有南河繞於東南，西河斜貫於西岸。三水繞市，水源水運都很方便。昌江是市境的主要水流，較大的支流還有東河、南河、西河、小北流，諸水都分段匯於昌江。昌江下游河道水流平緩，河床較穩定，河水含沙量甚微，水質、水量都適宜瓷業生產。此外還有五十多條小的支流，形成縱橫交錯的河流網路，確保了瓷業用水和水上運輸。[1]

---

1 景德鎮市志編纂委員會編：《景德鎮市志略》，漢語大詞典出版社，1989 年版，第 1、2 頁。

同時，昌江可溝通鄱陽湖與長江，為景德鎮瓷業生產奠定了堅實
的基礎。茲將景德鎮市水系圖附下。

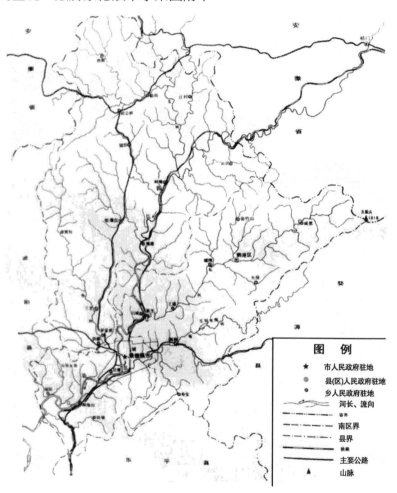

圖 4.1　景德鎮市水系圖

圖片來源：方李莉著：《景德鎮民窯》，人民美術出版社，2002
年版，第 16 頁。

景德鎮水土宜陶，自漢代以來製陶業就非常興盛，所以該地往往商賈雲集，「浮梁屬東偏邑，提封僅百里許，山川秀麗，人文物產甲於他邑，且土宜於陶，陶之利用走天下，商賈遠來，舟車雲集」[2]。即便是山川阻塞，但由於製瓷業的發展，該地呈現一派繁榮的景象，「浮延袤百七十里，秦並以來，分合異隸，州邑異名，雖山川阨塞，地勢異於平原，而舟車絡繹，洋洋乎大國之風哉」[3]。景德鎮鎮民也多從事瓷業生產：

> 鎮在縣西南二十里，據昌江南岸，附近產陶土，自陳以來即以佳瓷稱，至宋景德間始置鎮，即以年號名之。全鎮長約十餘里，廣約三四里，沿昌江上下游附近數里陶瓷之破片碎屑積如邱阜，全鎮居民約三十餘萬，其營業可分為掘土行、白土行、匣缽行、黏灰行、坯坊、窯戶、彩戶、看色業瓷行。[4]

出於對陶業利潤的追逐，各方人等叢聚景德鎮，使其成為五方雜處的地方，製陶、貿陶之人皆聚於此，由此而使景德鎮成為一名邑：

2　康熙《浮梁縣志》卷首《黃家遜序》。

3　康熙《浮梁縣志》卷一《輿地志》。

4　（清）劉錦藻：《皇朝續文獻通考》卷三八六《實業考九‧工務》。

浮於饒屬稱望縣，雖處萬山之中，其地不若鄱、餘之坦廣，然景德一鎮屹然東南一雄觀，業陶者生於斯，貿陶者聚於斯，天下之大，受陶之利，舉以景鎮名，而景鎮所系，舉以浮梁名。若是，則浮之為浮，在饒為望邑，在江省、天下又為名邑矣。[5]

隨著製瓷業的發展，政府逐漸加強對景德鎮陶業的監督與控制。「新平冶陶，相傳始於漢世。陳至德元年，大建宮殿於建康，詔新平以陶礎貢，巧而弗堅，再制不堪用，乃止。唐武德四年陶玉獻假玉器，由是置務，霍仲初最知名。宋景德中置鎮，始遣官製瓷貢京師，應官府之需，命陶工書『建年景德』於器。元泰定，本路總管監陶，皆有命則供，否則止。明洪武三十五年始燒造歲解。宣德中，以營繕所丞專督工匠。正統初罷。天順丁丑，仍委中官燒造。正德初，置御器廠專筦（按：管）御器。嘉靖九年革中官，以饒州府佐管理；四十四年設通判，駐廠燒造，尋罷。隆慶六年，復於各府選員管理。萬曆十年，以饒州府督捕通判駐鎮兼理燒造。」[6]

誠然，景德鎮瓷業的發展使其被逐漸納入官方管理範圍，而瓷土等原料的廣泛存在確是促進景德鎮瓷業發展的重要因素。「若夫中華四裔馳名獵取者，皆饒郡浮梁景德鎮之產也。此鎮從

5　康熙《浮梁縣志》卷首《王澤洪序》。
6　光緒《江西通志》卷九三《經政略十一‧陶政》。

古及今為燒器地，然不產白土。土出婺源、祁門兩山：一名高梁山，出粳米土，其性堅硬；一名開化山，出糯米土，其性粢軟。兩土和合，瓷器方成。」[7]都昌即為景德鎮瓷泥的主要來源，「都昌瀕於湖之東岸，所產白瓷泥，景德鎮鑄窯所用大半取於此雲」[8]。衢州、信州、豐城等地也為鎮瓷提供瓷料來源，「凡饒鎮所用，以衢、信兩郡山中者為上料，名曰浙料，上高諸邑者為中，豐城諸處者為下也」[9]。新正都麻倉山等地所出的陶土黏性好，而且硬度適宜；湖田、新正都等地出釉土。

　　陶土出新正都麻倉山，曰千戶坑、龍塢、高路陂、低路陂，四處為上土，亦曰官土。土埴爐勻，有青黑縫糖點白玉金星色。凡官土一百斤值銀七分，淘淨泥五十斤，曝得乾土四十斤，艇運至鎮。冬秋水乾，四日至，春水一日半至。明萬曆十一年，管場同知張化美見麻坑老坑土膏已竭，掘挖甚艱，每百斤加銀三分。他如寺前棉花土、東埠石牛、石南、李鳥、墩口、鄱陽縣、宣城土並相類，以無諸色樣，不堪用，目為假土。餘干不石每八十斤值二錢，婺源不石每九十斤值八錢，淘過淨泥七十二斤。湖田都一二圖出釉石，即釉土。又新正都曰長嶺出青花釉，曰義坑出澆白器釉，二處為

7　（明）宋應星：《天工開物》卷七《陶埏》。

8　（清）劉錦藻：《皇朝續文獻通考》卷三一四《輿地考十·江西省》。

9　（明）宋應星：《天工開物》卷七《陶埏》。

上，有柏葉斑，他如牛山、李家塢有黑縫者不堪用，艇運至鎮，與官白土同。又吳門托新土，有糖點者亦佳。煉灰惟長山都者可用。[10]

不僅如此，製瓷的原料還存在於更為廣泛的地區，僅陶土一項就有廣泛的分布，其在祁門、三寶蓬、星子、東鄉，鄰接貴溪、銀坑塢、餘干、壽溪塢、南河、明沙等地都有出產。[11]而且瓷石、釉果等的產地也較廣。[12]茲將景德鎮瓷器原料主要產地及其性質列為表 4-1。

表 4-1　景德鎮瓷器原料主要生產地

地名	與景德鎮距離	原料性質	耐熱度數（攝氏度）
東鄉	鄰接一百十里	性硬、色純白。	一四一〇度
明砂	九十五里	性燥、色淡黃、黏性甚弱、有吸水性。	一七一〇度
星子	四百餘里	性硬、色淡黃、或赤褐、含白雲母、黏性弱。	一七九〇度
祁門	百五十里以上	色白、或帶褐色、含白雲母片、黏性頗強。	一四一七度
壽溪	六十里	色淡褐、黏性極小。	一五七〇度

10　道光《浮梁縣志》卷八《食貨・陶政》。

11　《皇朝文獻通考》卷三八六《師爺考九・工務》。

12　陳啟華：《景德鎮陶瓷製作回憶錄》，《景德鎮文史資料》第 1 輯，1984 年版，第 21、22 頁。

續上表

地名	與景德鎮距離	原料性質	耐熱度數（攝氏度）
貴溪	三百四十餘里	性軟硬得中、色淡褐。	一四七〇度
三寶蓬	二十餘里	性軟、色褐灰、含黑雲母甚多、間含白雲母、黏性少。	一四一〇度
餘干	二百八十里	性硬、色淡褐、黏性弱。	一五〇〇度
安仁			
樂平			
臨川			
銀坑塢	二十餘里	性硬、色淡褐、黏性最弱。	一四五〇度
陳灣	三十里	色淡褐。	一三一〇度

　　資料來源：江思清：《景德鎮瓷業史》，中華書局，1936 年版，第 46、47 頁；陳啟華：《景德鎮陶瓷製作回憶錄》，《景德鎮文史資料》第 1 輯，1984 年版，第 22 頁。

　　豐富的製瓷原料，為景德鎮瓷器的發展奠定了堅實的基礎。自宋至明，景德鎮瓷業在這種資源優勢中不斷向前發展。北宋時，其生產規模之大，產品銷路之廣，工藝和裝飾水準之高，使其可以當之無愧地名列於「汝、官、哥、鈞」等名窯之後，而與定窯、龍泉窯齊名。[13]「景德鎮陶器有饒玉之稱，視真定紅瓷足

---

13 輕工業部陶瓷科學研究所編著：《中國的瓷器》，輕工業出版社，1983 年版，第 188 頁。

相競……」**14**

　　至南宋，景德鎮瓷器生產範圍較北宋更為擴大，景德鎮附近的南市、寧村、楓灣等地，都是南宋的窯場，出現了不少影青碎片。**15**在南宋，由於北方窯工南遷，致使景德鎮在造瓷技術上已能取各地之所長，造出了更好的瓷器。那時景德鎮的瓷業，由與各地名窯相競的地位，逐漸取得壓倒一切的優勢。因此，景德鎮和它附近的瓷器燒造範圍又擴大了，除原有的柳家灣、南市街、寧村、盈田外，三寶蓬等在南宋時也開始大量燒造。**16**

　　景德鎮因宋南渡時定州窯工遷來後，一方面發展了自己的影青；一方面更發展了白定——粉定。白定的釉是玻璃質，因為像粉，所以叫它粉定。種類很多，胎有厚薄。色以閃紅者為上，閃黃者次之，閃黃即牙色。有開片，也有不開片的。**17**

　　景德鎮在南宋還遣官制瓷貢京師，但那種貢瓷不叫景德鎮器，也不叫景德窯，而叫「樞府窯」。無論是景德窯、樞府窯，當時當地的人統稱之為「御土窯」。南宋在瓷器款識上用「樞府」二字外，還於瓷器上題「紹興樞府」款四字。**18**

14 （清）藍浦：《景德鎮陶錄》卷六《鎮仿古窯考》。

15 江西省輕工業廳陶瓷研究所編：《景德鎮陶瓷史稿》，三聯書店，1959年版，第90頁。

16 江西省輕工業廳陶瓷研究所編：《景德鎮陶瓷史稿》，三聯書店，1959年版，第57頁。

17 江西省輕工業廳陶瓷研究所編：《景德鎮陶瓷史稿》，三聯書店，1959年版，第72頁。

18 江西省輕工業廳陶瓷研究所編：《景德鎮陶瓷史稿》，三聯書店，1959年版，第57頁。

　　宋時景德鎮制瓷器的特色，據《景德鎮陶錄》載：「景德窯，宋景德年間燒造，土白壤而埴，質薄膩，色滋潤。真宗命進御瓷。器底書『景德年製』四字。其器尤光致茂美，當時則效著海內，於是天下咸稱景德鎮瓷器，而昌南之名遂微。」[19]蔣祈在《陶記》中記載：「景德陶，昔三百餘座，埴之器，潔白不疵，故霅於他所，皆有『饒玉』之稱。」

　　當時景德鎮的主要產品是胎薄釉淨、色澤如玉的青白瓷，並以質純工巧而冠群窯，成為能比較集中地代表宋代製瓷水準的一個名貴品種。在它的影響下，當時福建、廣東、四川、浙江、安徽、湖北、雲南等省區許多窯廠，無不紛起仿燒青白瓷，其影響之深遠，以致在中國陶瓷史上成為一個「青白瓷窯系」。僅在江西地區內，仿燒青白瓷的窯場就有吉州窯、南豐白舍窯、贛州七里鎮窯、寧都窯、樂平窯、靖安窯等多處。[20]

　　元代的景德鎮瓷，在宋代的基礎上又有新的提高和發展。這時，除繼續大量燒造傳統的青白瓷外，在工藝和裝飾上，有了新的開拓和創新，創造了至今仍然享有崇高聲譽的青花瓷、釉裡紅瓷和卵白釉樞府瓷。[21]並且此時的景德鎮瓷器對黑釉瓷有了發展，黑釉以外，並飾以金。[22]《陶記》說：「車坯、利坯、釉坯

19　（清）藍浦：《景德鎮陶錄》卷五《景德鎮歷代窯考》。

20　方李莉：《景德鎮民窯》，人民藝術出版社，2002 年版，第 29 頁。

21　周鑾書：《景德鎮史話》，上海人民出版社，1989 年版，第 11、12 頁。

22　江西省輕工業廳陶瓷研究所編：《景德鎮陶瓷史稿》，三聯書店，1959年版，第 58 頁。

之有其技，印花、畫花、雕花之有其法。」[23]從湖田窯出土物中，可以看出此時景德鎮的燒法有的已用渣餅，有的不用渣餅，則用複燒方法。[24]此時的政府在景德鎮設「浮梁瓷局」，督窯官吏是提領。泰定後，又以江南西路總管監陶，其原則是「有命則供，無命則止」。[25]

入明，景德鎮已成為全國產瓷中心。宋應星《天工開物》載：「若夫中華四裔，馳名獵取者，皆饒郡浮梁景德鎮之產也。」明王世懋說：「有明一代，至精美之瓷，莫不出於景德鎮。」[26]此時的景德鎮呈現更為繁榮的景象，正如明中葉人繆宗周《兀然亭》詩所說：「陶舍重重倚岸開，舟帆日日蔽江來。工人莫惜天機巧，此器能輸郡國材。」[27]正說明了當時商業的盛況。又如王世懋雲：「（景德鎮）天下窯器所聚，其民繁富，甲於一省。餘嘗以分守督運至其地，萬杵之聲殷地，火光燭天，夜令人不能寐。戲之曰：四時雷電鎮。」[28]

明代景德鎮瓷業的繁榮，在當時景德鎮的人口數量上有一個

23 （清）藍浦：《景德鎮陶錄》卷五《景德鎮歷代窯考》。
24 江西省輕工業廳陶瓷研究所編：《景德鎮陶瓷史稿》，三聯書店，1959年版，第 61 頁。
25 江西省輕工業廳陶瓷研究所編：《景德鎮陶瓷史稿》，三聯書店，1959年版，第 58 頁。
26 景德鎮市志編纂委員會編：《景德鎮市志略》，漢語大詞典出版社，1989 年版，第 44 頁。
27 （清）藍浦：《景德鎮陶錄》卷一〇《陶錄餘論》。
28 王世懋：《二酉委譚摘錄》，《記錄彙編》卷二〇六。

直觀的反映。如《陶錄》引《黃墨舫雜誌》：「昌江之南有鎮曰陶陽，距城二十里，而俗與邑鄉異，列市受廛，延袤十三里許，煙火逾十萬家，陶戶與市肆當十之七八，土著居民十之二三，凡食貨之所需求無不便，五方藉借陶以利者甚眾。」[29]清初沈懷青則說「食指萬家煙」。他又說「事陶之人，動以數萬計」。[30]唐英《陶冶圖說》說：「工匠人夫，不下數十萬，靡不借瓷以生。」《浮梁縣志》載明代全浮梁人口，從洪武到萬曆，總是十萬左右。明代楊副使紹芳認為萬曆年間：「夫鎮，乃五方之民廛焉，主客無慮十萬餘。」[31]我們暫且不去精確計算明代景德鎮的人口數量，但從這些記載中就可以看出景德鎮瓷業及景德鎮當時的繁榮狀況。

由於景德鎮製瓷業的繁盛，政府對其控制也愈趨嚴密。「正德初，置御器廠專莞（按：管）御器。」[32]對明政府在景德鎮的管理及燒造瓷器的情況，《明史》有較為詳細的記載：

> 正統元年，浮梁民進瓷器五萬餘，償以鈔。禁私造黃、紫、紅、綠、青、藍、白地青花諸瓷器，違者罪死。宮殿告

29　（清）藍浦：《景德鎮陶錄》卷八《陶說雜編上》。

30　（清）沈嘉徵：《陶民行》，見景德鎮市志編纂委員會編：《景德鎮市志略》，漢語大詞典出版社，1989 年版，第 262 頁。

31　江西省輕工業廳陶瓷研究所編：《景德鎮陶瓷史稿》，三聯書店，1959年版，第 233 頁。

32　光緒《江西通志》卷九三《經政略十一‧陶政》。

成，命造九龍九鳳膳案諸器，既又造青龍白地花缸。王振以為有墨，遣錦衣指揮杖提督官，敕中官往督更造。成化間，遣中官之浮梁景德鎮，燒造御用瓷器，最多且久，費不貲。孝宗初，撤回中官，尋復遣。弘治十五年復撤。正德末復遣。自弘治以來，燒造未完者三十餘萬器。嘉靖初，遣中官督之。給事中陳皋謨言其大為民害，請罷之。帝不聽。十六年新作七陵祭器。三十七年遣官之江西，造內殿醮壇瓷器三萬，後添設饒州通判，專管御器廠燒造。是時營建最繁，近京及蘇州皆有磚廠。隆慶時，詔江西燒造瓷器十餘萬。萬曆十九年命造十五萬九千，既而復增八萬，至三十八年未畢工。自後役亦漸寢。[33]

　　在御器廠的人事方面，明代的情況大致是：管廠總事一名，副管事一名，檔子房聽事一名，聽事吏一名，書手二名，機兵十六名，鋪兵一名，禁子一名，門役一名，庫役一名，陰陽生一名，里長十三名，老人十三名，卑隸八名，轎傘夫五名，鼓吹手六名，巡邏守衛地方夫二十名。[34]茲將明清時期景德鎮御窯廠圖附下：

33 （清）張廷玉等：《明史》卷二十八，志第五十八，《食貨六·燒造》。

34 江西省輕工業廳陶瓷研究所編：《景德鎮陶瓷史稿》，三聯書店，1959年版，第 102 頁。

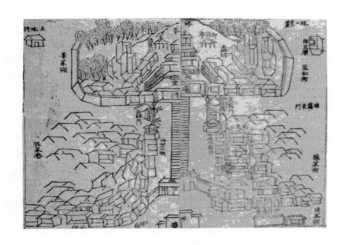

圖 4.2　明清景德鎮御窯廠圖

圖片來源：藍浦：《景德鎮陶錄》卷一《圖》。

　　終明一代，政府在此設置了較多的窯廠對其進行監督，在官窯發展的同時，民窯也有較大的發展。茲將明代名窯列為表4-2。

表 4-2　明代景德鎮名窯

明朝	洪武窯	官窯燒造	體薄，有青黑二色，以純素為佳。
	永樂窯	官窯燒造	質尚厚，但有脫胎器。有白器、彩器，錐拱始此。
	宣德窯	官窯燒造	質骨如朱砂以祭紅著，青料用南洋料。青花圖案豐富，成就大，造型亦多樣化。
	成化窯	官窯燒造	質尚薄，五彩最佳。

續上表

	弘治窯	官窯燒造	多素白，澆黃最有名。又有剔花綠雲龍一格。
	正德窯	官窯燒造	質厚薄不一，青花與嘉靖、萬曆之回青有別，與祭紅俱佳。
	嘉靖窯	官窯燒造，部分由民窯搭燒	質薄膩，礬紅代替鮮紅，青用回青。
	隆慶窯	官窯燒造，部分由民窯搭燒	土漸劣，質不及前，青花五彩，間有佳品。
	萬曆窯	部分官燒，大部分搭民窯燒	質有厚薄，五彩發達，製作日巧，大件造型日行拙重。
	崔公窯	崔國懋造	仿宣成作品，為民窯之冠。
	周窯	周丹泉造	仿定最精，作古鼎古印章甚佳。
	壺公窯	吳為造	以卵幕杯、流霞盞為著。凸雕澆黃器亦佳。
	小南窯	景鎮小南街民窯燒	體薄而堅，花色有蘭朵、竹葉兩種，又仿宋碗。
	陳仲美窯	陳仲美作	精仿古器，善制玩具。
	吳明官窯	吳明官作	作器不多，但以造瓷名家。

資料來源：江西省輕工業廳陶瓷研究所編：《景德鎮陶瓷史稿》，三聯書店，1959 年版，第 130、131 頁；（清）藍浦：《景德鎮陶錄》卷五《景德鎮歷代窯考》。

伴隨著明代景德鎮瓷業的發展，景德鎮社會風氣也不斷發生變化，在元代蔣祈《陶紀略》裡，就已經有「土風日益蕩」的感覺；當時已有「一里窯，十里焦」的流行諺語。入於明代，景德鎮的情況是，「鎮離邑二十里，而俗與城市迴別，少本業，崇靡

麗，頗有徽郡之風。其民五方雜聚，亡命之藪，一哄群沸，難以緝治」[35]。在瓷器的需要上，「市者不憚價，而作者為奇以釣之，則至有數盂而直一金者。他如花草、人物、禽獸、山川、屏瓶盆盎之觀，不可勝計，而費亦輒數金。如碎器與金色甕盤，又或十餘金，當中家之產，而相競以逞」。在瓷器的使用上，突破了官用與民用的限制。如「民間竊青色」，「商與匠戶取其贏以市於民」，以致「青色狼藉，流於民間，其製無複分」，「而諸盤盂罇俎碗碟，亦皆朝會宴賜宮御之所需」，「今庶民者得被用之」。[36]

瓷器作風方面變化更顯著。明代前期，器尚厚，成化以後尚薄，萬曆時即出現了卵幕杯、蛋皮鐘；前期重青花，故宣窯最貴，明末重五彩，又重成窯。嘉靖以後，畫面愈趨繁複，如內外夾花，錦地、兩面彩等特別流行。至隆慶、萬曆間，則更以淫巧為務，專在圖案上下工夫，甚至男女私褻之狀出現於隆慶窯之酒杯茗碗上，以至於時人認為「難入鑒賞者之眼」。器物種類上，明中葉後創每套二十七件的桌器，明末增加到每套三十六件，再增加到六十一件。隆萬以後，瓷器變化到「製作日巧，無物不備」。[37]由於整個社會風氣已經發生了變化，明人沈德符認為茶碗等上繪男女私褻圖案古已有之，不足為怪，「幼時曾於二三豪

---

35 康熙《浮梁縣志》卷四《賦役 · 陶記》。

36 江西省輕工業廳陶瓷研究所編：《景德鎮陶瓷史稿》，三聯書店，1959年版，第 233、234 頁。

37 江西省輕工業廳陶瓷研究所編：《景德鎮陶瓷史稿》，三聯書店，1959年版，第 234、235 頁。

貴家見隆慶窯酒杯、茗碗俱繪男女私褻之狀，蓋穆宗好內，故以傳奉命造此種。然漢時發塚，則鑿磚畫壁俱有之，且有及男色者，舊冊所紀甚具，則杯碗正不足怪也」[38]。對此，時人王士性指出了瓷器製作風格大體自宣、成二窯後漸趨新巧而失古樸：

> 浮梁景德鎮雄村十里，皆火山發焰，故其下當有陶埴，應之本朝，以宣、成二窯為佳，宣窯以青花勝，成窯以五彩。宣窯之青，真蘇浡泥青也，成窯時皆用盡，故成不及宣。宣窯五彩堆垛深厚，而成窯用色淺淡，頗成畫意，故宣不及成。然二窯皆當時殿中畫院人遣畫也，世廟經醮壇盞亦為世珍。近則多造濫惡之物，惟以制度更變，新詭動人，大抵輕巧最長，古樸盡失，然此花白二瓷，他窯無是。遍國中以至海外夷方，凡舟車所到，無非饒器也。近則饒土入地漸惡，多取於祁、婺之間，婺人造土成磚，磨磚作漿，澄漿作塊，計塊受錢，饒人買之以為瓷料。[39]

對於此種奢靡及僭越行為的發展，明政府出臺了相關的政策試圖加以遏制：「禁江西饒州府私造黃、紫、紅、綠、青、藍、白地、青花等瓷器，命都察院榜諭其處，有敢仍冒前禁者，首犯

---

38 （明）沈德符：《野獲編》卷二六《玩具》。
39 （明）王士性：《廣志繹》卷四《江南諸省》。

淩遲處死，籍其家貲，丁男充軍邊衛，知而不以告者連坐。」**40**

2. 景德鎮瓷器的運銷

唐、五代以後，景德鎮瓷業進一步發展，瓷器生產及交易呈現一派繁榮的景象。「饒為巨郡，郡轄七邑，而浮梁處萬山之中，提封百里詳，人物醇厚，禮教聿興。景德一鎮則又縣南大都會也，業陶者在焉，貿陶者在焉，海內受陶之用，殖陶之利，舟車雲集，商賈鶩聚，五方雜處，百貨俱陳，熙熙乎稱盛觀矣。」**41**「遍國中以至海外夷方，凡舟車所到，無非饒器也。」**42**「昌江有陶，肇於陳代，景德名鎮，著於宋時，兌矢和弓，熟則生巧。宋斤魯削遷弗為良世，歷千餘年莫改也，利遍十數省，無以加焉。轂擊肩摩，四方雲集，巷連鱗接，萬戶星稠，誠江右一大都會也。」**43**「浮梁屬東偏邑，提封僅百里許，山川秀麗，人文物產甲於他邑，且土宜於陶，陶之利用走天下，商賈遠來，舟車雲集。」**44**

如此繁榮的景象固然與景德鎮瓷業的發展以及瓷業貿易的利潤有關，而繁榮景象的支撐者是昌江——景德鎮的生命線。「景德鎮處昌江中游，上溯至祁門二百七十華里，下流至鄱陽一百八

---

40 《明英宗實錄》卷一六一，「正統十二年十二月甲戌」條。

41 康熙《浮梁縣志》卷首《陳淯序》。

42 （明）王士性：《廣志繹》卷四《江南諸省》。

43 （清）王廷鑒：《重刻景德鎮陶錄序》，見（清）藍浦：《景德鎮陶錄》，京都書業堂光緒十七年（1891）重刻本。

44 康熙《浮梁縣志》卷首《黃家遴序》。

十華里。在鎮附近有昌江支流三：東河，南河，西河。東河發源於浮梁東鄉之東源山，全長一百二十華里。春夏可行木船，秋冬可通木筏。東河經瑤裡、界首、鵝湖、王港、高砂等瓷器原料、燃料產地，由浮梁舊城注入昌江。南河發源於婺源西南山中，全長九十華里，常年可通木船、木筏，經浮梁南鄉之程村，東流、湘湖、湖田為瓷器原、燃料產地，由景德鎮市南郊之南山下流入昌江。西河發源於安徽至德縣，全長約一百華里，經浮梁北鄉之禮門、港口、大洲、三龍等瓷器原、燃料產地，由景德鎮中渡口流入昌江。」[45]清康熙五十一年，一位法國傳教士到景德鎮遊歷時，在給奧日神父的一封長信中提到了昌江，指出昌江水面有許多良港，而且有許多小船停泊其中：「有兩條河從靠近鎮邊的山嶽裡留下來，並且匯合在一起。一條較小（當指南河），而另一條則較大（當指昌江），寬闊的水面形成了一里多長的良港。這裡水流流速大大減緩了，有時可以看到，在這寬闊的水面上，並列著二三排首尾相接的小船……每日都有無數的小船停泊……」[46]千百年來，昌江默默地支撐著景德鎮瓷業的發展。

　　景德鎮的瓷器在唐和五代時，只是在本地區範圍內生產，並不遠銷，但發展到北宋，販運瓷器獲利較豐。所以，景德鎮官員往往也參與其中。洪邁就提到一位不從事瓷器買賣的浮梁知縣：

45 江西省輕工業廳陶瓷研究所編：《景德鎮陶瓷史稿》，三聯書店，1959年版，第 29 頁。

46 見昂特雷科萊（即殷弘緒）給奧日神父的信，轉引自周鑾書：《景德鎮史話》，上海人民出版社，1989 年版，第 3 頁。

「彭器資尚書文集有《送許屯田》詩，曰：『浮梁巧燒瓷，顏色比瓊玖。因官射利疾，眾喜君獨不。父老爭歎息，此事古未有。』注云：『浮梁父老言，自來作知縣不買瓷器者一人，君是也。作饒州不買者一人，今程少卿嗣宗是也。』惜乎不載許君之名。」[47]從洪邁對該知縣的讚美中，我們也可以發現當時瓷器買賣的利潤較大。

　　唐五代時期，景德鎮瓷器不僅在國內有了廣闊的市場，同時還遠銷國外。其運往國外的港口有廣州、泉州和寧波，其路線是：沿昌江入鄱陽湖，再溯贛江而南至贛州；從贛州通過驛道可以到達廣東的廣州和福建的泉州；另一條線路是通過昌江至鄱陽湖，然後入鄱陽湖到九江入長江，由長江到達海上，由於沿海各口岸相通達，尤其是地處中國海岸線中段、長江口的明州港，其不僅可以和長江沿岸各城市相接，同時也可以通過這條線從海上到達泉州和廣州。海上方便的交通促進了景德鎮青白瓷的對外銷售，同時，也是因為宋代景德鎮的青白瓷有著廣泛的國內外市場，反過來刺激了其生產的高速發展，也促進了其技術的不斷改革和提高。[48]

　　南宋為景德鎮貿易的鼎盛期。從常熟附近的錢底巷出土的瓷器來看，景德鎮青白瓷在數量上大大超過龍泉青瓷，表明景德鎮

---

[47] （宋）洪邁：《容齋隨筆》卷四《浮梁陶器》，《文淵閣四庫全書》本。
[48] 方李莉：《景德鎮民窯》，人民美術出版社，2002 年版，第 34 頁。

青白瓷在競爭中占上風，龍泉青瓷屈居第二。[49]在浙江紹興繆家橋南宋古井中，出土瓷器四十二件，其中龍泉青瓷六件，景德鎮青白瓷二十三件，說明景德鎮瓷在龍泉的產地浙江也處於優勢。[50]宋初只在廣州設市舶司，後來卻又在明州、杭州置司；但海舶輻輳之處仍以廣州為首。中國瓷器出口，也是從廣州上商舶的。宋朱彧《萍州可談》載：「舶船深闊各數十丈，商人分占貯貨，人得數尺許，下以貯物，夜臥其上。貨多陶器，大小相套，無少隙地。」[51]

景德鎮瓷器，在南宋已有了歐洲的市場。南宋之末，荷蘭人就到了泉州，他們由這裡販運瓷器至歐洲，價值與黃金重量相等，且有供不應求之勢。因此，廣東商人也到景德鎮販載瓷器前往歐洲。[52]

至元代，景德鎮的瓷器市場在南宋的基礎上進一步發展。當時景德鎮瓷器製作技術已經達到了很高的水準，如印花、畫花、

---

49 戴寧汝：《常熟錢底巷出土的唐宋瓷器》，《景德鎮陶瓷》總第 59、60 期，第 88、90 頁。轉引自方李莉：《景德鎮民窯》，人民藝術出版社，2002 年版，第 33 頁。

50 紹興縣文物管理委員會：《浙江紹興繆家橋宋井發掘簡報》，《考古》1964 第 11 期。轉引自方李莉：《景德鎮民窯》，人民藝術出版社，2002 年版，第 33 頁。

51 江西省輕工業廳陶瓷研究所編：《景德鎮陶瓷史稿》，三聯書店，1959 年版，第 91 頁。

52 馮和法：《中國陶瓷業之現狀及其貿易狀況》，轉引自：江西省輕工業廳陶瓷研究所編：《景德鎮陶瓷史稿》，三聯書店，1959 年版，第 91 頁。

雕花等技術在元代都已出現，這在蔣祈的記述中有反應：「印花、畫花、雕花之有其技。」[53]

瓷器製造業的發展直接促使元代景德鎮瓷器貿易的繁榮，當時景德鎮瓷器的國內市場較廣闊，已行銷至江、湖、川、廣等地。「浙之東西，器尚黃黑，出於湖田之窯者也。江、湖、川、廣，器尚青白，出於鎮之窯者也。碗之類，魚水高足，碟之發暈、海眼、雪花，此川、廣、荊、湘之所利。盤之馬蹄、檳榔，盂之蓮花、耍角，碗碟之繡花銀繡、蒲唇、弄弦之類，此江、浙、福建之所利，必地有擇焉者……兩淮所宜，大率江、廣、閩、浙澄澤之餘。土人貨之者謂之『黃掉』，黃掉雲者，以其色澤不美，而在可棄之域也。」[54]

元代瓷器已外銷到世界範圍。正如馬可‧波羅所說：「元朝瓷器，運銷到全世界。」其路線是先經印度，然後由印度轉運至歐洲和非洲。《夷堅志》載：「甘埋國（4 世紀到 16 世紀印度大商埠）居西南洋之地，與佛郎近……所有木香、琥珀之類，均產自佛郎國，來商販子西洋，互易去貨丁香、豆蔻……蘇杭色緞、青白花器瓷瓶、鐵條，以胡椒載而返。」青白花瓷，則正是景德鎮所產的「色白花青」的瓷器。[55]

元代瓷器到非洲去的情形，如《中西交通史料彙編》引《拔

---

53 （清）藍浦：《景德鎮陶錄》卷七《古窯考》。

54 轉引自江思清：《景德鎮瓷業史》，中華書局，1936 年版，第 77 頁；同時見（清）藍浦：《景德鎮陶錄》卷五《景德鎮歷代窯考》。

55 江思清：《景德鎮瓷業史》，中華書局，1936 年版，第 77 頁。

都達遊記》：「中國人將瓷器轉運出口，至印度諸國，以達吾故鄉摩洛哥，此種陶器，真世界最佳者也。」又「共在河上行二十七天……天將晚時，吾輩遊至他村……直達秦克蘭，即興阿興（廣東）也。此處亦如刺相，瓷業甚盛……市場優美，為世界各大城所不及。期間最大者莫過於陶器場，由此商人轉運瓷器至中國各省及印度、葉門。」[56]

受當時繁盛的瓷業貿易的影響，元代出現了較先進的瓷器交易手續。如當時瓷器買賣須先經過中間商，接著議價批單，交易成功後再約定交貨日期，這些交易必須以票據為憑；同時，將交易中色雜茅損的瓷器數量記錄在票據上，然後至商戶處調換，所有這些都記錄在一種類似收據的單據上，而且上有瓷商的號戶。交易手續有條不紊：「商行賈瓷，牙儈引之，議價批單，交易成，定期挑貨，必有票計器數為憑。其挑去瓷器，有色雜茅損者，亦計其數，載票交陶戶換補佳者，謂之換票。其瓷票、換票皆素紙為之，或印行號戶，號加寫器數，字或全用墨寫。」[57]

入明，景德鎮成為全國瓷業的中心。這時瓷業生產及貿易的繁榮狀況，正如沈懷清所記：「昌南鎮陶器，行於九域，施及外洋，事陶之人，動以數萬計，海樽山俎，咸萃於斯，蓋以山國之險，兼都會之雄也。」[58]浮梁文人鄭鳳儀對當時瓷業生產及貿易

56 江西省輕工業廳陶瓷研究所編：《景德鎮陶瓷史稿》，三聯書店，1959年版，第 93 頁。

57 （清）藍浦：《景德鎮陶錄》卷四《陶務方略》。

58 （清）藍浦：《景德鎮陶錄》卷八《陶說雜編上》。

的景象描述為：「碓廠和雲春綠野，賈船帶雨泊烏篷。夜闌驚起返鄉夢，窯火通明兩岸紅。」[59]對於明代景德鎮瓷器的運銷狀況，明人王士性有記：

> 天下馬頭，物所出所聚處。蘇、杭之幣，淮陰之糧，維揚之鹽，臨清、濟寧之貨，徐州之車驟，京師城隍、燈市之骨董，無錫之米，建陽之書，浮梁之瓷，寧、台之鰲，香山之番舶，廣陵之姬，溫州之漆器。[60]

由於景德鎮瓷業貿易的發展，致使明代以前不太發達的昌江上游也繁忙起來，表現為「江帆日日蔽江來」。當時景德鎮瓷器的運輸路線分為水路和陸運兩種，水運路線是：瓷器在景德鎮裝船，走過一百八十華里到了饒州（鄱陽）以後，才能過駁上比較大的帆船，過駁以後，經過鄱陽湖出長江，把瓷器運到全國各地。明代景德鎮瓷器陸運則完全是用人力挑或者抬，和接力賽跑一樣，到一縣，遞接一縣，從景德鎮起，到了安徽至德開始輪縣接遞。[61]明初御器皆自水運達京。宦官被裁革後，改由陸運。萬曆中，潘相仍設水運船。在運輸時，「御器陶成，每分限運，一

---

59 （清）鄭鳳儀：《浮梁竹枝詞》，轉引自周鑾書：《景德鎮史話》，上海人民出版社，1989年版，第88頁。

60 （明）王士性：《廣志繹》卷一《方輿崖略》。

61 江西省輕工業廳陶瓷研究所編：《景德鎮陶瓷史稿》，三聯書店，1959年版，第30、31頁。

歲數限，一限差官費不可定，然起少者不下千金，而夫力裝具不與焉。陸運資扛，箱費亦有經定。解運工具，凡鐵、木、布、絲、紙張之類，無不具備。解運人夫，由饒州七縣供役，由解官領頭站官率領，其中有護解兵，有各種匠作」，在中途還有臨時短扛工的雇請。扛到池州建德縣交遞。由於明代後期水運較快，即改為水運。[62]

明代瓷業的發展一方面滿足了政府的需求，同時增加了社會的財富。在這熙熙攘攘的人群與紛錯如織的船隻後面有著巨額的利潤。由於瓷器生產給當地帶來高額的利潤回報，景德鎮當地民眾亦紛紛投入到瓷業生產中來，其盛況頗為壯觀：

> （景德鎮）天下窯器所聚，其民繁富，甲於一省。餘嘗以分守督運其地，萬杵之聲殷地，火光燭天，夜令人不能寐。戲目之曰：「四時雷電鎮」。[63]

瓷業出口也可以獲得高額的利潤。《野獲編》對明代瓷器陸運時的包裝及利潤有如下記載：「余於京師，見北館伴口夫裝車，其高至三丈餘。皆韃靼、女真諸部及天方諸國貢夷歸裝。所載他物不論，即以瓷器一項，多至數十車。余初怪其輕脆，何以

---

62 江西省輕工業廳陶瓷研究所編：《景德鎮陶瓷史稿》，三聯書店，1959年版，第 111 頁。

63 （明）王世懋：《二酉委譚摘錄》，《記錄彙編》卷二〇六。

陸行萬里？既細叩之，則初買時，每一器內納少土及豆麥少許，疊數十個輒牢縛成一片，置之濕地，頻灑以水。久之，則豆麥生芽，纏繞膠固。試投之牢確之地，不損破者始以登車。既裝駕時，又從車上擲下數番，堅韌如故者始載以往。其價比常加十倍。」**64**

　　出於對瓷業利潤的追求，明代出現了瓷器的走私。這些走私者往往違禁將瓷器偷運至臺灣，用以換取呂宋、暹羅、柬埔寨等國的產品，他們回國後再將這些土產出售，可以獲得高額的利潤；而這些國家的商人也樂於與走私者交換。其中，江西的瓷器就是走私品之一：

　　　　給事中傅元初疏：「海濱之民，惟利是視。走死地如鶩，往往至島外區脫之地曰臺灣者，與紅毛番為市，紅毛業據之以為窟穴。自臺灣兩日夜可至漳、泉內港。而呂宋佛郎機見我禁海，亦時時私至雞籠、淡水之地，與奸民闌出者市貨。其地一日可至臺灣。官府即知之而不能禁，禁之而不能絕，徒使沿海將領、奸民坐享洋利，有禁洋之名，未能盡禁洋之實。此臣鄉之大可憂者。蓋海外有大西洋、有東洋。大西洋則暹羅、柬埔諸國；其國產蘇木、胡椒、犀角、象牙諸貨。東洋則呂宋，其夷佛郎機也；其國有銀山，夷人鑄作銀錢獨盛。中國人若往販大西洋，則以其產物相抵；若販呂

64（明）沈德符：《野獲編》卷三〇《外國·夷人市瓷器》。

宋，則單得其銀錢。諸夷皆好中國綾緞雜繒；其土不蠶，惟藉中國之絲到彼，能織精好緞匹，服之以為華好。是以湖綿百斤值銀百兩者，至彼得價二倍。而江西瓷器、福建糖品皆所嗜好。百工技藝有挾一技以往者，雖徒手無不得食；民爭趨之。永樂間，先後招徠。至紅毛番，其夷名加留巴，與佛郎機爭利不相得，一心通市，據在臺灣。自明禁絕之，而利乃盡歸於奸民矣。」**65**

明政府雖嚴禁走私，但瓷器走私的利潤很高，販瓷者往來興販而樂此不疲，他們甚至違禁自造下海帆船進行走私。《皇明條法事類纂》中就記載了一則成化十四年（1478）江西浮梁縣商人方敏等將政府禁止民間燒造的青花瓷器運往海外銷售直至被捉獲的材料如下：

　　犯人方敏，招系江西饒州府浮梁縣人。成化十四年三月內，敏明知有例《軍民人等不許私出外洋船接番貨》，不合故違，商同弟方祥、方洪，各不合依聽，共湊銀六百兩，買得青白花碗、碟、盆、盞等項磁器共二千八百個，用舡裝至廣城河下。遇有熟識廣東揭陽縣民陳祐、陳榮；海陽縣民吳孟，各帶青白苧麻等布，亦在本處貨賣。敏等訪得南海外洋

65　（清）黃叔璥撰：《台海使槎錄》卷二《武備》，《文淵閣四庫全書》本。

有私番舡一隻出沒，為因上司嚴禁無人接貨，各不合與陳
祐、陳榮、吳孟謀允，雇到廣東東莞縣民梁大英，亦不合依
聽，將自造違式雙桅槽舡一隻，裝載前項磁器並布貨，於本
年五月二十二日開舡超過緣邊官富等處巡檢司，達出外洋到
於金門地方，遇見私番舡一隻在彼。敏等將本舡磁器並布貨
換得胡椒二百一十二包，黃臘一包，烏木六條，沉香一扁
箱，錫二十塊過舡。番舡隨即掛蓬使出外洋不知去向，敏等
艚舡使回裡海，致被東安千戶所備倭百戶郭慶等哨見，連人
舡貨物捉獲。**66**

　　這則材料指出江西商人方敏敢冒天下之法禁，走私政府禁止
民間燒造的青花白地瓷，這正說明了明代景德鎮瓷業的發展以及
瓷業貿易的高利潤。儘管官府三令五申，嚴禁走私，但瓷器的販
賣及走私活動依然屢禁不絕。

3. 景德鎮瓷業的行業及分工

　　在漫長的發展過程中，景德鎮瓷業逐漸形成了不同的行業和
細緻的分工。至明清時，這些行業及分工愈趨發達和完善。以民
窯業為例，明清時期的景德鎮瓷業已產生了眾多彼此獨立而又彼
此相依的、有著各自不同分工的陶瓷生產的專門行業，如各類
圓、琢器坯戶，各種槎窯、柴窯、紅店；還有不同類型的為陶瓷

66　（明）戴金編：《皇明條法事類纂》上冊卷二〇《接買番貨》，古典研
　　究會，1966 年版，第 514、515 頁。

業生產服務的輔助行業，如白土行、柴行、瓷行、菱草行、匯色行、把樁行等等。而在每一個行業中又有著非常精細的專業分工。[67]《皇朝經世文編》記為：「全鎮居民約三十餘萬，其營業可分為掘土行、白土行、匣缽行、黏灰行、坯坊、窯戶、彩戶、看色業瓷行。」[68]

景德鎮五方雜處，各色人等從事不同的職業，各安其生，「浮梁之俗潔而居，鮮而食，率而出，其山川林木望之鬱鬱疎秀，泉甘而土肥，亦美壤矣。人生其間，穎秀者為士，狡猾者為游手，富則為商，巧則為工，……雖遊子之徒亦皆能自售，以其狡猾故也。其貨之大者，摘葉為茗，伐楮為紙，坯土為器，自行就荊湘吳楚間，為國家利。……」[69]對於陶業中分工的精細程度，宋應星在《天工開物》中說道：「共計一坯工力，過手七十二方克成器，其中微細節目尚不能盡也。」[70]「陶有窯，有戶，有工，有彩工，有作，有家，有花式，凡皆數十行人。」[71]《景德鎮陶業紀事》中也寫道：「夫瓷業一門，為吾人日常品，自尋常心理觀之，初以為一甄陶之功，一火炙之力而已，孰之（按：知）其中積力之深，分工之細，更非所能書盡。總其全體言之，陶有土，質必研洗；首作坯，土必緻密；次入窯，火必純熟；次

---

67 方李莉：《景德鎮民窯》，人民美術出版社，2002 年版，第 145 頁。

68 《皇朝經世文編》卷三八六《實業考九‧工務》。

69 康熙《浮梁縣志》卷八《藝文‧記》。

70 （宋）宋應星：《天工開物》卷七《陶埏》。

71 （清）龔鉽：《景德鎮陶歌》，中國書店校印，第 1 頁（上）。

施釉，術必專精。合而為成器，分而為職工，各執一事，各顯其能。不能越俎，亦不互謀，交相嬗者，無慮百十處焉，各致勤勞者，無慮百十人焉。一致而百慮，殊途而同歸，及其成功，則一也，可謂達分工之極則矣。」**72**

　　儘管景德鎮瓷業中分工細緻，但總的來說可以分為三個主要行業，即：「景德鎮陶瓷，原料出於一地，其坯戶、紅店、窯戶三行各執一事，各分一幫，其業之精者僅傳本幫而世守其業，心既專，手乃一。工人之大部分，以南昌、波陽、都昌、撫州及安徽之祁門、婺源各縣為最多。其人守職之專，世代相承，至以族姓著稱。」**73**根據後人的回憶，瓷業中存在所謂的「三十六行」，有的是瓷業生產本身的分工，有的是屬於間接服務於瓷業生產的，還有屬於純服務性的行業。三十六行分屬八大類，第一類是燒煉窯，其中分為窯廠、滿窯、補窯三行，窯廠掌握看火色、裝窯路，所以在三十六行中勢力最大；第二大類屬於陶瓷形成方面，其中包括十一行，「四大器」人數多，勢力較大；第三大類是畫作方面的，其中包括四行；第四大類是匣磚業，有三行；第五大類屬於為瓷業包裝、挑運服務的，有九行；第六大類是為瓷器下腳修補的，有兩行；第七是為瓷業製造工具模型和坯刀的，

---

72 向焯：《景德鎮陶業紀事》，漢熙印刷所景德鎮開智印刷局經營處1920年。轉引自方李莉：《景德鎮民窯》，人民美術出版社，2002 年版，第145 頁。

73 轉引自方李莉《景德鎮民窯》，人民美術出版社，2002 年版，第 145頁。

有兩行；第八大類不屬於瓷業生產的，有轎行與馬行兩行。三十六行中，以燒煉窯中的「窯廠」、「滿窯」和「補窯」，成形的「四大器」，匣磚的「磚山」、「大小匣」，包裝挑運的「茭草」和「搬運」，修補的「洲店」和其他的「轎行」等十一個行最有勢力。這十一個行人數較多，他們或有專門技術，或則靠氣力活命。**74**

此外，由於瓷業生產競爭激烈，在不同的行業出現之後，幫派及各類的「會」便隨之出現。如窯幫中就成立過以在清末以前就經營大致相同的陶瓷品種的小業主和廠主為基礎的「三窯十九會」，它問世最久，是窯幫的重要支柱，掌握著一切經濟命脈。三窯即陶成窯、允成窯、裕成窯。九會都冠社名，分脫胎、二白釉、青釉、四大器、四小器、酒令盅、七五寸、可器、碎古器等。實際上，應是有四窯九會，其絕大部分成員，屬本省都昌縣人。**75**三窯九會負責人由值年、副值年、頭首若干人組成，任職期限為一年。當年四至五月接任，在下年的同時交卸，沒有連選

---

74 巢克謙：《瓷業的三十六行》，《景德鎮文史資料》第 1 輯，1984 年版，第 17、18 頁。

75 都昌幫可能是在清代才在景德鎮形成較大的勢力，如清代龔鉽在《景德鎮陶歌》中記為：「江南雄鎮記陶陽，絕妙花瓷動四方。廿里長街半窯戶，贏他隨路喚都昌。」藍浦在《景德鎮陶錄》中的記錄讓我們更加肯定都昌幫在景德鎮的勢力崛起於清代，其文為：「滿窯一行另有店居，凡窯戶值滿窯日則召之，至滿畢歸店，主顧有定，不得亂召。俗傳先是樂平人業，此後絫鄱陽人為徒，此康熙初事。其後鄱邑人又絫都昌人為徒，而都邑工漸盛，鄱邑工所滿者反遜之。今則鎮分二幫，共計滿窯店三十二間，各有首領，俗呼為滿窯，凡都、鄱二幫滿柴、槎窯皆分地界。」（見藍浦：《景德鎮陶錄》卷四《陶務方略》）。

連任者。下屆值年和副值年以及頭首，由上屆值年和副值年商量推定，事前不必在會員大會上交接，只在豐盛筵席儀式上，用紅紙張榜公布此屆值年人等。三窯九會的經費由會員分攤負擔。所需經費，沒有預算限額，用多少會員即負擔多少，但值年和副值年不負擔經常費用，並享有一定數量的酬勞金。新會員入會，必須繳納相當數量的入會金。三窯九會開會時，由正、副值年主持，布置任務，或由會員討論。但正、副值年碰頭後，可以決定重大問題，會員應無條件地執行。而且陶成窯和陶慶窯還設有若干武裝丁警機構。[76]這無疑對景德鎮瓷業乃至城市的發展產生了較大的影響。[77]

同時，還存在所謂的「五府十八幫」。五府十八幫，系裝小器工人的集會議事組織。五府，指的是南昌府、南康府、饒州府、撫州府和九江府。這五府屬縣的隸籍人，可以參加裝小器行業，學徒弟、操職業，其他各府籍貫人則不得參加。即便是這五府籍人，也不是隨時可以學徒就業，而是二十年一屆，開禁帶徒。逢二十年開禁，要挑紅籃過街，沿途放鞭炮，吹號奏樂，大張旗鼓，大造聲勢，表示裝小器行業開禁了，可以帶徒弟、學手

---

76 劉勝：《窯幫的三窯九會》，《景德鎮文史資料》第 1 輯，1984 年版，第 10、11 頁。

77 蘇永明、黃志繁認為「（清代）行幫全面控制景德鎮經濟發展的時候，既是景德鎮瓷業經濟的繁盛時期，也是景德鎮傳統瓷業經濟走向衰落之時」。見蘇永明、黃志繁：《行幫與清代景德鎮城市社會》，《南昌大學學報》2007 年第 3 期。

藝了。有這樣一首形容裝小器開禁的民謠：「裝坯開了禁，鄉下得到信，丟了田不作，漏液趕上鎮，三吊二百錢，買根壓卵棍……」[78]這樣逢屆開禁，叫開紅禁。這是一種名正言順、堂堂皇皇的鄭重形式，因此叫做開紅禁。還有一種形式叫黑禁，這是在裝坯人少事多的情況下，隔三、五年或七年開一回禁，同樣要挑籃過街，放鞭炮奏樂，只是籃上不塗紅。從上街到下街，從河街到後街，挑籃人平安無事，表示群眾同意，可以開禁。如果開黑禁挑籃過街，中途被人干擾，搶籃傷人，表示群眾不同意，這個禁就不能開。十八幫由裝小器工人分成小組組成，一幫等於一組。每個幫有頭首數人，管理幫的一切事務。每年四月初一到十八日，這十八個幫的群眾，包括街師傅和徒子徒孫，一天一個幫，依次在都昌會館聚會飲酒，演戲酬神。輪到初一的叫一幫，依次到十八日的叫十八幫。各幫人數有多有少，這是隨著幫內街師傅的運氣而定的。[79]

在激烈的競爭中，各行業為了保持自身特有的優勢，必然有一套強制執行的行規。寫車簿就是裝小器行業制約窯戶老闆的一種規矩。其手續是：窯戶老闆起牌號開始生產業務之前，向這個行業總組織進行登記，用一本紅格舊帳簿記載窯戶老闆招牌、營業項目、生產能力，蓋上五府十八幫的印章。車簿即指窯戶做幾

---

78 這從一個側面也說明瓷業的利潤較農業為高，無怪乎在政府的禁令下瓷器走私活動的猖獗與屢禁不止。

79 劉重華：《五府十八幫》，《景德鎮文史資料》第 1 輯，1984 年版，第14—16 頁。

乘作車、幾乘利車，按製坯隻數多少，交納寫車簿費用。寫車簿時，窯戶老闆請用介紹的裝坯頭或工人屬於哪一幫，這個窯戶今後雇用裝坯工就永遠屬於該幫，不能自由過幫雇用。但有所謂的「賣幫」，即某幫原有的窯戶受雇權，可以自行轉賣給別的幫，並且類似世襲制。窯戶這塊招牌，分枝子孫，只要牌名不變，世代相傳；而這個裝坯行幫，也同樣相沿不替，承襲下去。如果招牌改名，另寫車簿，可以任選別幫。[80] 再如：「窯工分為把樁、拖坯、匣、加表、收兜腳、打雜、小伕手等項。其全窯重要職權，歸把樁一人主持，拖坯副之，其他工人由把樁自雇，有不傳他人之秘術。所謂把樁，即工頭之稱呼。其試看火色，支配窯位，最為重要。稍有不慎，失敗隨之。故非經驗豐富的不能充任。拖坯者為支配小器之人，其權稍遜於把樁。」[81]

　　由於各行業內對本行業行規的嚴格執行，致使一些技術只能在該行內傳承，而不能擴及其他行業，這就催生了一批技術的世襲擁有者，他們只能在父子之間傳衍，如滿窯業即是：

　　　　滿窯一行另有店居，凡窯戶值滿窯日則召之，至滿畢歸店，主顧有定，不得亂召。俗傳先是樂平人業，此後絜都陽人為徒，此康熙初事。其後鄱邑人又絜都昌人為徒，而都邑

---

80 劉重華：《五府十八幫》，《景德鎮文史資料》第 1 輯，1984 年版，第 16 頁。

81 陳啟華：《景德鎮陶瓷製作回憶錄》，《景德鎮文史資料》第 1 輯，1984 年版，第 29、30 頁。

工漸盛，鄱邑工所滿者反遜之。今則鎮分二幫，共計滿窯店三十二間，各有首領，俗呼為滿窯，凡都、鄱二幫滿柴、槎窯皆分地界。[82]

補窯業也是如此。自元代、明代開始，景德鎮土著魏姓人一直從事補窯業，他們掌握了較為高超的技術，並且世代相傳，只是到清代才傳給他人：

結砌窯巢昔不可考。自元明來，鎮土著魏姓世其業，若窯小損壞，只需補修。今都邑人得其法，遂分業補窯一行，然魏族實有師法薪傳。余嘗見其排砌磚也，一手挨排黏砌，每黏一磚只試三下即緊黏不動；其排泥也，雙手合舀一拱泥，向排砌一層磚中間兩分之，則泥自靠結磚兩路流至腳，砌磚者又一一執磚排黏，其製泥稠如糖漿，亦不同泥水工所用者。[83]

儘管如此，但陶工和坯房工人仍處於底層，他們是被壓榨的對象，有二首歌謠反映了他們的處境：

坯房佬，坯房佬，淘泥做坯雙手攪，彎腰駝背受欺壓，

---

82 （清）藍浦：《景德鎮陶錄》卷四《陶務方略》。
83 （清）藍浦：《景德鎮陶錄》卷四《陶務方略》。

死了不如一根草。

　　端起粥飯望窯煙，一粒豆豉兩口咽。[84]

　　為了生計，坯工們必須拼命地工作，至二更方才吃午飯，這也從另一方面推動了當地夜市的繁榮：「坯工並日作營生，午飯應遲到二更。三五成群抨肉飯，怪他夜市禁非情。」作者自注曰：「坯工做坯，盡一日之勤，至二更始赴飯店吃飯蒸肉，故夜市不能禁。」[85]正因為坯工們生活艱辛，他們與雇主之間的矛盾一觸即發，所以導火線一旦出現，就很容易被迅速點燃。嘉靖二十年六月，就發生過一起樂平雇工與浮梁雇主之間的械鬥。因該年饑荒，浮梁雇主拖欠樂平瓷業工人工錢，反而徑行驅逐樂平人，於是導致樂平人對浮梁人搶奪；事態進一步發展，結果釀成了兩地各聚黨互毆的慘劇。對此，朝廷查辦了饒州府同知，對饒州通判、樂平知縣給予「奪俸三月」的處分，令饒州知府、兵備道等將功贖罪，從另一方面也說明了事態的嚴重：

　　江西樂平縣民嘗傭工於浮梁，歲饑艱食，浮梁民負其傭直，盡遣逐之，遂行劫奪，二縣凶民，遂各糾黨千餘，互相讎殺。事聞，詔停守巡兵備及該府縣衛所掌印、巡捕等官

---

84 轉引自朱紹熹、俞昌鼎：《景德鎮的都幫、徽幫和雜幫》，《景德鎮文史資料》第 1 輯，1984 年版，第 78 頁。

85 （清）龔鉽：《景德鎮陶歌》，中國書店校印，第 9 頁（下）。

俸。尋，俱撲獲。巡按御史謝九儀勘報其事，因參饒州府同
知範栻、通判張楫、樂平知縣李惟孝等及本府知府沈熺、兵
備副使屠倬、分巡副使楊紹芳、分守參議朱道瀾、巡捕署都
指揮僉事李浴銘及巡撫都御史王燁失事罪狀，詔下栻等巡按
御史逮問，楫、維孝各奪俸三月，熺等六人及燁俱以功贖
罪。**86**

　　此外，景德鎮瓷行之間及瓷幫之間的摩擦與矛盾也較為普遍
的存在著，或者可以說瓷幫之間的競爭性及排他性導致了瓷業中
械鬥不斷。各幫為了自身的生存與發展，採取各種手段對商業進
行壟斷，以圖謀取最多的利潤。因此，幫派之間的矛盾與鬥爭就
不可避免了，即便到了民國時期，幫派之間的摩擦和鬥爭仍較頻
繁。**87**

　　總之，依靠資源優勢及政府的重視與支持，宋明時期的景德
鎮瓷業不斷發展，各項技術漸趨成熟，行業內部的分工趨於精細
化與專門化，瓷器的銷路也越來越廣。但隨著瓷業的發展，瓷器
的違禁買賣等也已出現，並且屢禁不止。出於對瓷業利潤的追
求，行幫之間、雇工與雇主之間的矛盾與摩擦也不可避免。但這
些都是景德鎮瓷器發展過程中出現的不同側面，宋明時期景德鎮

86 《明世宗實錄》卷二五〇，「嘉靖二十年六月辛酉」條。

87 朱紹熹、俞昌鼎：《景德鎮的都幫、徽幫和雜幫》，《景德鎮文史資料》
　　第 1 輯，1984 年版，第 77、78 頁。

瓷業的發展則是肯定的，可以說走出了一條成功之路。

二、吉州窯

　　吉州窯是中國著名的民間古窯，它以悠久的歷史、豐富的產品、獨特的紋飾而聞名於世。吉州窯因在江西吉安永和鎮，自隋至宋，吉安稱吉州，故名「吉州窯」，又因燒造地點在永和鎮，也稱「永和窯」。它創燒於晚唐五代時期，兩宋是它的鼎盛期，由於其悠久的燒瓷歷史，故民間俗稱「先有永和，後有景德」之說。[88]由於永和窯瓷業的發展，時人稱永和鎮為「瓷窯團」。[89]

　　吉州窯之所以存在並繁榮如此長的時間，與它的地理位置及資源優勢有關。吉州窯地處贛江中部，交通便利，往北順江而下，經南昌出鄱陽湖入長江，可通往全國各地；向南溯江而上，出贛州可達廣東、福建。其所使用的陶瓷原料主要產於吉州窯附近的一些礦區，其中南山、青原山和豬母嶺的黏土礦最有影響，古代所稱的「南山之泥」、「膩土」指的就是這些礦產；此外還有尹家山的黑泥礦、文阪的鑽土礦、高塘的錳粉礦、敖城的紅丹、前岑的石英……這些礦區大都距永和鎮較近，有的不足八華里，最遠的不超過五十華里。眾多礦產分布相對集中，運輸較便。[90]此外，雞岡也是吉州窯窯泥的主要產地。該處產量豐富，

---

88 徐巍：《試論宋代吉州窯陶瓷》，《文物世界》2002年第3期。

89 原話為「瓷窯團即今之鎮也」。見（宋）周必大：《文忠集》卷一六六，《文淵閣四庫全書》本。

90 敖鏡秋：《吉州窯瓷用原料考察》，《景德鎮陶瓷學院學報》1989年第2期。

陶泥見風即凝結如白石，隨取隨生，宋人周必大曾有記載：

> （隆興二年七月）庚申。早過方廣，回入落塘源，觀歐
> 陽氏陰地。遂上雞岡，永和之朝山也，窯泥皆仰給於此，遇
> 地脈可鑿。躡階以入，深至數十丈。初取皆細泥，見風乃凝
> 如白石。一穴盡，即他之，山為之蓋，不知幾百年。或雲隨
> 取隨生，恐是理。遍觀山頂，其高稍亞金鳳，而相聯屬。[91]

　　立足於優越的資源條件，吉州瓷業不斷發展。其瓷器品種繁多、裝飾十分豐富。從唐代創燒到元明歷經五百餘年的生產歷程，吉州窯的產品從單一的青瓷發展到宋代繁複的白釉、黑釉、綠釉、彩繪瓷等；品種從唐代時少數幾種碗、盤、缽、壺等到宋代應有盡有的碗、盞、杯、盤、缽、碟、瓶、爐、壺、缸、枕、盒及玩具、雕塑等等；其裝飾從簡單到變幻無窮、絢麗奪目；其規模從「民聚其地，耕且陶焉」到「六街三市，居者數千家」，其產品遠銷國內外。[92]

　　唐時，吉州窯的主要產品是早期青瓷，這種青瓷，炻質黑胎、烏青釉和紹興越窯極為接近，而土蝕頗深。已故著名學者蔣玄佁在實地考察了吉州窯後，認為在吉州窯遺址中所發現的早期

---

91 （宋）周必大：《文忠集》卷一六六，《文淵閣四庫全書》本。

92 張翊華：《從吉州窯匣缽上的文字探討吉州窯的生產方式》，《南方文物》1984 年第 1 期。

青瓷的燒造方法是襯塊燒。[93]其特徵器型有敞口淺腹碗、雙系束頸平底罐、四系束頸平底罐、雙系短流束頸瓶以及短流喇叭口瓶。胎骨厚重，質地較粗，多為黑灰或黑色胎，施釉不及底足，釉層不均勻，釉面發澀，有的有淚痕，釉色青淡，多呈醬褐、青褐、青黃色。燒造方法比較原始，內底和足沿留有四至八個支燒痕。與豐城洪州窯晚唐五代同類器相同，與浙江越窯晚唐器相似。[94]

　　至宋代，吉州窯進一步發展。《景德鎮陶錄》云：「江西窯器，唐在洪州，宋時出吉州。」[95]此時，黑瓷是吉州窯的一大特色。吉州窯產品以黑釉瓷最負盛名，創燒於北宋，盛行於南宋，延續到元代。它利用當地廉價的天然黑色塗料，通過獨到的技法和各種裝飾手法，製造出獨具風格、變化萬千、清新雅致的黑釉器。其品種繁多，有素天目、木葉紋、鷓鴣斑、玳瑁斑、虎皮紋、兔浩紋、油滴紋、灑釉、剪紙貼花和剔花等。器類豐富，有各式罐、瓶、壺、碗、盞、碟、缽、盆、粉盒、鼎爐、漏斗、撲滿等。北宋時碗為斝口、花口，高圈足。罐、壺多為瓜棱腹。底足切削較粗澀，施釉不及底。南宋時期，碗盞多斂口、深腹，新出現一種外黑內白釉碗。芒口，底足矮且內凹，內外滿釉為南宋

---

93 黃年風：《從吉州窯瓷看南北陶瓷文化交流》，《收藏家》2006 年第 11 期。

94 張文江、賴金明：《吉州窯》，《文史知識》2002 年第 3 期。

95 （清）藍浦：《景德鎮陶錄》卷一〇《陶錄餘論》。

黑釉風格。元代延續南宋器類，新出現鏤空爐、高足杯、乳釘紋柳斗罐、香薰蓋。整體上吉州窯黑釉器胎質較粗鬆，呈灰白或米黃色，早期黑釉瓷色單純，釉中略帶醬褐色，後來黑釉瓷通過窯變使釉色達到變化無窮、匪夷所思的藝術效果。

此外，吉州窯在北宋時期還燒造過低溫綠釉瓷。器物種類有枕、盆、碗、盞、碟、長頸瓶、洗、碟、壺以及建築構件筒瓦等，以枕為多。枕多呈腰圓形，枕面下凹，釉下刻牡丹紋，內折沿，腹微鼓，平底，底附三足。碗，敞口，直唇，圈足。碟，平折唇，淺腹，平底。均為近陶質，胎粗鬆，呈灰白色，有剝釉現象。裝飾手法以刻畫花、印花為多，紋飾有弦紋、蕉葉紋、圓圈紋、纏枝牡丹紋、水波紋等。風格簡練率真。有的枕底印「舒家記」、「元祖肖家大枕」、「陳家記」、「元祖郭家大枕記號」款式，應是北宋時期的作坊標誌。[96]

吉州窯在宋時是大量生產仿定白瓷的。但它又與定窯白瓷有一定的差別，如有些瓷片釉色中略帶青，胎薄，胎質疏鬆，釉比較肥厚等。在吉州窯的燒造工藝上，覆燒是它的一大特點。其仿定瓷印花、刻花裝飾與定窯相類似，題材多取於自然界花卉，如蓮花、牡丹、纏枝花草，動物中的魚、雲龍、鸞鳳圖案以及回紋邊等，藝術風格表現為結構嚴謹，層次分明，疏密之中給人一種富麗、挺秀、大氣的感覺，這種風格與吉州窯其他裝飾類別中簡練、率真的整體風貌是有一定區別的。至南宋，吉州窯產生了彩

第四章・宋明江西手工業的發展

繪瓷。南宋至元代是其大量生產時期，產品日臻完美。彩繪瓷的主要器型有瓶、罐、香爐、執壺、瓷枕等。彩繪裝飾紋樣凡是民間傳統、人物小品、蟠龍鸞鳳、花鳥魚蟲、山巒波濤、吉祥文字均可為題。這些題材反映了民間審美意識中樸實的情調，並有濃郁的吉安民間鄉土氣息。吉州窯彩繪瓷裝飾紋樣的豐富和裝飾語言的獨特，是中國傳統紋樣藝術領域中的一朵奇葩。吉州窯釉下彩繪瓷藝術與景德鎮青花瓷生產之間是承前啟後的關係，吉州窯釉下彩繪瓷技藝對景德鎮青花瓷發展起到了推動作用。[97]

值得一提的是，吉州窯獨創了剪紙貼花和木葉紋飾。吉州窯黑釉瓷的燒造，以剪紙貼花、木葉紋、鷓鴣斑、兔浩斑、玳瑁斑等形色最為突出，展示出黑釉器深沉古奧的藝術魅力。吉州窯黑釉瓷類中剪紙貼花裝飾基本上可歸納為兩種類型，一種是單色黑釉的剪紙貼花，一種是窯變黑釉的剪紙貼花。與北方粗大黑釉器相比，南方建窯和吉州窯的黑釉茶盞代表了宋代黑釉器的藝術水準。[98]

從宋代吉州窯匣底刻畫姓氏名別的現象來看，說明在製瓷行業中又分化出更細的專業分工。這種分工是生產力不斷發展到一定階段產生的自然分工。它是生產力向前發展的必然結果。這種分工，有利於提高勞動熟練程度，改進技術和提高勞動效率，分

---

97 黃年風：《從吉州窯瓷看南北陶瓷文化交流》，《收藏家》2006 年第 11 期。

98 黃年風：《從吉州窯瓷看南北陶瓷文化交流》，《收藏家》2006 年第 11 期。

工愈細，生產逐漸專業化。宋代出現的複燒窯具正是在這種專業分工的有利條件下改進發明的。**99**

吉州窯窯床類型與古代江南產瓷區一樣，屬斜坡式「龍窯」。但吉州窯窯床尚有自身特點，窯床是在平地起建，先用匣缽、瓷片和砂土奠底，窯就建在此堆積之上。它並非依山而建。從作坊內各項遺跡分析，作坊鄰近窯床、晾坯場、原材料加工廠，生產工序和布局都比較合理。作坊生產設備較全、分工細、構築十分講究。用長方形或正方形磚鋪地，鋪地磚之下採用廢棄大小匣缽（內均黏結有乳白釉瓷碗）奠基。**100**

其實，宋代的吉州並非只有吉州窯，而有五座窯，只是吉州窯在其中較突出，使得其他四座窯相對遜色。「宋時吉州永和市窯，即今之吉安府廬陵縣，昔有五窯，具白色、紫色，紫有與紫定相類者。五窯中惟舒姓燒者頗佳，舒翁工為玩具，翁之女名舒嬌，尤善陶，其鑪甕諸色幾與哥窯等價，花瓶大者值數金，小者有花，《格古要論》云：『體厚質粗，不堪足品。』」**101**由於吉州窯製作技術的高超，其「鑪甕諸色幾與哥窯等價」，致使吉州窯器幾乎可以達到以假亂真的地步，「晉窯碎器非冰裂，要忍龍泉魚子紋。另有廬陵永和市，莫將真假聽傳聞。」**102**

---

99 張翊華：《從吉州窯匣缽上的文字探討吉州窯的生產方式》，《南方文物》1984 年第 1 期。

100 餘家棟：《試論吉州窯》，《南方文物》1982 年第 3 期。

101 （清）藍浦：《景德鎮陶錄》卷七《古窯考》。

102 （清）龔鉽：《景德鎮陶歌》，中國書店校印，第 6 頁（上）。

　　自唐始燒，經五代、宋，吉州窯不斷發展，至元代則逐漸衰落下去。《矩齋雜記》云：「相傳陶工作器入窯變成玉，工懼事聞於上，遂封穴，逃之饒，故景德鎮陶工多永和人，據此則永和衰而景德益盛。蓋自南宋迄元，他窯漸皆衰歇，明代專於景鎮設官監造以供御用，而江西遂獨擅其利矣。」[103]可能是由於窯變瓷器成玉，陶工怕被朝廷所知，於是封窯逃往景德鎮。至明代，吉州窯原址已是一片荒涼：

　　　　永和鎮
　　　　永和古名市，益國是家鄉。
　　　　窯變胚胎器，街存瓦礫牆。
　　　　山川奪秀色，天地啟珍藏。
　　　　寂寞書台在，茫茫春草長。[104]

　　無論如何，吉州窯在元代以後的衰敗則是事實。關於其衰敗原因，有人認為其產品主要為民用器皿，易受成本的限制，只能保持現狀，無法提高產品品質。[105]有的認為吉州窯的衰落與元代中期景德鎮青花瓷的出現有關，也與瓷土的缺乏有關，而此時景德鎮窯卻一枝獨秀，其生產規模越來越大，瓷器品質也越來

103　《皇朝經世文新編續集》卷九《工藝》。

104　（明）唐文鳳：《梧岡集》卷三《五言律詩》，《文淵閣四庫全書》本。

105　唐昌樸：《吉州窯的興廢問題》，《西南師範大學學報（人文社會科學版）》1980 年第 3 期。

好。[106]也有傳聞認為因當時窯變，窯工為避禍而逃至景德鎮，導致吉州窯的衰落。[107]

　　總之，吉州窯是中國古代的一座民窯，它在吸收各窯優點的同時，也不斷進行自身的創造，形成了鮮明的特色，在中國陶瓷史上具有重要的意義。正如彭明瀚所說：「吉州窯是宋元時期江西著名的民窯，古代窯工們用普通的原料和簡單的設備，將傳統陶瓷工藝和當地民間藝術結合起來加以創新，創造出了樸素動人的藝術品和日用品，歷經宋、元各代的演變發展，形成一個規模巨大的窯場，集南北各大民窯之大成，博采眾窯之長，創造了豐富多彩的藝術風格，滿足民間實用和審美的需求，以多變的釉色、豐富的裝飾、優美的造型、獨特的工藝和濃郁的鄉土氣息獨樹一幟，成為民窯的奇葩，它那淳厚質樸、含蓄秀麗的藝術風格，在我國陶瓷發展史上佔有重要地位。」[108]

三、南豐白舍窯

　　南豐白舍窯是江西一座出色的古瓷窯，以產青白瓷聞名，因其地處南豐縣，亦稱「南豐窯」。

　　白舍窯所處的地理位置較為優越。其坐落在南豐縣南二十七

---

106 陳立立：《吉州窯與民俗》，《江西科技師範學院學報》2004 年第 6 期。

107 《皇朝經世文新編續集》卷九《工藝》。

108 彭明瀚：《雅俗之間——品讀吉州窯》，《南方文物》2007 年第 2 期。

公里的白舍鎮，這裡地勢起伏，丘陵綿延，附近官山、義仔山廣有雜木叢樹，柴草資源豐富，地下有瓷土礦。旴江在古窯附近流過，其源出廣昌，流注撫河，入鄱陽湖抵長江，是古代良好的天然航道，為白舍瓷器的外運提供了便利的條件。

白舍窯現存堆積三十處，其中完整的十八處。這些堆積中除一處青花瓷和一處缸缽器外，其餘為青白瓷或白瓷。堆積從東北到西南蔓延兩公里，占地面積約兩平方公里。就堆積表面瓷釉、產品情況大致可分東、西兩部分：東部的洞陽觀、賴家庵、程家園、瓦子山等地瓷器釉色青白，產品有凹底碟、斗笠盞、月梅盞、弧腹碗、折腰碗、八棱壺等，其中以瓦子山、程家園等地的瓷器尤為精緻，胎薄釉膩，裝飾細巧；西部的封山窯、百花莊、玄帝殿、水雞山等地瓷器釉色米白，稍呈淡青，產品有葵口盞、碗、高足杯、盞托、燈盞、執壺、香爐等。符家山、大畦、百花莊、水雞山等地出土部分瓷塑製品，有仙佛人像、小狗動物、子母盒、人形水注等，均極精巧。這些產品表現了白舍窯高超的製瓷技藝。[109]

關於白舍窯的燒造年代問題，一般認為白舍古窯是一處始燒於北宋初年或稍早，興盛於宋代中葉，衰落於南宋中晚期的窯場。[110]但《景德鎮陶錄》將其始燒時間說成元代，可能記載有

---

[109] 江西省文物工作隊、南豐縣文化館：《江西南豐白舍窯調查紀實》，《考古》1985 年第 3 期。

[110] 也有學者認為南豐窯始於晚唐五代，這與考古發現較為吻合。見江西省文物工作隊、南豐縣文化館：《江西南豐白舍窯調查紀實》，《考古》1985 年第 3 期；《南豐白舍窯：「瓷中之玉」》，《景德鎮陶瓷》2008 年第 3 期。

誤。[111]

　　白舍窯是主燒青白瓷的窯口，產品製作規整，胎釉細膩，在成形、裝飾、施釉、裝燒等方面都各具特色。[112]其製燒工藝具有階段性，早、中、晚各階段的特色有所不同，具體表現為：

　　早期流行葵瓣、瓜棱、厚唇器，圈足低矮，風格穩重，器表裝飾質樸無華，釉色多艾青、米青一類光澤不甚透亮的淡青色，給人以靜穆凝重的感覺。這一時期器物裝飾比較簡單，而且粗略，如器口葵瓣還不太對稱，器壁留旋轉切削痕，圈足切削一刀而就。由於這一時期器物不在地面上，所以人們見得不多。器物具五代遺風，時代相當於北宋早期，具代表性的為符家山下層，它的燒造範圍在廖家坑、符家山附近河岸地區。這時器物絕大多數採用單件仰燒法，多為漏斗型匣缽裝燒，以泥圈作支墊。

　　中期器物唇沿變薄，器口外侈，圈足增高，形制頎長佇立，器口由葵瓣變成葵口，多瓜棱腹器，並運用堆塑、貼塑、刻畫等手法增加器物外觀及附設部位的美感。這一時期大多數器皿胎土

<hr>

111 據民國《南豐縣志》卷之終《民國紀事》記載為：「又傳元時撤御窯，瓷業頓衰，土人相率徙饒州景德鎮，今鎮東南鄉多南豐原籍。景鎮老窯猶每屆年終遣人持瓶至白舍河幹注水志不忘。」據此可猜測《景德鎮陶錄》可能是將終燒時間誤記為始燒時間。參見《景德鎮陶錄》中的記載：「南豐窯，出旴江之南豐縣，元代燒造，土墇細，質稍厚，器多青花，有如土定等色。」（見藍浦：《景德鎮陶錄》卷 7《古窯考》）。

112 江西省文物工作隊、南豐縣文化館：《江西南豐白舍窯調查紀實》，《考古》1985 年第 3 期。

陶得細淨純白，釉色的白度也增強，多呈月白、卵白之色，由於此時瓷業發展鼎盛，燒造範圍擴大到官山以西、牛欄坑兩側，賴坑周圍地區，產量之高、數量之多，廢棄品遍地羅列，人們隨處都可以看到卵白色的瓷片，所以過去人們有「白舍白瓷器」的稱謂。

這一時期的器物絕大多數採用單件仰燒法，以漏斗狀或桶狀匣鉢裝燒，以泥圈或泥餅為隔離劑，器物除底部外，基本滿釉，也有的採用澀圈迭燒法或芒口覆燒法。

白舍窯晚期產品多曲頸弧腹、斜壁小底，器形曲弧多姿，釉色滋潤而豐富。器表多劃花裝飾，也有印花的。劃花紋樣有卷草、菊花、牡丹、梅枝新月、雲氣等圖案，主題突出，線條柔中寓剛，格局疏密有致。

白舍窯從現場外露的窯床看，多採用龍窯燒造，在茅植窠、封山窯、百花莊、水雞山等地尚有龍窯遺跡可尋，長度在二十五至三十五米之間，傾斜度在二十度上下。窯門多朝西或北，出土許多火照，由碗坯片挖洞而成，在控制火候上已經掌握了很好的技巧。尤其是後期堆積的瓷釉晶瑩潤亮，色澤變化豐富，有粉青、天青、蝦青、翠青、淺綠、青灰等多種，都勻淨麗潔，光致茂美。[113]

自唐、五代始燒，經過宋代的發展，白舍窯創造過輝煌，其產品曾與景德鎮瓷器爭奪市場。「『夫何昔之課斯陶者日舉，今

---

[113] 陳定榮：《試論南豐白舍窯》，《南方文物》1985 年第 1 期。

則州家多掛欠？原其故有五，臨川、建陽、南豐產有所奪三也」。按此是說，鎮陶之利，為三邑陶所奪，可見臨窯、南窯在元時亦盛。」[114]致使南豐白舍窯成為歷史上與景德鎮窯、吉州窯、洪州窯、贛州七里鎮窯並稱的「江西五大名窯」之一。

不可否認的是，白舍窯在宋末走向衰落，至元代終燒。對於其衰落原因，陳定榮認為大致可歸納為：一是製瓷工藝守舊，不能應時之變。賦稅苛重，致使瓷業不景氣，瀕臨倒閉；二是長期製瓷，瓷土資源枯竭；三是自然災害、社會動亂及人民生活困難等的影響。同時，白舍窯場在地理環境上比較閉塞，交通運輸不如景德鎮便利通達。猶如近人所說：「大抵宋元時南豐本為偏僻地，視景德鎮四通八達交通洵不便。」而且在資金、人力方面，隨著南宋政權的沒落，國力空虛，也無力資助民窯，導致白舍窯的衰落，即是後來「撤御窯，瓷業頓衰」的內在寫照。[115]

四、贛州七里鎮窯

七里鎮窯遺址位於江西省贛州市東南郊四公里處，瀕臨貢水北岸，接近章江、貢水交匯處，窯址沿貢水北岸分布長約一點五公里。這裡水陸交通便利，瓷土和燃料資源豐富，晚唐創燒以來，延續至宋元，曾鼎盛一時。[116]所燒產品，種類繁多，釉色

---

114 （清）藍浦：《景德鎮陶錄》卷七《古窯考》。

115 陳定榮：《試論南豐白舍窯》，《南方文物》1985 年第 1 期。

116 張嗣介則認為七里鎮窯在兩宋發展到高峰，元代開始走下坡路，明代早期終燒。同時認為「是客家先民和客家人創燒發展了七里窯。七里

豐富，造型秀麗，工藝高超，在省內外享有很高的聲譽，是江西的五大名窯之一，也是中國國內瓷苑中的一朵奇葩。同治《贛縣志》載：「郡東南七里鎮，七山排列如鯉，故名。鎮為東關務，又為窯場。」「附近瓦礫層累，蓋先朝之瓷窯舊鎮也。」[117]七里鎮自晚唐始燒瓷器，宋、元盛極一時。

七裡鎮緊靠貢水，地處丘陵地帶，地勢北高南低，緩慢向岸邊傾斜。古窯就分布在由西至東的沿坳和七里鎮之間的斜坡地帶上。原有窯包堆積十六處，今僅存十四處。按高程依次編寫：1、郭家嶺，2、張家嶺，3、高嶺，4、袁屋嶺，5、周屋塢（嶺），6、柿子嶺，7、老鴉嶺，8、羅屋嶺，9、劉屋嶺，10、砂子嶺，11、賴家嶺，12、木子嶺，13、劉家嶺，14、窯坑。最高的郭家嶺高達二十一米。總面積達七千餘平方米。整個窯址可分為東區（上窯）、南區（中窯）、西區（下窯）三個地段。東區以乳白、青白釉為主；南區以青釉瓷為主；西區以褐釉瓷為主。[118]

在贛州城至東郊七里鎮一帶蘊藏著許多瓷土，贛州人俗稱「白石泥」，它為七里鎮燒瓷業的興起奠定了堅實的原料基礎。

窯的燒造史，實際上是一部移民史，是一部反映客家人開發贛南山區，發展地方經濟的歷史」。見張嗣介：《贛州七里鎮窯終燒年代新證》，《南方文物》2004 年第 1 期。

117 轉引自餘家棟、徐菁、余江安：《贛江上游的瓷業明珠——江西贛州七里鎮窯》，《南方文物》2007 年第 1 期。

118 余家棟、徐菁、余江安：《贛江上游的瓷業明珠——江西贛州七里鎮窯》，《南方文物》2007 年第 1 期。

對於釉礦，同治《贛縣志》卷九載：「王宗沐《陶書》：長嶺出青黃釉，義坑出白釉。贛之產釉不載冊籍，縣北五十里曰黃龍埠，有釉穴，上人曾採之。康熙四十年以後不開者數載矣。」唐代的贛南原始森林，大象出沒，豐富的木柴資源使七里窯瓷燒就地取材，降低成本。在市場需求下，瀕臨貢江，面對府城的七里鎮，以它地理交通的優越和瓷土原料的優勢，很快創燒並發展成為一個新的製瓷中心。至此，唐代後期贛南製瓷業就雨後春筍般地開始出現，迅速發展。**119**

七里鎮窯創燒於晚唐五代，主要燒製青釉瓷和乳白釉瓷，入宋以來，主要燒造青白瓷、乳白瓷和黑釉瓷，南宋至元則以燒造醬色釉瓷和黑釉瓷為主，兼燒部分青白瓷。在裝燒工藝上，七里鎮窯全部採用匣缽仰燒，不用覆燒法，有的露胎器物用沙間隔疊燒。這在宋元時期江西瓷窯中屬少見的現象。**120**

七里鎮窯青釉瓷採用支釘疊燒工藝，不見使用匣缽套燒。瓷坯疊好後直接放置在墊柱上，墊柱立在窯底沙層上。支釘為泥質，較鬆散。顏色白中泛黃，橢圓形。支釘的多少是根據所疊器皿大小、組合重量來確定的，在四至十一個之間。**121**由於裝燒

---

119 張嗣介：《贛州七里鎮窯終燒年代新證》，《南方文物》2004 年第 1 期。

120 余家棟、徐菁、余江安：《贛江上游的瓷業明珠──江西贛州七里鎮窯》，《南方文物》2007 年第 1 期。

121 張嗣介：《贛州七里鎮窯青釉瓷的燒造工藝》，《南方文物》1993 年第 4 期。

技術獨到高超，所燒產品種類繁多，與江西各名窯齊名，品質精湛，款式新穎。其中精細瓷可與景德鎮瓷相媲美。其中釉色包括有青釉碗、盞、罐、瓶、壺、乳白釉和青白釉碗、盞、杯、燈盞、碟盤、斗、水盂、注碗、罐、鳥食罐、擂缽、缽、瓶、粉盒、黑釉瓷壺、缽、罐、瓶、碗、碟、杯、盅、硯、蓋罐和湯勺等。其中宋代仿金、銀、漆瓷器幾乎可亂真。乳白釉瓷質色如玉，釉汁潤厚。七里鎮一般檔次黑釉器，色澤穆靜，胎質粗澀，但高檔黑釉兔毫碗，斑紋如雨後彩霞，五光十色，絢麗奪目，可與吉州窯同類產品媲美。但黑釉瓷中未見木葉貼花，也未見白地彩繪瓷。特別應指出的是，所出褐黑地白釉乳釘柳斗紋罐有五種不同的造型，且數量之多超出吉州窯。可分為斂口、敞口、卷唇、折肩、溜肩，平底、臥足，品字形和扁鼓形等形制。[122]

同時，七里鎮窯有其特殊的裝飾技法，其主要從兩個方面來表現。一是通過器物本身的造型藝術來加強美感。二是在器物表面進行裝飾。表現手法以刻畫為主，還有雕塑、鏤空、壓印、點釉、點彩、窯變。刻畫紋樣多在碗、盤、罐、盂、枕等器物內或外表面，也有內外都有刻劃紋飾的。[123]

在窯制上，七里鎮窯與吉州窯同樣，窯爐并非單一建在自然山丘之上，而大都是利用窯業垃圾多次改擴建。[124]七里鎮窯以

---

122 餘家棟：《贛州七里鎮窯淺析》，《東南文化》1993 年第 2 期。

123 張嗣介：《贛州七里鎮窯終燒年代新證》，《南方文物》2004 年第 1 期。

124 余家棟、徐菁、余江安：《贛江上游的瓷業明珠——江西贛州七里鎮窯》，《南方文物》2007 年第 1 期。

青灰磚縱向錯縫砌迭，窯身更耐高溫，堅實耐用。張家嶺窯能最充分地運用有限的嶺端部位，窯床呈半月形，反映了當時匠師們能利用嶺端有限部位，人為地延長窯身長度，擴展窯膛空間，充分利用自然風抽力，既增加產品窯位元，又使燃料充分燃燒，保持和提高窯室溫度，燒製出更多、更合格的瓷器成品。這是宋元時期七里鎮窯的高超獨到之處。**125**

七里鎮窯產品面向的市場主要是以贛南及其周邊地區為主，同時也沿著贛江上溯銷往江西的其他地區。有的產品，如褐釉乳釘柳斗紋罐不僅在贛中一帶受到歡迎，還銷往日本、韓國等地。**126**

自晚唐始燒，經歷了宋時的發展，七里鎮窯於元明時期衰落。究其原因，一是原料的不敷；一是戰亂，人口減少，窯工逃離，經濟受到摧殘，百業凋零等。然而，在諸因素中最主要的是瓷土原料的枯竭，而最終導致了五百多年老窯的終燒。由於易於開採的瓷土層用盡，再尋零星分布或地層深處的瓷土使成本增高。加上這時瓷器市場上民間青花瓷的大量出現，不斷搶佔七里窯瓷器的市場，而七里窯生產的瓷器種類、品質已跟不上市場的

---

125 餘家棟：《贛州七里鎮窯淺析》，《東南文化》1993 年第 2 期。

126 張嗣介：《贛州七里鎮窯終燒年代新證》，《南方文物》2004 年第 1 期。但也有學者認為韓國海域木浦中國元代沉船所出乳釘柳斗罐應是吉州窯外銷瓷產品，而並非七里鎮窯燒。七里鎮窯瓷器外銷問題，目前資料證據尚不充分，難於立論。見餘家棟：《關於贛州七里鎮窯幾個問題的探析》，《南方文物》1992 年第 4 期。

要求，產品漸被市場淘汰。另外，明代贛州府人口銳減，市場縮小也是七里窯生產規模下降、最後終燒的原因之一。**127**

第二節 ▶ 礦冶業的發展

江西的礦產資源豐富，宋明時期，隨著江西的開發和礦冶技術的提高，礦冶業的生產規模擴大，各種金屬礦藏的產量也較前代有了成倍的增長。

宋代，江西金屬礦產的開採和冶鑄生產十分鼎盛，金、銀、銅、鐵、錫、鉛等的採掘冶煉呈現興旺局面。據載，宋代江西各種礦產及產地主要有：產金之地有饒州、撫州、南安軍；產銀之場有饒州之德興，虔州之寶積，信州之寶豐，建昌之馬茨湖、看都；產銅三十五場中饒州有一場，信州、南安軍各有二場；產鐵十二冶中有袁州之貴山，虔州之上平、符竹、黃平、青堂，吉州之安福，二十五場有信州之丁溪、新溪；產鉛三十六場務中南安軍有二處；產錫九場中江西占三處，為虔州之安遠，南安之城下，南康之上猶。**128**

在這些礦產中，銅礦開採和銅錢鑄造最為主要。宋代江西銅礦的開採以信州、饒州為主，其次是虔州、南安軍。最重要的礦

---

127 張嗣介：《贛州七里鎮窯終燒年代新證》，《南方文物》2004 年第 1 期。

128 （元）馬端臨：《文獻通考》卷一八《徵榷考五·坑冶》，中華書局，1986 年版，第 178、179 頁。

場是信州鉛山場、饒州（德興縣）興利場。鉛山場規模很大，開採點主要是貌平、官山兩處，最盛時「常募集十餘萬人，晝夜採鑿」，哲宗紹聖年間，每年產銅達三十八萬斤，是當時全國三大銅場之一。宋人說，「產銅之地，莫盛於東南」[129]，「東南最盛之處，曰韶州岑水場，曰潭州永興場，曰信州鉛山場，號三大銅場」[130]。元祐中，設興利場，「歲額五萬餘斤」，紹聖三年置信州鉛山場，「歲額三十八萬斤」。[131]

　　宋代江西冶銅業的發展，與冶銅技術的進步和革新是分不開的。從文獻記載來看，宋代冶銅已普遍採用膽水浸銅法，這種方法，大大降低了冶銅成本，獲得極好的經濟效益。膽水，即硫酸銅溶液。硫酸銅在化學上屬鹽類，易溶於水。凡是鹽類，它含有的金屬元素都能被化學性質更為活潑的另一種金屬所置換，生成一種新的鹽和新的金屬。膽水浸鐵成銅，即將鐵片放入硫酸銅溶液中，由於鐵的化學性質比銅更活潑，便產生了鐵與銅的置換反應，得出硫酸鐵和銅。這就是膽水能夠化鐵為銅的原理。

　　早在漢代，中國勞動人民對膽水就有了一定認識。隨著經驗的不斷積累，到北宋初年，鉛山縣的群眾已經掌握了膽水浸鐵煉銅的實踐知識，開始應用到生產實踐中。北宋哲宗紹聖年間

---

129 （清）徐松：《宋會要輯稿》，第一百三十八冊，《食貨三四》，第5400頁。

130 （清）徐松：《宋會要輯稿》，第一百三十八冊，《食貨三四》，第5399頁。

131 （宋）李心傳：《建炎以來繫年要錄》卷五九，紹興二年冬十月辛卯。

（1094-1098），饒州德興人張潛通過長期實踐，「得變鐵為銅之法」，將這一技術上升到理論高度，由其子張甲總結為《浸銅要略》一書[132]，浸銅技術其說始備。從此膽水浸銅的技術完全成熟，被普遍運用到煉銅生產之中。據記載，當時膽水浸銅的方法大體是這樣的：「浸銅之法，以生鐵鍛成薄片，排置膽水槽中，浸積數日，鐵片為膽水所薄，上生赤煤，取刮鐵煤入爐，三煉成銅。大率用鐵二斤四兩得銅一斤，饒州興利場、信州鉛山場各有歲額，所謂膽銅也。」[133]與膽土煉銅相比，「一為膽水浸銅，工少利多，其水有限；一為膽土煎銅，無窮而為利寡」[134]。鉛山場每年用這種方法要浸出三十多萬斤銅。也正因此，在朝廷認為坑冶得不償失的情況下仍然保留饒州與信州銅場，「朝議以坑冶所得不償所費，悉罷監官，以縣令領其事，至是江東轉運副使馬承家奏存饒、信二州銅場、許之。二場皆產膽水，浸鐵成銅」[135]。

膽水浸銅法的成功運用，是宋代銅礦冶煉事業上的重大成就，是中國人民在長期生產實踐中總結出來的成果，也是對世界冶金史和化學史的一項重大貢獻。

132　（元）危素：《浸銅要略序》，載光緒《江西通志》卷一六二《列傳·饒州府》。

133　《欽定續文獻通考》卷七《錢幣考》，《文淵閣四庫全書》本。

134　（元）脫脫等：《宋史》卷一百八十五，志第一百三十八，《食貨下七·坑冶》。

135　（宋）李心傳：《建炎以來繫年要錄》卷五九，紹興二年冬十月辛卯。

在冶銅業發展的基礎上，宋代的鑄錢業和銅器製造業在江西也獲得了突飛猛進的發展。提舉坑冶司是宋代負責鑄錢事務的專門機構，其下是分散各地的鑄錢監。江西礦產資源豐富，銅、鉛、錫礦具備，原料供應充足，且冶煉歷史悠久，金屬鑄造工藝很高，江西逐漸成為宋朝重要的銅錢鑄造基地。宋代最著名的四大銅錢監中，設在江西的就有兩個：饒州永平監和江州廣寧監。[136]其中永平監為四監之首。

饒州永平監始建於唐貞元年間代。[137]到宋代，永平監成為宋朝主要的鑄錢基地，而此時也是永平監的黃金時代。[138]此時永平監不僅規模宏大，而且鑄造技術先進，鑄錢品質高。平江南後，永平監由每年鑄錢六萬貫增加為七萬貫。並且由轉運使張齊賢訪得饒州、信州等山谷產銅鉛錫，於是調民開採。[139]據載，永平監用唐開元錢料，所鑄銅錢「堅實可久」[140]。江州廣寧監設立於咸平三年（1000），規模也很大，歲鑄額在設監的當年就達二十萬貫。廣寧監所鑄的錢「多為上供」，其用料配方有相當嚴格的工藝規範，「用銅三斤十兩、鉛一斤八兩、錫八兩。得錢

---

136 四監為饒州永平監、池州永豐監、江州廣寧監、建州豐國監。見光緒《江西通志》卷九三《經政略十‧鼓鑄》。

137 （宋）樂史：《太平寰宇記》卷一〇七《江南西道五》。

138 許懷林：《江西史稿》，江西高校出版社，1998 年版，第 305 頁。

139 （元）脫脫等：《宋史》卷一百八十《食貨志‧錢幣》。

140 （宋）李燾等：《續資治通鑑長編》卷二四《太宗》。

千，重五斤」[141]。

　　江西地區除饒、江二州的鑄錢監以外，還有贛州鑄錢院、鉛山鑄錢院、臨江軍豐餘監、撫州裕國監。南安軍也設過銅錢監，後廢。[142]贛州鑄錢院是從神宗元豐年初設，到淳熙二年歸併饒州，其曾領江西、荊湖、兩廣諸路，「宋景祐二年，置提點刑獄鑄錢監於虔州。元豐二年，三司請增設一員，定為兩司，一在饒州，一在虔州，在饒者領江東、淮、浙、七閩，在虔者領江西、荊、湖、二廣」[143]。

　　鑄錢業之外，宋代江西各種銅器製造業也繁榮發展，饒州便是當時著名的銅鏡鑄造中心。當時饒州盛產銅，又有永平監，鑄銅工匠多而技藝精，原料、工具、冶鑄經驗三者齊備，條件優越，所以，銅鏡生產很發達。江西出土和傳世的饒州銅鏡形制有菱花形、圓形、方形、葵花形、帶柄手鏡等多種，以葵花形居多。器身較薄，多為不加花紋的素背鏡，這是民間作坊為了適應民眾的購買力，簡化了生產工藝，製造出的既實用又輕便的銅鏡。這些銅鏡上往往鐫以銘文，標明製作者的姓氏，如：「饒州新橋許家青銅照子」、「饒州上港周家久煉青銅照子」、「饒州葉家青銅照子」；也有只標州名的，如「饒州煉銅照子記」。這樣各立牌號是為了顯示產品的優點，提高市場競爭力，招徠生意。

141　《欽定續通典》卷一一《食貨‧錢幣上》。

142　光緒《江西通志》卷三九《經政略‧鼓鑄》。

　143　同治《贛縣志》卷五四《雜誌類‧軼事》。

銅器製造業的興盛，是宋代江西冶銅業發展的又一標誌。

綜上所述，兩宋三百年間，是江西歷史上銅礦業全面興盛的時期。銅礦的開採冶煉以及與此相關的鑄錢業、銅器製造業都獲得了超越前代的巨大發展。同時也有利的促進了江南經濟與貿易的發展，具有全國性的意義。

金礦有沙金和山金兩種，分佈在鄱陽、德興、浮梁、撫州、貴溪、南康等地。昌江沿江一帶是傳統的沙金產地，北宋曾以「和買」名義向鄱陽、樂平、浮梁、德興四縣要黃金五百四十二兩；撫州金溪縣開採山金，仁宗時曾上貢砂金三百二十四兩。自紹興年間以來，每年遇聖節，饒州都要負擔貢金一千兩、麩金十兩之額，由於官吏為奸、豪商操權，致使金價上漲，百姓因此苦不堪言，宋人洪邁曾上《減貢金箚子》道：

> 紹興間來，每年遇聖節，饒州有貢金一千兩，而麩金十兩之額，與他例同，此不與焉。本州先期敷科，吏緣為奸，豪商操權，私價轉增，遂至一方久罹其害，人莫敢言，罔知所起。或云藝祖初年，江南郡庫適有金，取以獻長春節，遂為例；或云發運司持錢收買；或云政和以來，轉運司撥所部內散收三說。得之傳聞，無所考信。第民困官憂，已非一日。後郡守唐文若奏乞蠲減，詔付兩省，時戶部郎魏安行持示左藏，以他州攀例為辭，遂不得免。所謂諸路只貢聖節，只係銀絹，饒固有之，且已兼任泉臬兩司之數。乃若貢金千兩，獨此郡任焉，與他不等，蓋失於敷陳也。陛下恭儉愛民，雖和糴百萬，一箚盡免，苟知此患，必垂矜恤。夫千金

在朝廷為甚少，在一州為甚多，況民力極敝，甚不堪支，朝家蓄金，除交鄰錫（按：賜）賚外，所用不多，可與減除。昔仁宗採張方平之對，直降手詔，罷河北榷鹽，父老歡迎。澶淵且刻之石，臣之州民豈不知此？臣不敢以鄉井自嫌，隱默不言，倘蒙聖慈，不以臣言為過，願勿下有司，徑以御筆蠲減，令本州酌量措買，不得仍前科斂，民困稍蘇，此患漸息。仰請恩旨，特賜宣示。干犯宸嚴，無任惶罹。**144**

最終，饒州貢金因洪邁的上奏而得以免除，壓在百姓身上的沉重的歲貢金負擔也因此得以解除。

北宋採銀基地有南豐、德興、饒州、鉛山、弋陽、貴溪、贛縣、雩都、瑞金、大庾等地，以南豐縣為盛，有四處採銀場。《江西通志》記載宋代江西置銀場各處，分別為「南豐宋置銀場四」，「弋陽九鄉、寶豐，鉛山七鄉宋置銀場」，「雩都六鄉宋置銀場」，「瑞金四鄉九龍宋有銀銅場一」。德興縣也產銀，唐代即在此設場，名銀山，又名鄧公山，至宋天聖年間，山穴傾摧，但銀課未除。范仲淹守郡時請罷於朝。有詩云：「三出專城鬢已霜，一封奏罷鄧公場。」**145**

鐵的開採，因浸銅的需要而發展。這些鐵主要來自鉛山、上

---

144 （宋）洪邁：《減貢金箚子》，見光緒《江西通志》卷四九《輿地略·物產》。

145 光緒《江西通志》卷四九《輿地略·物產》，同時可參見王存等撰：《元豐九域志》卷六《江南路》。

饒、弋陽、玉山、貴溪、德興、鄱陽、餘干、浮梁、樂平、進賢、德安十二個縣及撫州東山場。據光緒《江西通志》載:「宋分宜十鄉貴山鐵務一」、「宋乾道間置東山鐵場,其爐凡四,曰羅首坪、小漿、赤圻、金峰,後以山空俱廢。」[146]

采錫基地有寧都、會昌、南康、大庾、上猶等地。採鉛基地有鉛山、大庾、寧都等地。

同時,宋代江西已出產煤礦,並且時人已開始使用,「豐城、萍鄉二縣皆產石炭於山間,掘土黑色可燃,有火而無焰,作硫磺氣,既銷則成白灰」[147]。瑞州府三縣也有出產,「有煤炭,三縣皆出,用以代薪,重之者比之烏金」[148]。奉新縣也曾出產煤炭,但因時人認為挖煤傷風水而禁採,「煤俗呼石炭,固足利民,但鑿山湮谷傷地脈,又為民害」[149]。

由宋入元,江西採礦業依舊興盛,其代表是瑞州路上高縣蒙山銀礦的大規模開採,為元政府提供了巨量銀錠。據《瑞州府志》載:「蒙山,在縣南四十里,《方輿記》云:『峭壁橫險,厥材千尋,常有白雲青靄蒙蔽其上,故雲蒙山。』宋慶元六年有銀

---

146 光緒《江西通志》卷四九《輿地略・物產》,同時可參見王存等撰:《元豐九域志》卷六《江南路》。

147 (宋)祝穆:《古今事文類聚》續集卷一八《燈火部》,《文淵閣四庫全書》本。

148 同治《瑞州府志》卷二《地理・物產》。

149 同治《奉新縣志》卷二《地理・風俗》。

鉛坑冶，元置銀場提舉司，後以虧官病民，遂廢。」[150]唐代以前未聞有蒙山銀礦，至宋中期，蒙山附近百姓私自開採，元代才置場設官。[151]據《新元史・食貨志》記載，蒙山銀礦開採在「至元二十一年（1284），撥糧一萬二千五（百）石，辦銀五百錠，後撥至四萬石……延祐七年（1320）依原定糧價折收銀七百錠，解提舉司收納」。可見蒙山銀礦在很長的一個時段裡，都保持有五百至八百錠的年產量，而這一產量在元朝各銀礦中是最高的。此後，蒙山銀產量很快下降，銀課累年虧欠。天曆元年（1328），撫州、瑞州、韶州路三銀場共計課銀只有四百六十二餘錠。總計從元世祖至元二十一年（1284）到元順帝至正十年（1350）五月，「瑞州上高縣蒙山崩」，共計開採六十六年。[152]即便在元代，已有人看到了蒙山銀礦存在的弊端，茲不嫌其贅，將許有壬之上書原文錄下：

> 竊謂生財有大道，豈小智之所能？餘利不在民，非為國之先務，況有利輕害重，人所共知，法弊事隳，下不堪命者，若不懇陳，其責有在。蒙山銀場提舉司歲辦課銀七百定（按：錠），辦納不前，將提舉陳以忠斷罪體究。得本處銀

---

150 同治《瑞州府志》卷一《地理・山川》。

151 （元）吳澄：《瑞州路正德書院記》，見吳澄撰：《吳文正集》卷三七《記》。

152 （明）宋濂等：《元史》卷五十一，志第三下，《五行二》。

場在亡宋時，官差監場，十分抽二，歸附後至元廿一年，撥糧一萬二千五百石，辦銀五百定（按：錠），後節次添撥糧至四萬石。至大元年，撥屬徽政院，每歲辦納不前，往往於民間收買回爐銷煉解納。蓋緣歸附以來近五十年，本處地面卻能幾何？所用礦料必取於坑洞，薪炭必取於山林，銖兩而求，尺寸而伐，以有限之出應無窮之求，其地產不已竭乎？加以言利小人如陳以忠，先為連年虧額，自願每糧一石減鈔十兩，折收輕齎三十兩，承認額辦，因此致令徽政院易於准言，濫受此職；不數年間卻又陳言欲行添及元數，公然欺罔，雖曰不准，而前後數年，每糧一石，巧立名色收至六十兩，稍或不從，則以輸納遲慢，監鎖箠楚，山野之民畏之如虎，斬木伐屋，典賣妻子者比比皆是。本人所畫之計，不過為身所行之法，惟務害眾為是。本處坑谷已空，薪炭已竭，人力凋弊已甚，侵漁已極，逃移者眾，連年虧兌，蹤跡顯露，計無所施，勉強支撐，中實憂悔，既任其責，欲罷不能。是以又將興國地面銀場協濟煽辦，移江西之害及湖廣之民，及言寧州等處可以煽銀，請於所屬改撥戶糧，造此妄言，苟延殘喘，鄙夫患失無所不至，間之居民欲食其肉。欽惟聖朝富有四海，視此微利何啻毫末？奈何容一介小夫之奸，欺為數郡細民之荼毒，使其害及閭閻。得利十倍，邦本所係，猶不可為，而況所得不敷所費者哉？先以行省所委體勘官瑞州總管史朝列等計料所費，每銀一兩該鈔一定（按：錠）一十三兩，虧官損民，不便。今銀一兩，雖曰止該官本十四兩，然因礦炭盡絕，燒煉不前，俱系爐戶用錢收買輸

納，已是添答鈔兩。至於納官之時，官吏庫子人等百色所需，並帶納折毫，諸班唆剝，及官吏多答鈔數收受輕齎，轉行買納，其弊百端。由是較之，則每銀一兩，本官十四兩外，爐戶又加一倍之費方能了辦。民之所費，皆其脂膏，若謂此非官帑所出，視如不費，則父母之於赤子果有間乎？近年以來，坑洞日以深遠，每入取礦，則必篝火懸繩，橫穿斜入，竇穴暗小，至行十餘里，岩石之壓塞，水泉之湧溺，其為險惡蓋無可比，加以山嵐毒氣，旦夕攻侵，枉死之人不可勝數。興言及此，誠可流涕。耳目所及，敢不力陳？若以為國有常額，難議除豁，朝廷所用，必不可無，莫若革罷提舉司衙門，將所撥糧四萬石折收銀七百定（按：錠），依江東諸郡金課例，每年立限從有司徵收解納，則是每糧一石折收銀八錢七分五釐，每銀一兩該免糧一石一斗四升二合八勺，官不失額，民不被害，回視剝其脂膏，流無窮之害，陷於坎谷，殺無算之人，而所得不償所費者，其為利豈不百倍哉？方今政令一新，次第拯治，於斯之時，若謂設立已久，恢辦有常，憚於更張，因仍循習，則蒙山民瘼日甚一日，未有涯涘也。窮苦之極，其害且有出於經理田糧之外者。卑職親究其事，義不容默，如蒙早為講究施行，疲民幸甚。[153]

---

153 （元）許有壬：《至正集》卷七五《公移·蒙山銀》，《文淵閣四庫全書》本。

該引文指出了蒙山銀場的諸多弊病。如官吏藉端需索，小人借承攬之名搜刮百姓，採挖條件惡化，銀礦得不償失，百姓賣妻鬻女以輸官等，無怪乎蒙山銀礦在明永樂、萬曆年間曾經兩度開採後，因礦源不多，產量低，很快就停止開採。萬曆二十二年（1594）官府「立碑封禁」。**154**

　　由於受到銀礦利益的影響，銀礦附近地區的風氣也受到嚴重的影響，致使該地子弟多追逐利益而輕視教育。「……蒙山僻在萬山之隈，近於寶貨，則其民貪遠於都邑，則其俗陋，身不游於庠序，則耳目不濡染乎禮義，殆如孟子所謂飽暖逸居而無教者矣。故夫居之以群居之地，教之以善教之人，俾學者於是而學其當學之事，此陳君所以繼侯君之志也。」**155**

　　元代豐城也產金，但產量很少。分寧縣人商瓊欲以獻利得官，於是糾集了一群人以淘金為業，每年向政府交納四兩浮辦金，並且請求省署淘金場縣中的管轄權。至此，豐城金礦收入進入中央府庫，豐城百姓被這項貢金拖累了幾十年。而且隨著時間的推移，商瓊不顧豐城產金少的現實，一方面要求增加上貢的數額，另一方派人至他處淘金以上貢。樂安小曹溪金銀場設立後，豐城百姓因此不斷遭到官府的苛擾。豐城升為富州之後，官府仍不斷滋擾淘金之家。對此，百姓怨聲載道。因此，豐城當地人不

---

154 據礦井中石刻，見江西省上高縣文物志編委會：《上高縣文物志》，1986 年版，第 35 頁。

155 （元）吳澄：《瑞州路正德書院記》，吳澄：《吳文正集》卷三七《記》。

斷提請上司代為轉達蠲金之意，而總未能如願，最終這項貢金因揭傒斯之孫揭車的努力而得到蠲免。危素對此事有記，茲將其記全文列下：

　　至元十四年，分寧縣人商瓊者謀獻利覓官，乃誘湖南淘金工易彬等三十餘人至豐城縣之長寧鄉留台居焉。又募其鄉人傅壽等穴山溪、畚沙石，習淘金為業，歲責輸浮辦金四兩重，請行省署淘金場縣中領之，而瓊洎阮祥者實司其職。然豐城之金，僅僅取之不足以更費，於時雖竭力淘採，地道空虛，不克供一歲之入。瓊稍患苦之，適使人走他州購金以實其數。久之罹其妄覺，又誣富民地有金，掘其廬舍塚墓，劫取貨賄，蘄（按：祈）增廣歲賦入以錮其事，於是盡力掊克，請增輸金至二十五兩九錢重，以為已功。鄉民甚惡之，而亡（按：無）賴者景（按：影）從日眾，至三百三人焉。瓊又為之請於有司，歲復其役。豐城既無金，群轉走饒、信、徽、衢、婺、江、南康、蘄、黃，歲掠以進瓊，瓊輸官而攘其贏，由是致富。會張國紀守撫，好言利，二十四年行省用其言，置金銀場於樂安縣之小曹溪，課富民淘金輸官，程所入多寡而免其賦，於是盡檄取豐城淘金工往教習焉。瓊益以聚斂為功，複請增三兩一錢九分六釐重，總之為二十九兩九分六釐重矣。瓊因求遷小曹場官，兼賦豐城金，而豐城淘金場遂革。是時，豐城升為富州，官複煩淘金家以他役，始不勝其苦。而汪壽、李仲、何文明等百餘人走光州不返，餘徙業者相繼。瓊亦去為鹽場官，而富州金遂無所從出

矣。小曹官屬懼其久而累已也，募其邑人闞德韶言於省，謂龍興路貢賦歲屬興聖宮，則富州金不宜附隸撫州，盍從富州輸之龍興路為便。行省用其言，下其數於富州徵之。延祐四年九月也，瓊始徵金時，至是四十餘年矣。即復求三十餘人者，多閭閻細民，死徙亡後者焉，有後而乞丐者又有焉，根連其宗族，蔓延其姻黨。亦有窮乏，至殺子女以拒胥徒之躡突者。乃抑令五鄉二十七都之役於官者代輸之，凡金一兩重，費至元鈔多至百二十貫，總之為鈔三千六百貫矣。因之破家者又比比有焉，於是民之荼毒有不可勝言者矣。州人思脫其禍，若王季常、王元寶等，往往開陳於有司，有司稍集父老議，雖悉其弊，然莫肯固請於上。蓋自富州再徵金，至是又十有七年，乃始得揭車之言行焉。始，車嘗言於奉使宣撫，又言於監察御史，號呲（按：叫）頓首，乞去民害，觸御史怒，幾得罪，賴龍興推官李崇德、莫維崇力爭御史前得免。至是乃言於張公榮及平章全公黃柱，而二公深哀其言，於是其事乃得上聞，而州人數十年剝膚椎髓之害始一旦脫然矣。噫！商瓊不足議矣。彼天子之命吏牧此民者，視其困苦，漠然不以為意，獨何與？誠使士之居於鄉、立於朝，皆若揭車及授經公侯斯其人，豈有知而不言者哉？風紀之司，藩輔之宰，皆張公、全公其人，豈有聞而不行者哉？今富之人感三公之德，而壯車言之力，相與刻石以垂永久。素於是重有感焉，述文以慰州人之心。而學士大夫播之，詠歌以通諷喻，以示勸懲，未必無小補也。全公回紇人，後終河南行省平章。張公河間人，後終司丞。揭公今為翰林待制，車其

從孫云。[156]

元代在銅礦的開採方面，「中書省臣言：『張理獻言，饒州德興二處，膽水浸鐵，可以成銅，宜即其地各立銅冶場，直隸寶泉提舉司，以張理就為銅冶場官。』從之」[157]。說明元代實際上在江西也開採過銅礦。但由於資料的缺乏，此處銅礦的產量及管理等方面的內容不得而知。

入明，社會秩序趨於穩定，江西礦冶業逐漸恢復與發展。洪武時期，在江西、湖廣、山東、山西、陝西共設十三個冶鐵所，每年得鐵七百四十六萬斤。洪武六年在江西省設進賢、新喻、分宜三個冶鐵所。[158]進賢所冶一百六十三萬斤，產量居全國第一；新喻、分宜所各八十一萬斤。三冶合計冶鐵三百二十五萬斤，占總數百分之四十三點六。[159]

明初，只有江西鉛山、德興銅礦恢復開採。宣德間（1426-1435）兩地合計煉銅五千餘斤。平定陳友諒之後，在南昌設貨泉局，鑄大中通寶錢。朱元璋即帝位後，在京師設寶源局，各省設寶泉局，同時鑄洪武通寶錢。洪武二十六年（1393），確定在

---

156 （元）危素：《富州鑰金紀事》，見同治《豐城縣志》卷二六《藝文‧文類》。

157 （清）畢沅：《續資治通鑒》卷二一〇《元紀二十八》。

158 光緒《江西通志》卷四九《輿地略‧物產》。

159 （清）孫承澤：《春明夢餘錄》卷四六《工部一》，《文淵閣四庫全書》本。

京、在外鼓鑄銅錢數額，在外的有北平、廣西、廣東、四川、山東、山西、河南、浙江、江西九布政司寶泉局，共設鑄錢爐 287 座，歲鑄錢 17737.5 萬餘文。其中江西有爐 115 座，占 40%；歲鑄錢 6706.8 萬，占 36.8%。[160] 由於江西在銅錢鑄造方面的突出位置，明王朝不能不有所防備，朱元璋同年頒「浙江、江西、蘇松人毋得任戶部」的禁令[161]，可能即與此有關。洪武八年以後，寶泉局旋開旋罷，鈔法也變壞；至嘉靖間，省局停廢後也是旋開旋罷，「自南北兩局外，僅湖廣、陝西、四川、雲南宣密二鎮尚事鼓鑄，余無聞焉」[162]。德興銅礦大約在成化以後逐漸衰竭、廢去。

明後期江西礦冶業的情況在《天工開物》中有所記載。此時產黃金的地方有樂平、新建等縣，但都是平地掘井淘洗沙金，但所入不多，「江西樂平、新建等邑，皆平地掘深井取細沙淘煉成，但酬答人功所獲亦無幾耳」[163]。銀礦則是「江西饒、信、瑞三郡，有坑從未開」[164]。銅礦在廣信府儲量較多，而其中衡、

160 （明）申時行等修，趙用賢等纂：《大明會典》卷《鑄錢》，見《續修四庫全書》，上海古籍出版社，1995 年版，第 337 頁。談遷《棗林雜俎》智集記嘉靖時各省鑄錢爐共 319 座，江西仍為 115 座。

161 （清）張廷玉等：《明史》卷七十二，志第四十八，《職官一·戶部》。關於這一問題的論述可參考方志遠、李曉方：《明代蘇松江浙人「毋得任戶部」考》，《歷史研究》2004 年第 6 期。

162 光緒《江西通志》卷九三《經政略十·鼓鑄》。

163 （明）宋應星：《天工開物》卷一四《五金·黃金》。

164 （明）宋應星：《天工開物》卷一四《五金·銀》。

瑞等郡出品品質最差，蒙山銅則只能混入冶鑄，不能練成堅質，「江西廣信皆饒洞穴。其衡、瑞等郡，出品最下，曰蒙山銅者，或入冶鑄混入，不堪升煉成堅質也」[165]。此外，「廣信郡上饒、饒郡樂平出雜銅鉛，劍州出陰平鉛，難以枚舉」[166]。

　　綜上所述，江西豐富的礦產資源在宋明時期得到了充分的開發和利用。其原因是多方面的。首先是江南的商業發展和經濟的繁榮興旺，對各種礦產資源的需求增加；其次是礦冶技術的發展，使得資源的採掘冶煉更有效率，勞動生產率大為提高。再次是政府的各種政策措施，如北宋王安石變法，礦冶業內部的勞役制最終被召募制所代替，礦產品的徵收由固定課額制發展為二八抽分制；明代匠籍制度瓦解，匠人們的人身束縛降低，等等，都極大地刺激了工匠們的勞動生產積極性，解放了社會生產力，推動了礦冶業的發展繁榮。

165　（明）宋應星：《天工開物》卷一四《五金・銅》。
166　（明）宋應星：《天工開物》卷一四《五金・鉛》。

第三節 ▶ 紡織、造船與造紙、刻書業

　　在唐、五代的基礎上，宋明時期江西的紡織、造船與造紙行業進一步發展。主要表現在生產水準、規模及產量等方面出現不同程度的提高。

一、品種齊全的紡織業

　　宋明時期，隨著全國經濟重心的南移和紡織印染技術的發展，江西的紡織業生產水準得到進一步提高，品種更為齊全。

　　在唐代紡織業發展的基礎上，宋代江西的蠶桑業出現了繁榮興盛的景象，栽桑養蠶在各州普遍發展起來。宜春在唐代即是「有村皆績紡，無地不耕犁」[167]。蠶桑業的興旺，促進了江西蠶桑紡織業的發展。據《宋史·食貨志》記載，北宋紹聖元年朝廷向江西「和買綢絹五十萬匹……逮今五年，循以為常」。另據《後村先生大全集》卷五「萍鄉」所述：「聞說萍鄉縣，戶戶有絹機。」可見江西各地當時生產大量絲絹。紡織技術到宋代已相當發達，紡織器具也大有進步，平紋、斜紋和緞紋至此均已具備，提花機已定型化。宋代在紡織技術方面的重要成就是紡、羅、錦、緞的織造方法和提花工藝的發展。絞紡工藝都是以兩根或三根經線為一組起絞的，有時則採用稀經密緯的紗而獲得透明、飄逸的效果。織成的圖案花紋生動活潑而且花回迴圈較大，

---

167 （唐）袁皓：《重歸宜春偶成十六韻寄朝中知己》，《全唐詩》卷六〇〇。

各種織物的品種也不斷增加。從吳本的《蠶織圖》可知中國南宋初期江南蠶桑絲織生產技術已經系統化，並且設備先進、工藝完善。

　　江西是苧麻的重要產地，麻紡織業一直是江西紡織業的主體。宋代江西麻紡織產品之普遍豐富，我們可從《元豐九域志》所載各州貢納的紡織品中看出來：洪州葛三十匹，虔州白紵二十匹，吉州葛十匹、紵布十匹，袁州白紵十匹，撫州葛三十匹，筠州紵十匹，南安軍紵十匹。此外，《太平寰宇記》在記載各地土特產時，曾列出了江州葛布、南康軍葛布。從上述記述可見，在宋代江西地區的十三個州軍中，有九個州軍生產葛麻紡織品，其產地分布非常廣泛。此外，麻紡新產品「蓮花紗」響滿汴京。

　　麻、葛織物由來已久，在宋代正處興盛時期。江西廣大丘陵山區的農民「俗喜麻苧」，素來以上等白紵麻布作為「土貢」之物。粗麻布是一般老百姓的衣料，達官貴人喜好麻紗。如撫州蓮花紗、上饒醒骨紗都是上等精品，暢銷於市場。「臨川、上饒之民，以新智創作醒骨紗，用純絲蕉骨相兼撚線，夏月衣之，輕涼適體。」[168]據朱彧《萍洲可談》卷二載：「撫州蓮花紗，都人以為暑衣，甚珍重。蓮花寺尼凡四院造此紗，撚織之妙，外人不可得。一歲每院才織近百端，市供尚局，並數當路計之，已不足用。寺外人家織者甚多，往往取以充數。都人買者，亦自能別。

168　（宋）陶穀：《清異錄》卷下，《衣服》，《文淵閣四庫全書》本。

寺外紗，其價減寺內紗什二三。」[169]

宋末元初，棉花開始在江西地區種植推廣。[170]元代著名的農學家王禎，曾經在信州永豐縣（今廣豐縣）提倡種棉花，他於大德四年（1300）知永豐縣事，「以課農興學為務。常買桑苗及木棉子導民分藝⋯⋯著有《農器圖譜》、《農桑通訣》」[171]。至元二十六年（1289）四月，「置浙東、江東、江西、湖廣、福建木棉提舉司，責民歲輸木棉十萬匹」[172]。栽培棉花以後，人們衣料的來源更廣泛了，紡織業更發達了，從此開始了絲、麻、棉三大生產行業的競爭時代。

至明代，江西棉紡業進一步發展。此時江西「棉布寸土皆有」「織機十室必有」[173]。織機也有進步，樂安縣出現五繀的紡車，「紡車容三繀，今吳下猶用之，間有用四繀者，江西樂安至容五繀」[174]。樂安縣的織機竟較蘇州地區為先進，說明此時江西地區紡織業的水準極高。對此，徐光啟並不懷疑，他甚至托明友謀取實物：「更不知五繀向一手間，何處安置也。聊舉一、

169　（宋）朱彧：《萍州可談》卷二，《文淵閣四庫全書》本。

170　參見漆俠：《宋代經濟史》（上冊），上海人民出版社，1987年版，第142頁。

171　雍正《江西通志》卷六三《民宦七》，《文淵閣四庫全書》本。

172　（明）宋濂等：《元史》卷一十五，本紀第一十五，《世祖十二》。

173　（明）宋應星：《天工開物》卷二《乃服》。

174　（明）徐光啟：《農政全書》卷三五《蠶桑廣類・木棉》。

二，其他善巧，所在有之，且智巧日窮不盡。」**175**

　　同時，江西棉布生產地逐漸多起來，撫州就是一個棉布集中地。據嘉靖《撫州府志》卷八稱：「木棉布，紡木棉花為之，聚萬石塘，出東鄉。」明朝每年向江西徵取的棉布達十萬匹，折米徵收則每匹一石，計十萬石。嘉靖三十八年改為徵布一萬匹，徵折米九萬匹，計九萬石。交納這十萬匹棉布（或折米）的地方，是豐城、寧州、廬陵、宜黃、樂安、廣昌、鄱陽、南康等六十個縣，在一定程度上與棉布產地狀況相適應。**176**

　　苧布生產和苧麻種植業在明代江西也有很大的發展。同治《南昌府志》中就記載豐城出產棉布、苧布、絲布之類。**177**豐城縣也出產苧布、棉布等。**178**明中期以後遷徙到袁州府的流民，「賃山種麻」的人以「數十餘萬」計。萬載縣在明末時，約有「百分之七十的農戶從事或兼營夏布（苧布）生產，縣城經營夏布的商號上百家」。**179**

　　嘉靖間江西在夏稅中交納的苧布為一千三百四十一匹，秋稅中交納到北京、南京的苧布折米合計八點四萬石，折合苧布十二萬匹；分別由宜春、分宜、萍鄉、萬載、上饒、玉山、永豐（今

175　（明）徐光啟：《農政全書》卷三五《蠶桑廣類・木棉》。

176　許懷林：《江西史稿》，江西高校出版社，1998 年版，第 506 頁。

177　同治《南昌府志》卷八《地理・土產》。

178　同治《奉新縣志》卷二《地理・風俗》。

179　萬載縣志編纂委員會編：《萬載縣志》，江西人民出版社，1987 年版，第 304 頁。

廣豐）、鉛山、弋陽及萬年等縣承擔。**180**

二、興旺發達的造船業

江西盛產木材，這在隋唐時已享有盛名；加上江西河流縱橫，水運在日常生活中較重要，因此造船業歷來是江西主要的手工業之一。

宋代十分重視對江西各地造船業的控制，極力將造船生產置於官府掌握之中。在洪州、江州、吉州、虔州等地都有官設的造船場。宋王朝分配給全國各造船場的數字如下：虔州605艘，吉州525艘，明州177艘，婺州103艘，溫州125艘，台州126艘，楚州87艘，鼎州241艘，鳳翔斜穀600艘，嘉州45艘，共計2634艘。**181**其中江西虔、吉兩州的造船數占總數的百分之四十三，可見當時江西造船的規模之大。江西所制的主要是漕船。吳曾融在《改齊漫錄》中云：「本朝東南歲漕米六百萬石，江西居三分之一。」每年要運送兩百萬石左右的糧食到北方去，所需船隻數量之巨顯而易見。至天禧末年（1021），江西所出漕船占全國總數一半以上。除了生產漕船外，還製造各種大型商船和戰船等。當時江西瓷業鼎盛，每年都有相當數量的瓷器運往全國各地和海外，而且江西的茶葉也是商人們的重要貨源，這就必須依

---

180 許懷林：《江西史稿》，江西高校出版社，1998年版，第507頁。

181 （元）馬端臨：《文獻通考》卷二五《國用考三‧漕運》，中華書局，1986年版，第245頁。

靠容量大、品質高的船舶來運載。南宋淳熙六年（1179），馬定遠在江西指揮製造馬船一百艘。製造馬船時，暗中裝有女牆（即防禦敵人進攻的矮牆）、輪槳，可以拆卸，平時作渡船使用，猝遇戰事則可以改裝為戰船。由此可見宋代江西造船業之鼎盛，造船技術之發達。

　　到元代，江西的造船業依然受到官府的重視，至元十六年（1279）二月甲申，元世祖「以征日本，敕揚州、湖南、贛州、泉州四省造戰船六百艘」。至元十九年九月，再命揚州、龍興、泉州等六地「共造大小船三千艘」。至元二十一年二月，命阿塔海發兵「助征占城，船不足，命江西省益之」。可見，江西是全國主要造船基地之一。

　　入明，永樂年間多次下令造航海用船，江西都是製造地之一。永樂三年（1405），「命浙江、江西、湖廣改造海運船十有二艘」[182]；六年，「命江西、湖廣及直隸蘇松府造海運船五十八艘」[183]；七年，「命江西、湖廣、浙江及蘇州等府衛造床三十五艘」[184]；十年又造一百三十艘；十一年，「命江西、湖廣、浙江及鎮江等府改造海風船六十一艘」[185]。

　　此外，因江西是漕糧的主要供應地之一，所以漕船和民用內

182　《明太宗實錄》卷三九，「永樂三年十一月丁酉」條。

183　《明太宗實錄》卷八五，「永樂六年十一月庚戌」條。

184　《明太宗實錄》卷九七，「永樂七年冬十月壬戌」條。

185　《明太宗實錄》卷一四三，「永樂十一年九月辛醜」條。

河航運船的製造也較繁榮。明初，朱元璋即「命浙江、江西及蘇州等九府，運糧三百萬石於汴梁」[186]，供應北伐大軍。以後歷朝江西都要運糧北方。按制度，江西糧運至淮安倉交納。漕船經過鄱陽湖，沖入長江下游，必須特別堅固。漕船三年小修，六年大修，十年更造。每船裝米正耗合計四百七十二石。後來漕船減少，一船有裝至七八百石的。江西從明初至明後期，夏稅與秋糧始終維持兩百六十萬石的水準，除折徵銀兩部分，需運至南京及淮安倉的約六十萬石。據《嘉靖江西通志》卷廿四載，全省合計漕船八百六十六支，運米四十萬石。[187]

漕糧巨額的數量以及沿途的險灘與激流，要求江西的漕船既要容量大又要堅固耐用。《天工開物》將蘇湖漕船與湖廣、江西的進行比較之後，認為湖廣、江西的漕船必然堅固才能勝任運送漕糧的任務，「蘇、湖六郡運米，其船多過石甕橋下，且無江漢之險，故桅與篷尺寸全殺。若湖廣、江西省舟，則過湖沖江，無端風浪，故錨、纜、篷、桅，必極盡制度而後無患」[188]。

三、蓬勃發展的造紙與刻書業

宋明時期江西的造紙業在前代基礎上進一步發展。宋代吉州、撫州、信州都是出產名紙的地方。南康軍的布水紙，吉州的

---

186 （清）張廷玉等：《明史》卷七十九，志第五十五，《食貨三・漕運》。
187 許懷林：《江西史稿》，江西高校出版社，1998 年版，第 509 頁。
188 （明）宋應星：《天工開物》卷九《舟車》。

竹紙，撫州的茶杉紙、牛舌紙，金溪的清江紙、建昌紙等等，都是文人喜愛的上品紙。牛舌紙以稻草為原料，主要產於崇仁、宜黃。還有一種捭紙，是適宜於印書的好紙。

宋代江西各州軍刻書業較盛。從南宋陳振孫的《直齋書錄解題》中，可以得知他的藏書中有萍鄉、盧陵、南康、章貢、九江、建昌、江州、臨川、南安以及江西漕司十種刻本。至今尚存的晁公武《郡齋讀書志》淳祐十年（1250）袁州刻本，其版本之精良，可以說是宋刻古籍中的稀世瑰寶。盧陵刻書業的生產力很強，周必大曾雇工刻印了自己的文集兩百卷、歐陽脩的《六一居士集》一百五十卷以及《文苑英華》一千卷。此外，饒州也刻印了許多書籍，如《晦翁先生朱文公語後錄二十卷》、《韓愈集四十卷、集外文一卷》。

刻書機構有官刻、私刻、坊刻三大系統，遍及各地。除了雕版印刷外，南宋還開始使用活字印刷。如光宗紹熙四年（1193），盧陵周必大曾使用膠泥活字印刷了他自己的著作《玉堂雜記》，這是目前已知的世界上第一部用活字印刷的書。

江西刻書業在南宋日臻發達，王明清在《揮麈錄》中說：

> 承平時士大夫家，如南都戚氏、曆陽沈氏、盧山李氏、九江陳氏、鄱陽吳氏，俱有藏書之名，今皆散逸。近年所至郡府多刊文籍，且易得本傳錄，仕宦稍顯者，家必有書數千

卷。[189]

　　刻書業的普遍發達，使公私藏書日益豐富。宋太宗太平興國
二年（997）曾下詔將國子監刊印的《九經》賜給白鹿洞書院。
華林書院曾「聚書萬卷」[190]，虔州州學曾「斥余財市田及書，
以待學者」[191]。至於私人藏書就更多了。宋代全國聞名的藏書
家有：建昌李公擇收藏書籍九千餘卷，南昌袁抗藏書至萬卷，石
城溫某買書「為樓以藏之」[192]。南城吳伸、吳倫兄弟「以錢百
萬創為大樓，儲書數千卷」[193]。筠州劉渙、劉恕、劉羲仲祖孫
三代「藏書逾萬」[194]。其他如歐陽脩、曾鞏等人家中也都有極
豐富的藏書。

　　元代，江西是全國重要的造紙地區之一。元代江西出產的名
紙有白籙紙、觀音紙、清江紙以及其他多種加工紙。元代江西印
刷業的生產能力在宋代的基礎上有所發展。當時江西的吉州、隆

189　（清）王明清：《揮塵錄》前錄卷一，《文淵閣四庫全書》本。

190　（元）脫脫等：《宋史》卷四百五十六，列傳第二百一十五，《孝義・
　　　胡仲堯》。

191　（宋）王安石：《臨川文集》卷八二《虔州學記》，《文淵閣四庫全書》
　　　本。

192　（宋）李覯：《盱江集》卷二三《虔州柏林溫氏書樓記》，《文淵閣四
　　　庫全書》本。

193　（宋）陸遊：《渭南文集》卷二一《吳氏書樓記》，《文淵閣四庫全書》
　　　本。

194　（宋）洪邁：《容齋隨筆》續筆卷一五《書籍之厄》。

興為全國刻書中心之一。至元二十二年（1285）五月，元廷以大都刻印書籍能力有限，不能刻印大量「曆日」供應各地使用，乃下令「荊湖等處四行省所用者，隆興印之」。[195] 又如，元仁宗延祐五年（1318）十一月，集賢殿大學士、太保曲出建議：「唐陸淳著《春秋纂例》、《辨疑》、《微旨》三書，有益後學，請令江西行省鋟梓，以廣其傳」[196]，得到了元仁宗的批准。此外，還有民間印刷，如信州路「鉛山素多造偽鈔者」[197]，可見元代江西印刻技術之高。

進入明代，江西的造紙業進一步蓬勃發展。永樂年間，在南昌西山設官局造紙，所造紙張中最厚大的稱連七或觀音紙，官局遷至信州後，西山就僅造土棉紙及火紙：「永樂中，江西西山置官局造紙，最厚大而好者曰連七、曰觀音紙。後改局信州，遂無複造者，止土棉紙及火紙。」[198] 玉山、廣豐、東鄉皆產楮皮紙，各處還出現了白鹿紙、高簾紙等等。「玉山東北鄉有楮皮紙，廣豐、東鄉亦有之，其楮皮俱出自湖廣、鉛山、貴溪。有白鹿紙，煮竹絲為之，今鉛山者佳。有高簾紙，俗名蓬紙。上饒有黃白表紙，亦有連四紙，俱不甚佳。弋陽黃家源石壟等處，雜竹絲荻蒿為紙，不可作書。」[199]

---

195 （明）宋濂等：《元史》卷一十三，本紀第一十三，《世祖十》。

196 （明）宋濂等：《元史》卷二十六，本紀第二十六，《仁宗三》。

197 （明）宋濂等：《元史》卷一百九十二，列傳第七十九，《良吏二》。

198 同治《安義縣志》卷一《地理志‧物產》。

199 光緒《江西通志》卷四九《輿地略‧物產》。

除此之外，江西還有很多地區產紙，所產紙張各異，有些也已經市場化了。奉新縣的商人常攜火紙、葛布等往來吳越間貿易，所得利潤用於日常開銷，「里人重農，逐末者寡，無富商巨賈操奇贏於通都大邑，市販持空囊走四方，其挾資懋遷者，惟火紙、葛布、紅麴數種，往來吳越之交，稍獲贏餘，賦稅日用咸取資焉」[200]。瑞州府三縣則有青紙、竹紙、火紙等，「有青紙，三縣皆能染，豔而青者出高安。……竹紙即古之陟釐，有老、大、中，大籠、端曬紙等名。有火紙，人多貨為楮幣故名，俱出新昌」[201]「火紙出奉新、寧州，遍布於江淮間。」[202]皮紙在江西也有出產，其原料主要為楮皮、嫩竹麻、竹等，宋應星在《天工開物》中有較詳細的敘述：

> 凡皮紙，楮皮六十斤，仍入絕嫩竹麻四十斤，同塘漂浸，同用石灰漿塗，入釜煮糜。近法省嗇者，皮竹十七而外，或入宿田稻稈十三，用藥得方，仍成潔白。凡皮料堅固紙，其縱文扯斷如綿絲，故曰綿紙。衡斷且費力。其最上一等，供用大內糊窗格者，曰櫺紗紙。此紙自廣信郡造，長過七尺，闊過四尺。五色顏料，先滴色汁槽內合成，不由後染。其次曰連四紙，連四中最白者曰紅上紙。皮名而竹與稻

200 同治《奉新縣志》卷一《輿地志·風俗》。
201 同治《瑞州府志》卷二《地理·物產》。
202 同治《南昌府志》卷八《地理·土產》。

稈參和而成料者，曰揭帖呈文紙。芙蓉等皮造者統曰小皮紙，在江西則曰中夾紙。河南所造，未詳何草木為質，北供帝京，產亦甚廣。又桑皮造者曰桑穰紙，極其敦厚，東浙所產，三吳收蠶種者必用之。凡糊雨傘與油扇，皆用小皮紙。[203]

同時，吉安府毛邊紙是民用紙張中的一個名品。毛邊紙以嫩竹為原料，易著墨，印刷清晰，是寫字、印書的好紙張。萬曆間，江蘇常熟人毛晉藏書樓《汲古閣》刻印十三經、十七史等典籍，特別派人來江西選紙，吉安泰和等縣出產的竹紙中選，遂名毛邊紙。毛晉每歲從江西定製，厚者曰毛邊，薄者曰毛太。毛邊紙成為民間愛用的書寫紙，至清末民國猶沿其名不絕。[204]

廣信府是明代造紙業最發達的地區。「郡中出產多，而行遠者莫如紙，上饒、廣豐、弋陽、貴溪皆產紙……富商大賈挾資而來者，大率徽閩之人，西北也間有。」[205]此時廣信府的玉山、鉛山、上饒、永豐諸縣的造紙槽房一派繁榮。廣信府槽房最先出現於玉山，後發展於永豐、鉛山、上饒等縣。槽房所在地「皆水土宜槽」，位於山間溪流上源，清流湍急，漂洗舂搗紙料便利。到嘉靖後期，廣信府紙槽數量很多，僅玉山一縣就超過五百座，永

---

203 （明）宋應星：《天工開物》卷一三《殺青》。

204 許懷林：《江西史稿》，江西高校出版社，1998 年版，第 501 頁。

205 同治《廣信府志》卷一《物產》。

豐、鉛山、上饒三縣也超過一百座，可見數量之多與規模之大。這些槽房都是民間自造，並雇請工人及師傅製造，按工付薪，工人與師傅各別，實現了雇工經營。對於廣信府紙槽及造紙業的繁榮狀況，《江西省大記》的記載為：

> 國朝自洪武年間創於玉山一縣，至嘉靖以來，始有永豐、鉛山、上饒三縣續告官司，亦各起立槽房。玉山槽坐峽口等處，永豐槽坐柘楊等處，鉛山槽座石塘、石壟等處，上饒槽坐黃坑、周村、高洲、鐵山等處，皆水土宜槽……槽戶自備槽房，工匠亦多募工成造，每槽動以千計。每人日給工食銀三分，而工師匠人各種不一。要皆各獻能呈技，不能殫述。此皆槽戶自備，並未仰給公家……玉山縣槽房不啻五百餘座，永、鉛、上三縣不啻百餘座，皆系民間自備竹木磚瓦材料，構結房廠，可容百數十人。擇其水源清潔、澄潭急湍，便於漂洗地方，而後槽所立焉……楮之所用為構皮，為竹絲，為簾，為百結皮。其構皮出自湖廣，竹絲產於福建，簾產於徽州、浙江，自昔皆吉安、徽州二府商販裝運本府地方貨賣。其百結皮玉山土產。[206]

至明代中葉，廣信府鉛山的造紙業發展為頗具特色的五大手工業區域之一，「明朝中葉……已經形成為五大手工業的區域，

206 嘉靖《江西省大志》卷八《楮書》。

即松江的棉紡織業、蘇杭二州的絲織業、蕪湖的漿染業、鉛山的造紙業和景德鎮的製瓷業」。**207**

　　據許懷林先生的研究，所造紙張，主要征解入京，供皇室和朝廷使用。玉山槽戶承辦一半，永豐、鉛山、上饒三縣共造一半。下派造紙命令的官司，一是宦官系列中的司禮監，一是戶部的乙字形檔。司禮監每五年派造一批紙張，主要是供御制書冊、手卷、畫軸，並糊飾殿宇、窗櫺、板壁、榻子、仰塵等用。乙字形檔派造沒有期限，紙張主要供大小衙門、建醮、賞邊等。朝廷所要的紙張，限定了規格、品種和數量，最多時達二十八個品種，九百多萬張。如奏本紙，供朝中大小衙門給皇帝寫奏疏用，每年三十萬張，由鉛山縣石塘紙槽製造，所需工本銀七百三十二兩由南昌、撫州、建昌、廣信四府負擔。奏本紙全用細竹料，厚質蕩成，敦厚無筋，故被官府選做奏疏專用。富貴紳衿之家，也喜好用此紙寫信柬，故又稱柬紙。皮紙，用楮皮和嫩竹絲製成，質地堅韌，縱向扯斷如綿絲，橫向拉斷很費力，故又稱綿紙。最上等的大皮紙長八尺，闊四尺，五彩顏色，供皇宮糊窗格，稱櫺紗紙。朝廷下達造紙數額後，所需全部銀兩，分派江西全省十三府七十八縣，在秋糧內帶。其他包裝、運輸等費用，也都由江西負擔。廣信府四縣的紙槽，還承擔了其他省上繳紙張的任務，以

---

207 翦伯贊：《中國史綱要》（第三冊），人民出版社，1979 年版，第 203 頁。

及供江西本省衙門所用之紙。**208**

第四節 ▶ 宋應星與《天工開物》

　　《天工開物》是一部總結明代農業和手工業生產技術的名著。全書三卷二十八篇，每篇介紹一項生產技術和經驗，每個生產過程包括應用工具在內，都有詳細的說明，附有插圖，適於應用。在中國科技史上，像宋應星這樣重視總結生產技術經驗的知識份子是不多的，尤其像他這樣重視總結手工業生產技術的知識份子，更是鳳毛麟角。**209**宋應星之所以能寫出此著作，是與他個人的出身及經歷有關的。

一、宋應星生平簡介**210**

　　宋應星，字長庚，明朝萬曆十五年（1587）出生**211**在江西

---

208 許懷林：《江西史稿》，江西高校出版社，1998 年版，第 500、501 頁。

209 周鑾書：《景德鎮史話》，上海人民出版社，1989 年版，第 71 頁。

210 關於宋應星的介紹主要參考潘吉星《宋應星評傳》一書，除行文中須加以特別說明處，其餘均不注出具體頁碼。

211 以往的著作都「卒年不詳」。潘吉星認為宋應星卒於 1666 年的可能性較大，見潘吉星：《宋應星評傳》，南京大學出版社，2006 年版，第 176 頁。

南昌府奉新縣北鄉瓦溪牌村。[212]他的曾祖宋景於嘉靖二十六年
（1547）任雲都察院左都禦史時卒於北京。朝廷追贈他為太子少
保、吏部尚書、誥封資政大夫，同時宋景父宋迪嘉、祖父宋宇昂
也被蔭封為同樣的官階，號稱「三代尚書」。因此說宋應星出生
於「三代尚書」之家。宋應星的族叔宋國華為嘉靖二十三年
（1544）進士，累官至貴州左布政使，贈通奉大夫。宋國華之子
應和（1586-?）為萬曆十四年（1586）進士，累官至太僕寺少
卿。宋應和之孫一貞為崇禎十五年（1642）進士。所以說宋應星
出生於一個科第興旺的家族。這對宋家以後的發展產生了很大的
影響，使宋家後代以祖先為楷模，都自覺或不自覺地希望躋身於
科第。

　　宋應星的祖父宋承慶（1522-1547）為邑庠生，生於嘉靖元
年壬午（1522）六月。他資稟秀異，博學能文，氣度宏偉，內外
因此對他寄予厚望。宋承慶志競進取，奮鬥目標仍是繼承父業，
先取得科舉功名，在仕途中幹出一番事業。然而，宋承慶英年早
逝，留下兒子國霖。國霖即宋應星的父親。關於宋國霖的生平，
在宋應昇所撰的《思南公傳》有詳細的敘述：

　　　　公諱承慶，字道征，號思南，行鳳六，莊靖公（宋景）
　　三子也。邑庠生，娶龍潭黃氏，繼〔娶〕泥灣顧氏，生子
　　一，諱國霖。〔公〕博學能文，不甘人下，志競進取，而為

212 邱鋒：《宋應星和〈天工開物〉》，中華書局，1981 年版，第 2 頁。

壽所限，無如何也。繼室顧孺人，乃建昌處士顧杖女。歸公逾年（1546）而生子，又逾年（1547），公遂見背，稱未亡人者四十年，百苦千辛，外禦其侮，一心寸鐵，克成其孤。邑令閩清陳公俊、慈溪馮公烶，皆先後致禮敬焉，節上之學使者。迨萬曆末年（1589），孺人去世久，遺孤國霖亦且老而傳矣。乙卯（1615）之役，孫應昇、應星並得魁於鄉（試），乃以情懇於督學胡公泰六，直指陳公中素，遂得題旌，給建坊銀三十兩以節。若彼乃蒙旌若斯之艱也。茹茶蘗之想，為子孫者其可須臾（按：臾）忘耶！[213]

宋承慶去世後，其弟宋和慶主動承擔教養國霖的任務，「……人生百歲能有幾何？所遭若此，困亦甚矣。然吾猶安然以生，而深若有心於人世者，何哉？蓋上而吾母，非吾孰事？下而吾兄之遺孤，非吾孰撫？喪兄之後，吾之所以且言且行且飲且食，而不為哀痛所傷者，蓋亦為此而已矣……兄有積餘，吾與兄理。兄有書帙，吾教兄子……」[214] 宋和慶殿試時為全國第六名，後授浙江安吉州同知，再遷廣西柳州府通判，不久即回鄉，以詩酒自娛二十九年，兼教課子弟，培養了一批學子，對宋家的發展產生了較大的影響。宋應星及其兄宋應昇就是在他的教育下成長

213 宋應昇：《思南公傳》，載《三修宋氏族譜》（1640）。轉引自潘吉星：《宋應星評傳》，南京大學出版社，2006 年版，第 71、72 頁。

214 （明）宋和慶：《明故廩膳生員宋公墓誌銘》，載陳定榮：《宋應星祖父墓誌銘》，《文物》1986 年第 12 期，第 86 頁。

的。**215**

　　宋應星自幼聰穎，七歲（1593）左右與兄應昇在本村內家塾中學習。萬曆四十三年（1615），宋應星與其兄宋應昇同時參加江西省鄉試，兩人同榜中舉，宋應星名列第三。同年冬，他倆進京趕考，於次年參加會試，未考中。此後，他雖然還和大哥一道參加過幾次會試，但歷試不中。

　　在「數上公車不第」後，宋應星已絕意科舉。崇禎七年（1634），宋應星赴江西省袁州府任分宜縣學教諭，四年後完成《天工開物》的寫作。崇禎十一年（1638），宋應星升任福建汀州府推官。由於上司責備他未全力鎮壓「海盜」，崇禎十三年（1640）宋應星卸任回家。崇禎十六年（1643），宋應星被保薦為亳州知州。清兵入關之後，宋應星棄官回鄉。此後，他與宋應昇可能參加過抗清活動。**216**宋應星著有《天工開物》、《畫音歸正》、《卮言十種》、《美利箋》等書。關於宋應星的生平事略，在宋士元為其所撰寫的傳中有詳細的反映：

---

215 徐鐘濟認為宋應星並未在宋和慶家塾中讀過書，也不曾成為鄧良知的學生。而宋國祚才是宋應星的啟蒙老師，宋應星中舉前一直在宋國祚處讀書。見徐鐘濟：《關於宋應星生平幾個問題的考證》（《江西師範大學學報》1991 年第 1 期）。

216 邱鋒：《宋應星和〈天工開物〉》，中華書局，1981 年版，第 4-6 頁。關於宋應星兩次辭官的時間問題學界也多有爭論，見徐鐘濟：《關於宋應星生平幾個問題的考證》（《江西師範大學學報》1991 年第 1 期）。

宋士元撰《長庚公傳》（約1666）

公少靈芒，眉宇逼人，數歲能韻語。及掺制藝，矯拔驚長老。幼與兄元孔公（應昇）同學，館師限每晨讀生文七篇，一日公起遲，而元孔公限文已熟背。館師責公，公脫口成誦。館師驚問，公跪告曰：「兄背文時，星適夢覺耳，聽一過便熟矣。」師由此益奇公。夙慧稍長，即肆力十三經傳，於關、閩、濂、洛書，無不抉其精液脈絡之所存。古文自周、秦、漢、唐及龍門、《左〔傳〕》、《國〔語〕》，下至諸子百家，靡不淹灌，又能排宕幽邃以出之，蓋公材大而學博也。

萬曆乙卯（1615）與兄元孔公應昇同魁於鄉，數上公車不第。比謁選乘鐸（教諭）分宜，士風丕振（大振）。尋升汀州理刑廳（推官）。海賊為禍，公鹹厥罪魁，餘孽盡宥，旋復匿島汉生事。事覺，督撫責公養奸，公願隻身往擒，督撫代為危，欲助以兵。公不從，竟單騎直抵賊穴，諭以大義，賊駭且愧，頂爐香以迎，群願洗心輸誠，公焚巢以散其黨。督撫以事聞，遷亳州知州。崇禎壬午（1642）、癸未（1643）間，視下盜李蕭十、蕭七等等聚為紅巾，分寨乾州後城，奉新、靖安、安義三縣荼毒尤甚。官兵屢捕不獲。時公方予告家居，破產募死士，與〔南瑞〕兵備道陳起龍、都司（都指揮使）何其賢等，密令生員周時琪縱橫各寨，陰行間諜。復謀舉義俠師益寰以貢金免焚為名，置酒計殺李蕭十並輔將劉子雄等，蕭七憂死，賊部眾遂解。頭目李東陽又招江陽諸盜，益為鬼術以惑眾。公復與〔南昌府〕司李（推

官）胡時亨同時進剿，賊大敗，追入乾州寨，焚殺無算，賊皆奔逃。公與時亨剿撫並用，六月餘收拾殆盡，使三縣人民至今得安處故土者，公之功為多。後累官至巡道。公退居家食，抒生平學力，採摘文藻。所著有《天工開物》、《畫音歸正》、《厄言十種》、《美利箋》等書，皆可傳。公諱應星，字長庚，父巨川，祖思南，尚書莊靖公之曾孫。**217**

　　宋應星生長在經濟較為發達的江南地區，從小耳濡目染，這為《天工開物》的寫作奠定了基礎。在 1616-1631 年間應試時的多次萬里長途跋涉，雖然沒有實現科舉及第的願望，但卻使他的足跡遍及京師和江西、湖北、安徽、江蘇、山東、河北、河南、浙江等省的許多城市和鄉村。「為方萬里中，何事何物不可見見聞聞。」**218**在長途旅行中，他開闊了眼界，增長了社會見聞，瞭解了各地的風土人情，並親身考察和體驗到不少農業和手工業技術知識，從而為寫作《天工開物》奠定了堅實的基礎。

　　明代社會是一個漸趨轉型的社會，生產力較為發達、社會交往較為頻繁，這為《天工開物》的寫作提供了重要的平臺，正如

---

217 宋士元：《長庚公傳》，載八修《宋氏宗譜》卷二二，奉新敦睦堂藏版 1934 年，第 71 頁。轉引自潘吉星著：《宋應星評傳》，南京大學出版社，2006 年版，第 103、104 頁。徐鐘濟在《關於宋應星生平幾個問題的考證》（《江西師範大學學報》1991 年第 1 期）中指出所謂宋應星任滁和道、南瑞兵巡道之事，純屬子虛烏有，完全是杜撰出來的。

218 （明）宋應星：《天工開物》卷序。

宋應星所說的：「幸生聖明極盛之世，滇南車馬，縱貫遼陽；嶺徽宦商，衡遊薊北。為方萬里中，何事何物不可見見聞聞？若為士而生東晉之初、南宋之季，其視燕、秦、晉、豫方物，已成夷產，從互市而得裘帽，何殊肅慎之矢也。且夫王孫帝子，生長深宮。御廚玉粒正香，而欲觀耒耜；尚宮錦衣方剪，而想像機絲。當斯時也，披圖一觀，如獲重寶矣！」[219]

綜觀宋應星的一生，科舉夢的追求與破滅是痛苦的。在「數上公車竟不第」之後，他絕意科舉，轉向研究「家食之問」，這一轉變對宋應星產生了較大的影響，如《天工開物》卷序裡所說：「丐大業文人，棄擲案頭！此書與功名進取毫不相關也！」[220]

二、《天工開物》的內容及其評價

《天工開物》是一部有關中國明代農業和手工業技術的百科全書式的科技著作，初刊於明崇禎十年（1637），明末可能又由書商楊素卿翻刻了一次。但這兩種版本刊行後，都沒有廣泛流傳，而且大部分都散失了。明末清初，《天工開物》流傳到了日本。一七七一年（乾隆三十六年），出現了根據崇禎原刻本翻刻的菅生堂刻本。一九五〇年，該書全部譯成為日文，一九六九年

---

219 （明）宋應星：《天工開物》卷序。

220 （明）宋應星：《天工開物》卷序。 這種轉變也使《天工開物》的創作成為一種可能。

還出版了日文譯注本，並多次重印。但直到一九二八年，武進人陶湘才根據日本菅生堂刻本將全書重印出版。此後還有幾種版本，都是依據菅生堂本重印的。一九五二年，北京圖書館才從浙江寧波李氏星海樓捐獻的藏書中得到崇禎十年的初刻本。一九五九年，初刻本由中華書局影印出版。**221**

　　《天工開物》各卷的先後次序，以「貴五穀而賤金玉之義」的原則進行編排，體現了以農業為本的傳統思想。宋應星在重農的傳統基礎上，又以很大的注意力轉移到手工業生產方面，書中關於手工業生產的卷數占總數的三分之二。宋應星重視手工業生產，這是同當時的商品經濟比較發達、手工業品的需求有所增長、手工業生產技術有所改進的情況相適應的。書中關於各項生產部門的記述，涉及品種、來源、產區、工具使用、製造方法、操作過程、天然災害等許多方面，比較完整地、全面地反映出當時農業和手工業生產技術發展的情況。

　　《天工開物》初刻本還附有一百二十一幅插圖，描繪了一百三十多項生產技術和工具的名稱、形狀、工序。圖中出現了二百七十多名勞動人民的形象：有耕耘的農民，有織製彩錦的工匠，有航行江海的船夫，有許多年老工人，也有牧童少年，還有從事紡織的婦女，以及入河採玉的少數民族，此外，還有在演習和作戰中的士兵。用這麼多的畫面來表現勞動生產和勞動者，這無論

---

221 邱鋒：《宋應星和〈天工開物〉》，中華書局，1981 年版，第 35-37 頁。

在中國還是世界的古代科技書上都是罕見的。插圖中有結構比較複雜的機械圖，如花機、水碓、水車等，比例大體恰當，具有立體感，繪製的技巧相當高。這些插圖對於研究中國古代特別是明代的科技史和勞動人民的生產活動有極重要的價值。[222]此書內容充實，文字簡潔，插圖生動，廣泛地總結了中國古代主要是明代的農業和手工業的技術成就。全書分上、中、下三部，再依不同生產部門編列十八卷，其各卷內容如下。

上卷包括第一至六卷。第一卷「乃粒」，指穀物糧食。記述稻、麥、黍、稷、粱、粟、麻和菽等各種作物的種植技術、農具以及灌溉機械的使用方法，同時也涉及了稻麥災害及水利灌溉等。第二卷「乃服」，指衣服。本卷記述絲、麻、棉、皮、毛在明代的來源、加工、製造器具及技術，其中對蠶桑的飼養方法、管理技術及繅絲、織造等方面的闡述更為詳盡。第三卷「彰施」，指染色。記述了二十多種顏色的質料及製作方法，並對藍澱、紅花、槐花的種植及製成染料之法，同時對造紅花餅法及燕脂也有所論述。第四卷「粹精」，指稻、麥、黍、稷、小米、高粱、芝麻、豆類等穀物（尤其是水稻和小麥）的收穫和加工過程，對於各種加工器械，如杵臼、礱、水碓、磨等的品質、規格、功效以及製造和使用方法都有詳細的記述。第五卷「作鹹」，指製造食鹽。敍述了當時中國的六種主要鹽類，並詳細記

222 邱鋒：《宋應星和〈天工開物〉》，中華書局，1981 年版，第 16、17頁。

述了海鹽、池鹽、井鹽、末鹽和崖鹽的生產技術，特別是井鹽生產中採用頓鑽挖井，運用槓桿、滑輪和液體唧筒裝置，以及利用天然氣煮鹽等技術尤值得注意。第六卷「甘嗜」，指制糖。本卷介紹種蔗、制糖、養蜂以及用穀物製造糖漿的技術，其中有關種蔗、製糖技術及其原理在現今社會依然適用。

中卷包括第七至十三卷。第七卷「陶埏」，指陶瓷生產。介紹了陶瓷的原料、製作工序，詳細敘述了瓦、磚、罌甕及白瓷的燒造方法，且附有對窯變及回青的論述，糾正了時人的一些錯誤看法。第八卷「冶鑄」，介紹鑄造技術。敘述鐘、鼎、鍋、炮、佛銅像及錢的鑄造方法，並在附錄中追溯了鐵錢的來歷及鑄錢的起源。第九卷「舟車」。敘述車輛和船舶的種類、結構、製造方法、駕駛操作技術以及使用情況，其中較為可貴的是論述了南方漕糧運輸的路線及各地漕船的不同。第十卷「錘鍛」。敘述冶鐵、冶銅和鑄斧、鋤、鎈、錐、鋸、刨、鑿、錨、針等各種鐵件的技術，其中涉及生鐵、熟鐵、鋼、紅銅等的不同性能，記述了銅、鐵及其合金的製造工藝與焊接技術。第十一卷「燔石」，指燒製礦石。本卷介紹石灰、蠣灰、煤炭、礬石、硫磺、砒石的開採與燒製技術。第十二卷「膏液」，指植物油脂生產。本卷敘述各種食油、燈油和製燭用油的榨油技術，並且對各種原料的出油率、油的性質及榨油方法與器具作了詳細的論述。第十三卷「殺青」，指造紙。介紹紙料的種類，並詳細介紹了竹紙與皮紙的製造方法和用途。

下卷包括第十四卷至十八卷。第十四卷「五金」。關於金、銀、銅、鐵、錫、鉛等金屬礦物的產地及開採和冶煉技術，並附

有對朱砂銀、倭鉛、胡粉、黃丹的論述。第十五卷「佳兵」，指兵器。本卷講述明代各種兵器如弓、弩、箭、幹、火藥和各種火器的製造方法，對製作火藥的種類及產地作了介紹，並對當時較為先進的火器敘述為詳。第十六卷「丹青」，指顏料。本卷敘述了各種顏料的製造技術，尤重於墨和朱，同時也注意到了胡粉、黃丹、澱花、紫粉、大青、銅綠、石綠、代赭石、石黃等顏料。第十七卷「曲櫱」，曲指酒母。本卷主要介紹了用於釀酒的酒母、神曲、丹曲等的原料、製作方法。第十八卷「珠玉」，講述珍珠、寶石、玉石等的產地及採取和加工技術。

從各章內容來看，《天工開物》第一次全面、系統地記錄了中國古代農業和手工業各部門生產技術，廣泛地總結了古代勞動人民的寶貴經驗，確實可稱得上是一部「百科全書式」的著作。但《天工開物》中有些內容也是存在問題的。鐘廣言先生在注釋《天工開物》時就指出了原書中的一些不足之處。如第一章對糧食作物的敘述中就沒有涉及玉蜀黍、甘薯等，如注者所說的「本卷所記側重在以江西為主的江南地區，對當時已傳入我國的糧食作物新品種，如玉蜀黍、甘薯等都沒有記述。由於歷史和認識水準的局限，文中也有不少缺點和錯誤」。[223]其他各章也存在一些

---

223 （明）宋應星著，鐘廣言注釋：《天工開物》，廣東人民出版社，1976 年版，第 8 頁。

可商討之處。**224**

　　即便文中有一些可商榷之處，但這絲毫不影響《天工開物》的價值。從十七世紀後半葉傳入日本之後，《天工開物》影響了江戶時代的好幾代學術界人士，至今還是日本讀者喜愛的讀物。十八世紀此書又傳到了朝鮮，引起李朝後期學者的注意。當此書於十八世紀傳入歐洲後，首先引起法國人的重視，並在十九世紀有了法文摘譯本，有些章的法譯被譯成英、德、意、俄文。二十世紀以後，此書的中國版原著已進入歐美各大圖書館及私人手裡，而且有了前四章的德文全譯本和兩種英文全譯本。此書的影響已越出了中國國境，擴及日本、朝鮮和歐美各國。凡是想瞭解或研究中國科學文化的外國學者，無不引用《天工開物》，而且一旦與它接觸，便會給以高度評價。即使是研究某一專業課題或世界科學文化發展的人士，也要參考此書。十九世紀的法國漢學家儒蓮將《天工開物》稱為「技術百科全書」，英國生物學家達爾文則稱其為「權威著作」。二十世紀以來，日本學者三枝博音說《天工開物》是整個東洋「有代表性的技術書」，藪內清則譽

---

224 對於鐘廣言指出的一些問題，筆者擇其較合理地加以引用，但不擬一一列出，而將其所在頁碼及注釋的順序號列出，分別為：第 33 頁注 1，第 34 頁注 1，第 37 頁注 1，第 44 頁注 4，第 45 頁注 4，第 48 頁注 3，第 58 頁注 4，第 95 頁注 1，第 99 頁注 1，第 199 頁注 1，第 369 頁注 4，第 397 頁注 2，第 435 頁注 1，第 436 頁注 2、注 5，第 443 頁注 3，第 444 頁注 1，第 446 頁注 1，第 448 頁注 2，第 449 頁注 3、注 5，第 450 頁注 1，第 451 頁注 1，第 459 頁注 1。見（明）宋應星：《天工開物》，鐘廣言注釋，廣東人民出版社，1976 年版。

之為「優秀著作」。英國科學史家李約瑟在其《中國科技史》巨著的卷一先將《天工開物》讚為「中國的狄德羅宋應星寫的十七世紀早期的重要工業技術著作」，接著在卷三談到該書作者宋應星時說「他可以稱為中國阿格里柯拉」。因而宋應星被稱為與十八世紀法國啟蒙思想家狄德羅及十六世紀德國和全歐洲技術界權威阿格里柯拉並駕齊驅的偉大歷史人物。從《天工開物》在國外的傳播和外國學者的相應評價中，確可證明《天工開物》已成為公認的世界科學技術名著，它在世界科學史上佔有重要的席位。[225]

225 潘吉星：《宋應星評傳》，南京大學出版社，2006 年版，第 603、605頁。

第五章

宋明江西商業的繁榮

　　宋明時期，江西的商業在發達的農業和手工業基礎上，也有了一定的發展。宋代江西商業比較值得重視的應是贛江沿線商業貿易的繁榮，南昌、贛州、吉州等贛江沿線城市得益於水運的便捷，均是當時重要的商業中心。明代，在全國商品經濟的熱潮推動下，江西商業得到迅速發展，江右商幫周流天下，貿遷有無，財雄一方，在西南博得「無贛不成市」的美譽。施堅雅所建構出來的市鎮層級網路在江西得到充分展現[1]，除了景德鎮、吳城、河口、樟樹四大鎮之外，遍布全省鄉村的墟市也日漸增加，構成流暢而發達的城鄉市鎮網路。

第一節 ▶ 宋代江西的商業貿易

　　兩宋時期，農業、手工業和商業都在隋唐五代的基礎上繼續

1　〔美〕施堅雅（G.W.Skinner）著，史建雲、徐秀麗譯：《中國農村的市場和社會結構》，中國社會科學出版社，1998 年版；王旭等譯：《中國封建社會晚期城市研究》，遼寧教育出版社，2000 年版。

發展，是中國古代經濟史上繁榮興旺的高峰期之一。[2]這一時期，由於經濟重心的南移，農業、手工業生產的全盛，嶺路的開拓，航道的暢通，江西的商業貿易得到了進一步的發展。

一、商業通道

宋代江西水路運輸非常發達，河道交闊，水網密布，具有極其優越的條件，同時水運成本較陸運成本低廉，因此水運成為江西主要的商品運輸方式。江西地區的水運交通以彭蠡湖（鄱陽湖）水系為主要架構，鄱陽湖是江西航運的總樞紐區。贛江貫通江西南北，成為江西的主要航道，最後注入鄱陽湖，匯入長江。贛江中游支流禾水流通吉州西部，渝水西通袁州；下游在洪州境內有修水等聯絡洪州全境；另一支流撫河東入撫州，在撫州連通南北。東北部信州以信江溝通東西後，注入鄱陽湖。饒州以鄱水兩支流昌江、樂安江南北並進，合為鄱水後，亦注入鄱陽湖。鄱陽湖匯合諸水後，在江州北界連接長江。經由長江，上可連巴蜀，下可通吳越。宋朝人稱，「豫章為四通五達之沖」[3]。

陸路的暢通得益於大庾嶺路的進一步開拓。大庾嶺位於江西大余縣正南十公里處，為贛粵分界嶺，歷來被稱為「江廣襟

2　薑錫東：《宋代商人和商業資本》，中華書局，2002 年版，第 4 頁。

3　（宋）謝堯仁：《張于湖先生集序》，轉自許懷林：《江西史稿》，江西高校出版社，1998 年版，第 328 頁。

喉」。[4]它的暢通與否直接關係到商品的流通、經濟的發展。早在秦代，秦始皇出於控制嶺南的需要，在此關路設關，稱為「秦關」，後為戰爭所毀。從漢至唐，這裡只有嶺之稱，而無關之名。為了打通與廣東的交通，促進嶺南經濟的發展，唐開元年間張九齡對大庾嶺進行了一次開鑿，開通了一條寬一丈餘、長三十多華里的山間大道，該道成為當時北至唐都長安南至廣州這條交通要道上的關鍵一段。宋代的商品貿易比唐代進一步發展了，官府對這條運輸線更加重視。宋真宗時開始對這條道路進行修築，而在此基礎上進行大的拓寬平整則是在仁宗嘉祐八年（1063），當時蔡挺與其兄蔡抗分別任江西提刑、廣東轉運使，兄弟倆「相與協議，以磚鋪其道。自下而上，自上而下，南北三十里，若行堂宇間，每數里，置亭以憩客。左右通渠，流泉涓涓不絕。紅白梅夾道，行者忘勞。予嘗至嶺上，仰視青天如一線；既然過嶺，即青松夾道，以達南雄」。並在大庾嶺的隘口上修建關樓一座，「以分江廣之界」，這就是古今聞名的梅關。這條道路的修建，不僅使江西與廣東的商貿往來方便了許多，而且使南北交通大為改觀，它北接章水，下贛江，出長江；南接湞水，下北江，出珠江，把長江和珠江兩大水系連接起來，成為宋代一條非常重要的貨運通道。

此外，宋元期間，江西與周邊鄰省的水陸相間的交通線路還

---

4 胡水鳳：《大庾嶺古道在中國交通史上的地位》，《宜春師專學報》1998 年第 6 期。

有不少，對於江西與外省的商業往來發揮了重要作用。這些路線主要如下。

浙贛線：即江西玉山至浙江常山一線。這條線以江西信江和浙江錢塘江為主要水上通道，兩江可行船里程達千餘里，僅在分水嶺處有八十餘里的陸路，且較低平。在此行船只需轉一次陸路即可水運直達。當時玉山和常山兩地是各路貨物的重要轉運處，玉山有「兩江鎖匙」之稱，舟車輻輳，商旅不絕。

贛皖線：江西東北部的昌江發源於安徽祁門，流經江西浮梁、波陽等地注入饒河。昌江是連接江西與安徽的唯一內河水道，昌江流域較為富庶，祁門所產茶葉、木材和江西東北部的土特產都沿昌江水路外運，與昌江毗連的景德鎮，其瓷器之所以能夠行銷全國，甚至遠銷海外，與昌江良好的運輸條件密不可分。

贛閩線：連接江西東部和福建西北部的路線。該路線有兩條，一條是自江西信江流域的鉛山河口鎮經分水關，陸行一百九十里，出福建崇安，經建陽、建甌與建溪相接；另一條是由江西撫河流域的南城縣至福建邵武與閩江支流富屯溪相接。這兩條不僅是贛閩兩省的商業通道，而且也是連接江浙與湖廣、四川的重要通道。鉛山更有「八省通衢」之譽，此地商賈畢至，貨物充盈，沿江碼頭密布，舟楫繞岸，蔚為壯觀。

贛湘線：江西西入湖南的主要通道，起自袁水上游的萍鄉經湘東入湖南省醴陵線，沿淥水至株洲，入湘水，進而連通洞庭湖

水系，是湘贛間的重要通道。**5**

二、市場發展

　　隨著農村商品經濟的發展，出現了作為初級市場的農村墟市、草市。在這些地點人們可以定期交換商品。「墟市：初非省額坊場，皆是鄉村自為聚落」**6**，「間日會集裨販」**7**。北宋釋道潛的《歸宗道中》詩，詳細描寫了南康軍星子縣的歸宗墟的開市情景。詩云：

　　　　朝日未出海，杖藜適松門。

　　　　老樹暗絕壁，蕭條聞哀猿。

　　　　迤邐轉谷口，悠悠見前村。

　　　　農夫爭道來，聒聒更笑喧。

　　　　數辰競一虛，邸店如雲屯。

　　　　或攜布與楮，或驅雞與豚。

　　　　縱橫箕帚材，瑣細難具論。

　　　　老翁主貿易，俯仰眾所尊。

5　陳榮華等：《江西經濟史》，江西人民出版社，2004 年版，第 266、267頁。

6　（清）徐松：《宋會要輯稿》，第一百三十冊，《食貨一八》，第 5117頁。

7　（清）徐松：《宋會要輯稿》，第一百二十九冊，《食貨一七》，第 5090頁。

區區較尋尺，一一手自翻。

得無筋力疲，兩鬢埋霜根。**8**

　　從這首詩，我們可以看出墟市開得很早，農民天還沒亮就出門，因為幾天才會有一墟。我們還可以看到墟市所在地，已經有了邸店，墟市上交易物品眾多，有布匹、楮（紙張）、雞、箕帚等各式各樣的商品，墟市主持貿易的是受人尊重的年長者。這首詩描繪了宋代江西墟市的一般情形。

　　值得注意的是，江西墟市種類較多，可分為期日市、日日市、早市、晝市、夜市等，上引釋道潛詩說的是早市情形；李綱夜行經江西信州玉山縣，道上「小市晚猶合」**9**，即是夜市；《龍泉志》載「（縣城）南北兩市，限以一市，春夏之間，溪流漲漲，則往來不通，里俗分日為市，一在溪北曰南門市（一、四、八日），二在溪南曰南市（二、五、九日），三曰新市（三、七、十日）」**10**，這便是期日市。

　　在商品交換帶動下，不少鄉村集市形成新的居民點，彙集了不少行商坐賈，發展成為相當繁榮的貿易點，並上升為鎮、縣。城鎮經濟發展表現為城鎮市場的擴大及其繁榮。據不完全統計，

8　（宋）釋道潛：《參寥子詩集》卷一《歸宗道中》，《文淵閣四庫全書》本。

9　（宋）李綱：《梁溪集》卷五《玉山道中五首》，《文淵閣四庫全書》本。

10　（明）謝縉：《永樂大典》卷八〇九二《龍泉縣城》。

江南西路（包括洪州、江州、贛州、吉州、袁州、撫州、筠州、興國軍、南安軍、臨江軍、建昌軍）在熙豐年間，共有草市鎮五十九處。[11]而隨著農業發達，人口增多，出現草市鎮數量增多與升級（包括由鎮升為縣）的現象。僅太宗太平興國中即有南康軍星子鎮、贛州九州鎮和險江鎮升為縣；至道中，洪州置樵舍、查田、進賢三鎮，袁州置石分鎮。進賢鎮其後於崇寧中也升為縣。據傅宗文《宋代草市鎮研究》統計江西的草市鎮，筆者整理成表5-1。

表 5-1　宋代江西草市鎮匯總

州軍	所轄市鎮	市鎮數
饒州	石頭鎮、雙店、四十里店、永和鎮、太陽步、利陽鎮、石門鎮、柴步、席坊、鐵爐步、金步、古步、趙家步、景德鎮、太平虛、湖田市、九林市、吳口市、九墩市、桐林市、杭橋市、螺坑市、西塘、海口市、安仁港	25
信州	永豐鎮、沙溪市、七里店、寶豐鎮、荊山韓店、芙蓉渡、橫塘橋、馬家店、漆公店、步口市、汭口鎮、唐羅步、期思市、桂店	14
南康軍	星子鎮、龍溪鎮、歸宗虛、太平鎮、娉婷鎮、桐城鎮、河湖鎮、炭婦鎮	8

11 傅宗文：《宋代草市鎮研究》，福建人民出版社，1988 年版，第 119 頁。

續上表

州軍	所轄市鎮	市鎮數
隆興府 （洪州）	進賢鎮、土坊鎮、新義鎮、閏安鎮、生米市、辟邪市、稈堆步、樵舍鎮、大安鎮、新城鎮、大通鎮、西嶺鎮、松湖鎮、港口鎮、河湖鎮、曲江鎮、赤江鎮、查田鎮、羅溪李店、池陂鄧店、簡坊市、巾口市、吳門鎮	23
江州	楚城鎮、丁田鎮、馬頭鎮、太平宮草市、新橋市、雁門市、岳家市、林口市、荊林市、甘泉市、侯溪市、德安鎮、馬當鎮	13
贛州 （虔州）	磁窯、東江、西江、七里鎮、平固鎮、楊梅鎮、合流鎮、險江鎮、南田市、唐步虛、河東虛、九州鎮	12
吉州	永和鎮、大櫟虛、上邡市、爭米市、富田市、螺岡市、張莊店、報恩鎮、細陂竹店、時罾鎮、楊宅市、萬安鎮、栗傳鎮、沙市鎮、沙溪鎮、彰化鎮、新市、柴竹務	18
袁州	宣風鎮、盧溪鎮、上栗鎮、烏岡市、米田市、七里鋪、新市、獲村鎮、貴山鎮、石分鎮	10
撫州	界山鎮、豐安鎮、長林鎮、清遠鎮、上城虛、城南鎮、耿源市、苦竹市、詹虛	9
筠州 （瑞州）	雲石市、鹽步鎮、清溪市、麻塘市	4
興國軍	佛圖鎮、富池鎮、瀠步鎮、硤口鎮、鳳新鎮、龍川鎮、寶川鎮、炭步鎮、三溪鎮、羊山鎮、漳源鎮、磁湖鎮	12
南安軍	硤頭鎮、南壄鎮、章水鎮、古城	4

州軍	所轄市鎮	市鎮數
臨江軍	永泰鎮、樟腦鎮、太平場、萬安鎮、黃金市、青泥市、肖家峽市	7
建昌軍	黎灘市、塔步、池鎮、揭坊耆、松石鋪、郎君潭	6

　　由表 5-1 可以看到，經過宋代的發展，江西草市鎮已達到一百六十五個，其中江南西路有一百一十八個，是熙寧元豐年間的兩倍。大量草市鎮出現與升級，既是商品經濟發展的產物，同時也成為促進商品經濟發展的動力。因為商品交換場所的增加，意味著百姓選擇交易的地點也更多，不再局限一個地方，時間也可以更為自由。這樣不但豐富了市場中的商品，增加了商品量，而且促進了商品流通和生產技術的交流，繁榮了商品經濟。這些草市鎮在江西地方經濟發展中起著重要的樞紐作用，活躍了市場交易，促進了商品流通，使得宋代江西商品經濟得到進一步的發展。

三、經商群體的結構發生改變

　　中國古代社會傳統的「農之為本，商之為末」觀念，以及由此而形成的「重農輕商」的文化氛圍，使得在中國漫長的封建社會，商賈所從事的經營活動一直被視為「賤業」而為人們所鄙棄。然而到了宋代，商人的社會經濟地位較之以前有了大幅提高。首先，宋代商人「車馬器服，皆無制度」，且權勢很大，富商巨賈「衣必文采，食必粱肉，因其富厚，交通王侯，力過吏

執，以利相傾，千里遊散，冠蓋相望，乘堅策肥，履絲曳縞」，他們不但可以「從僮騎，帶弓箭，以武斷於鄉曲」，而且「嘩弋漁獵聲伎之奉，擬於王侯」。其次，商人可以參加科舉考試。宋太宗淳化年間，曾詔令商人亦可參加科舉考試，其後商人棄商應舉的越來越多，商人子弟也更有條件成為官吏，「收市人而補以為吏」的做法已成為普遍現象。再次，宋代商人在婚姻中的地位也大大提高，富商與皇親貴戚聯姻的事情已不是罕見。**12**商人地位提高的同時，思想界也開始打破「商為賤業」的意識，南宋學者陳耆卿即對「農本工商末」的觀念提出否定意見，他認為：「古有四民，曰士、曰農、曰工、曰商，士勤於學業，則可以取爵祿；農勤於田畝，則可以聚稼穡；工勤於技巧，則可以易衣食；商勤於貿易，則可以積財貨。此四者皆百姓之本業。」**13**人們不再以經商為恥，社會各階層紛紛經營商業，出現了「全民經商」的態勢。

首先，官僚士人參與工商業活動。官員憑藉職權假公濟私搞長途販賣的人很多。北宋皇祐四年（1052）十一月，仁宗曾下詔令：「江淮、兩浙、荊湖南北等路守官者，多求不急差遣，乘官船往來商販私物。」從中可以看出他們亦官亦商，以朝廷官員的身份做買賣，關卡不敢檢查。他們偷稅漏稅嚴重，雖然賺取了更

---

12 參見陳榮華等：《江西經濟史》，江西人民出版社，2004 年版，第 286 頁。

13 （宋）陳耆卿：《赤城志》卷三七《風土門二‧重本業》，《文淵閣四庫全書》本。

為巨額的利潤，但危害了朝廷的利益，所以遭到皇帝的出面干預。

在商業大潮的衝擊下，儒雅的士子們亦未能脫俗，他們在讀書習文的同時，也操起了經商治生的行當。撫州饒餗，科場失意轉而商販。熙寧初又落榜，出京回鄉，「庇世商厚貨免徵算」。凡遇過關，他首先拜見長吏，透露朝廷將要任命什麼官職的資訊，並說他已得到某要員的內情。地方官員無不願聞，並表示敬意。他隨即告辭說：「下第窮生，弊舟無一物，致煩公略賜一檢。」這些得知「內情」的官員，對他已有感激之情，皆曰：「豈煩如是」，遂免檢放行。他就這樣緊抓官員諛上的心理，過關免稅，「凡藉此術下汴、淮，歷江海，其關稅僅免二三千緡」[14]。

其次，廣大平民百姓也是一個不容忽視的經商群體。富賈豪商一般是由原來的小商小販，經過多年的資本累積，最後發展成為富商大賈。例如：「閻大翁者，居鄱陽，以販鹽致富，家貲巨億。夫婦皆好布施，諸寺觀無不沾其惠。」[15]閻大翁則是由從事販運貿易的中小商人經過數十年的資本積累，成為富商大賈。

而中小商人的構成也比較複雜，其中以城市市民、農民和手工業者為主。宋寧宗嘉定七年（1214）二月二十四日，廣西轉運判官兼提舉鹽事陳孔碩言：「二廣州郡收販牛稅，其來久矣。近

14 （宋）釋文瑩：《湘山野錄》卷下，《文淵閣四庫全書》本。

15 （宋）洪邁：《夷堅志》三志辛卷第七《閻大翁》，中華書局，1981 年版，第 1439 頁。

因漕臣有請，始蠲罷之。然贛、吉之民，每遇農畢，即相約入南販牛，謂之『作冬』。初亦將些小土布前去博買。」[16]可見江西農民到兩廣地區買牛也會攜帶一些土布進行買賣。同時，大量的城市中下等坊郭戶或開設各種店鋪、茶肆、酒店，或走街串巷，沿街叫賣。如《夷堅志》中有一則「潘璋家僧」的故事：「樂平醫士潘璋居於縣市，有商客詣門曰：『早上遇一僧買我紫羅兩匹，酬價已定，置諸袖間，使我相隨取錢。』」[17]這裡的客商就是走街串巷進零售絲織品的小商販。

再次，寺院僧人參與經商，與專職商人一起構成了經商群體結構的複雜性。有些寺院依靠出租莊園田宅，收入不菲，《夷堅志・支乙卷第三・安國寺僧》記載：「饒州安國寺據莊園田池之入，資用饒洽，勝於他剎，名為禪林，而所畜僧行皆土人相承，以牟利自潤」[18]。

四、商品流通

兩宋時期，因江西境內物產豐富且交通便利，使商品流通出現了較為繁盛的局面。宋代江西市場上流通的商品主要是農產品

---

16 （清）徐松：《宋會要輯稿》，第一百三十冊，《食貨一八》，第 5120 頁。

17 （宋）洪邁：《夷堅志》支志乙卷第七《潘璋家僧》，中華書局，1981 年版，第 850 頁。

18 （宋）洪邁：《夷堅志》支志乙卷第三《安國寺僧》，中華書局，1981 年版，第 812 頁。

和手工業品，尤以糧食、茶葉、瓷器等為大宗。

宋代江西是重要的糧食生產地，江西各地水稻廣泛種植，洪州「田宜粳稻」[19]，臨江「稻雲烘日更連天」[20]，饒州「有魚稻之饒」[21]，信州「農夫秧稻滿畦水」[22]，撫州「民飽魚稻」[23]，著名思想家李覯曾指出：「吾邑（南城縣）之在江表，亦繁巨矣。戶口櫛比，賦米之以斛入者，歲且數萬。」[24]曾安止認為，「江南俗厚，以農為生。吉居其右，尤殷且勤。漕台歲貢百萬斛，調之吉者十常六七，凡此致之縣官耳」，而民間的糧食販賣轉運，則是「春夏之間，淮甸荊湖，新陳不續，小民艱食。豪商巨賈，水浮陸驅，通此饒而阜彼乏者，不知其幾千萬億計」[25]。外來販運的興盛，促進了本地米鋪商戶的增加，在吉州「米船曠日不至。其僅有至者，非諸縣之米，乃帶郭境內人家所發糶，而其數目稀少……鋪戶所以販糶者，本為利也。彼本浮民，初非家

19 （宋）曾鞏：《元豐類稿》卷一九《洪州東門記》，《文淵閣四庫全書》本。

20 （宋）張孝祥：《於湖集》卷七《律詩》，《文淵閣四庫全書》本。

21 （宋）王象之《輿地紀勝》卷二三。

22 （宋）張邵：《紫微集》卷一〇《自禮賢還鵝湖望山頂飛流有作》，《文淵閣四庫全書》本。

23 （宋）謝薖：《竹友集》卷八《古賦論辯序記·狄守祠堂記》，《文淵閣四庫全書》本。

24 （宋）李覯：《旴江集》卷二七《書·上孫寺丞書》，《文淵閣四庫全書》本。

25 （宋）曾安止：《禾譜·序》，引自曹樹基：《禾譜校釋》，《中國農史》1985 年第 3 期。

自有米。米所從來，蓋富家，實主其價，而鋪戶聽命焉」[26]。可見大量的糧食除了一部分上交官府和農民、地主自己吃外，大部分被投放到市場，成為商品糧。

北宋王安石曾說：「夫茶之為民用，等於米鹽，不可一日以無。」[27]飲茶日益成為人們日常不可缺少的生活習慣。宋代江西是重要的產茶區，茶葉產量居各路之首，產茶地區遍及江西九州四軍。因產量巨大且茶質上乘，吸引了大批各地商賈前來販賣。趙與時在《賓退錄》卷三指出，南宋時江州的茶葉「其行幾遍天下」。茶商除了靠正當手段販茶外，還往往走私茶葉。王質《雪山集》卷三《論鎮盜疏》中對宋代江西走私茶葉的情景進行了描寫：「盜販私茶者，多輒千餘，少亦百數。負者一夫，而衛者兩夫，橫州揭斧，叫呼踴躍，以自震其威。」走私販們在江州、興國軍等地收購茶葉，轉賣於淮北。走私活動規模宏大，引起政府的恐慌，為了維護茶利，政府嚴行捕捉走私茶葉者。

宋代江西製瓷業非常繁榮，出現眾窯爭輝的興旺景象。以景德鎮瓷器為代表的江西瓷器聞名海內外，其所產瓷器除上供外，行銷全國各地並遠銷南洋、東亞諸國。《景德鎮陶錄》卷五中記載：「景德窯，宋景德年間燒造，土白壤而埴，質薄膩，色滋潤。真宗命進御瓷，器底書『景德年製』四字，其器尤光致茂

---

26 （宋）歐陽守道：《巽齋文集》卷四《與王吉州論郡政書》，《文淵閣四庫全書》本。

27 （宋）王安石：《臨川文集》卷七〇《論議・議茶法》，《文淵閣四庫全書》本。

美，當時則效著海內，於是天下咸稱景德鎮瓷器，而昌南之名逐微。」除景德鎮生產的瓷器外，吉州永和窯、南豐白舍窯、贛州七里鎮窯等瓷窯燒製的產品也品質上乘，行銷國內各地，甚至出口海外。[28]

　　江西位於長江中下游，有著名的淡水湖——鄱陽湖。優質的自然條件，為江西的漁業生產創造了有利的條件。宋代江西的江州已成為重要的魚和魚苗的出售地，周密《癸辛雜識》別集卷上有記「江州等處水濱產魚苗，地主至於夏，皆取之出售，以此為利。販子輳集，多至建昌，次至福、建、衢、婺」。贛江中游的清江養魚業也很發達：「後圃之池曰筠家塘，廣二十丈，其長五信……乃於小魚數萬投於其間……善養魚者，其糞也必以其可糞之時，其食也必以其所喜之物；其貪殘與不才者去之，其狡捷敗類者遠之；使其良者佚居甘食，嬉遊往來，不逆其性，財少者易長，微者易大也。」[29]贛南虔州于都縣曲陽鋪東廖某，家有魚塘兩口，「各廣袤二十畝，田疇素薄，只仰魚利以資生」[30]。

　　江西也是紡織品和絲織品的重要產地，從北宋中期各路紡織品和絲綿收入來看，排在前五位元的地區是四川、兩浙路、河北（河北東路、河北西路）、江南（江南東路、江南西路）以及京

28 許懷林：《江西史稿》，江西高校出版社，1993 年版，第 308-315 頁。

29 （宋）孫武仲：《宗伯集》卷一二《養魚記》。

30 （宋）洪邁：《夷堅志》支志丁卷第三《廖氏魚塘》，中華書局，1981 年版，第985頁。

東（京東東路、京東西路）。[31]可見宋代的江西（包括整個江南西路和江南東路的三個州軍）的絲織、布匹等的買賣做得很大，當時江西的「醒骨紗」、「蓮花紗」等與蜀錦並列第一，不少商人以販賣絲織品和布匹為生計，如「樂平流槎金伯虎，與所親餘暉攜紗如襄陽販售」[32]；又如饒州市民餘百三，「其家啟肆販繒帛，近年以來，資力頗贍」[33]。

此外，蔬菜、水果、竹木、紙張等農副產品也大量投入市場，可謂是種類繁多，品種齊全。如蔬菜，臨川王明「居廛間貿易，貲蓄微豐，置城西空地為菜圃，雇健僕吳六種植培灌，又以其餘者俾鬻之」[34]。南宋大臣張浚的布衣之交蘇元卿，「紹興兵火末，來豫章東湖之南，結廬獨居……藝植耘芟，皆有法度，灌注培壅，時刻不差……以故蔬不絕圃。味視它圃蔬為最勝。市鬻者，利倍而售速，每先期輸直，不二價，而人無異辭」[35]。再如水果，宋代柑橘、橙、柚、橘、栗、桃、梨等熱帶、亞熱帶水果在江西地區種植普遍，其中吉州的橘、撫州的朱橘、洪州的柑

---

31 轉引自薑錫東：《宋代商人和商業資本》，中華書局，2002 年版，第 285 頁。

32 （宋）洪邁：《夷堅志》三補《夢前妻相責》，中華書局，1981 年版，第 1807 頁。

33 （宋）洪邁：《夷堅志》支志癸卷第八《楊道珍醫》，中華書局，1981 年版，第 1280、1281 頁。

34 （宋）洪邁：《夷堅志》支志甲卷第五《灌園吳六》，中華書局，1981 年版，第 752 頁。

35 （宋）張世南：《游宦紀聞》卷三，《文淵閣四庫全書》本。

橘、贛州的雪瓜桃、江州的栗及江西金桔全國聞名,「金橘產於
江西諸郡,有所謂金柑,差大而味甜」³⁶,江西金桔遠銷至京師
時,開始不為人們所接受,在得到溫成皇后的首肯後,價重京
師。³⁷

五、稅收

　　隨著商品經濟的發展,商業稅收也有增加。宋代商稅分兩
種:行商納「過稅」,每千錢算二十;店鋪徵「住稅」,每千錢
算三十。徵稅機構,凡州縣皆設稅務,有的關鎮也設;大稅務專
官監臨,小的由令、佐兼領。官府將應納稅的貨物名目公布,凡
藏匿而被捕獲,沒收三分之一,以其中一半賞捕者。販賣而不走
官路的有罪。若有官府需要的十取其一,叫做「抽稅」。據《宋
會要輯稿》記載,從北宋前期至中後期,江西的商稅增加了
152.3%。各州軍的商稅數額如表 5-2。

---

36 (宋)張世南:《游宦紀聞》卷二,《文淵閣四庫全書》本。

37 劉錫濤,肖雲嶺:《江西宋代手工業經濟發展概述》,井岡山學院學報
　　(哲學社會科學)2004 年第 3 期。

表5-2　江西十三州軍商稅增長[38]

州軍	舊歲額	熙寧十年數額
江州	在城、湖口、彭澤、瑞昌、德安、德化6務：29147貫	在城 15326.237；湖口 19837.887；瑞昌 3655.638；德安 3534.195；竹米務 520.938；彭澤 3234.834 小計：46145貫729文
饒州	在城、德興、浮梁、餘干、安仁、石頭鎮6務：25470貫	在城 14503.275；浮梁 5475.779；景德鎮 3337.957；餘干 4720.755；樂平 10249.567；石頭鎮 848.381；安仁 5542.678；德興 3797.638 小計：48476貫30文
信州	在城、玉山、弋陽、寶豐、永豐、鉛山、貴溪、汭口8務：44261貫	在城 16351.353；弋陽 5978.570；鉛山腳下 378.856；玉山東快書 563.221；寶豐富 298.479；汭口 83.695；永豐 4231.198 小計：38395貫372文
南康軍	在城、建昌、都昌、太平、娉婷、桐城、河湖7務：26075貫	在城 20670.365；都昌 2679.79；建昌 5995.92 小計：29344貫536文
洪州	在城、豐城、進賢、武寧、南昌、奉新、分寧、靖良、新建、土坊[1] 11務39092貫	在城 28904.680；奉新 1645.169；武寧 3277.620；豐城 4749.375；分寧 1887.319；靖安 441.111；進賢鎮 1583.981；樵舍鎮 1456.818；土坊鎮 2404.677；查田鎮 718.110 小計：47068貫860文

---

38 許懷林：《江西通史·北宋卷》，江西人民出版社，2008年版，第182-184頁。

39 原書只列出10個務的地點名。

續上表

州軍	舊歲額	熙寧十年數額
虔州	在城、興國、雩都、東江、西江、磁窯 6 務：25382 貫	在城 39887.672；興國 670.452；雩都 675.161 虔化 1014.686；會昌 329.661；信豐 619.932 石城 72.405；龍南 713.996；瑞金 343.701 安遠 411.487；磁窯務 2887.89；東江 1643.483 西江 1966.608 小計：51236 貫 333 文
吉州	在城、吉水、安福、廬陵、永和鎮、新市、柴竹 7 務：32945 貫	在城 9553.591；吉水 5280.88；太和[2] 4724.998 安福 5901.915；永新[3] 5468.147；永豐 3132.190 萬安 3095.752；龍泉 3840.168；永和鎮 1712.426 柴竹務 3772.468；沙市務 1302.505；粟傳務 2227.926 小計：50012 貫 174 文
袁州	在城、分宜、萬載、萍鄉、獲付、宜風、蘆溪、上粟 9 務[4]：12138 貫	在城 8583.564；分宜 1523.304；萍鄉 2519.250 萬載 1522.705 小計：14148 貫 823 文
撫州	在城、金溪 2 務：3603 貫	在城 18 275.421；崇仁 819.845；宜黃 □□[3] 1.664 金溪 583.378 小計：19680 貫 308 文
筠州	在城、上高、新昌 3 務：4615 貫	在城 7772.141；上高 1753.814；新昌 609.381 小計：10135 貫 336 文
南安軍	在城、南康、上猶 3 務：5108 貫	在城 11806.600；南康 1487.496；上猶 1827.724 小計：15121 貫 820 文
臨江軍	在城、新淦、新渝、永泰、樟腦鎮 5 務：15370 貫	在城 6738.573；新淦 5696.580；新渝 3696.94 小計：16131 貫 209 文

續上表

州軍	舊歲額	熙寧十年數額
建昌軍	在城、南豐 2 務：9924 貫	在城 11327.396；南豐 3248.920；太平場 197.893 小計：14774 貫 209 文
合計	務 75：263130 貫	務 79：400670 貫 777 文

　　資料來源：《宋會要輯稿》食貨一六之一○至一二。表中凡標示貫、文的，小數點以前為貫，以後為文。

　　從表 5-2 中可以看到，各州的商稅額和增加量表明，贛江航道上的州軍相對發展更快，西部袁州、筠州最次。虔、吉、饒、洪、江、信六州數額巨大，撫州、南安軍增加最多。

　　商稅的增加，是商貨貿易增加的反映，但是，也可能有徵收更為苛重的因素。南宋時期後一種情況更為嚴重。《宋史》的卷一百八十六《食貨下八》中有下面一段記載：

　　　　光、寧嗣服，諸郡稅額皆累有放免。然當是時，雖寬大之旨屢頒，關市之徵迭放，而貪吏並緣，苛取百出。私立稅場，算及緡錢、斗米、束薪、菜茹之屬，擅用稽察措置，添置專欄收檢。虛市有稅，空舟有稅，以食米為酒米，以衣服

40　原作「永和縣」，而吉州只有太和縣，故改。
41　原作「永興縣」，而吉州只有永新縣，故改。
42　原書只列出八個務的地點名。
43　原文空缺兩個字位置。

為布帛，皆有稅。遇士夫行李則搜囊發篋，目以興販。甚者貧民貿易瑣細於村落，指為漏稅，輒加以罪。空身行旅，亦白取百金，方紆路避之，則欄截叫呼；或有貨物，則抽分給賞，斷罪倍輸，倒囊而歸矣。聞者諮嗟，指為大小法場，與斯民相刃相劘，不啻仇敵，而其弊有不可勝言矣。

從上述史料中，我們可以看到，南宋的官吏更為貪婪，他們不但不依照國家的政策，反而加大稅收，「私立稅場」，對路過的行人，無論是士大夫還是貧民一個也不放過，無論是運送物品還是「空身行旅」都要交稅，這些稅場被認為是「大小法場」。

與此同時，為了有效地徵收圩場的交易稅，州縣官府確定一個稅額，讓當地豪強大戶「買撲」，也就是承包，讓豪強去徵收零散的交易稅款，官府從承包者手中穩拿既定的稅款。豪強得到這個地區的管理商貿、賣酒、收稅的特權，為自己牟利。這也是商稅越徵越多的原因之一。

第二節 ▶ 明代江西人口流動

明代是中國古代社會的一個轉型時期，特別是以明成化、弘治朝為轉捩點，中國社會經濟以及社會變遷比之前任何時候都要活躍。這一時期，江西同樣也經歷了一次深刻的社會轉型，其中一個重要的表現即是大規模的人口流動。早在二十世紀八〇年代，傅衣凌先生即在《明代江西的工商業人口及其移動》一文中分析了明中期以來商品經濟的發展與江西工商業人口的流動，揭

示出江西工商業人口流動和在外界的頻繁活動正是江西商品經濟發展的推動和結果，儘管工商業人口所帶來的濃厚封建性拖住了它的正常發展的途徑，但它把農民經濟和地主經濟都納入商品關係中來，充實了封建經濟的內部結構。[44]迄今為止，對明清江西人口流動和江西工商業人士活動研究較為全面而系統的當屬方志遠教授，他曾經發表過系列論文專論江右商人。[45]另外，在他新近出版的專著《明清湘鄂贛地區的人口流動與城市商品經濟》中，亦對江西工商業人口有過詳細論述。[46]方志遠指出，人口壓力對明清湘鄂贛地區商品經濟起了重大的制約作用。[47]這一觀點對我們認識明清時期江西，甚至鄰省湘、鄂人口流動與社會變遷的關係，都富有重大的啟發意義。所有這些研究成果，對我們深入瞭解明清江西社會變遷均大有裨益。

　　縱觀以往的研究，我們不難發現，前人的研究視角多集中於明清以來江西社會經濟變遷角度的考察，側重於經濟層面的分

---

[44] 傅衣淩：《明代江西的工商業人口及其移動》，《明清社會經濟史論文集》，人民出版社，1982 年版，第 187-197 頁。

[45] 關於江右商人研究，方志遠發表過系列論文，代表性的有《明清江右商的社會構成與經營方式》，《中國經濟史研究》1992 年第 1 期；《明清江右商的經營觀念與投資方向》，《中國史研究》1991 年第 4 期；《明清西南地區的江右商》，《中國社會經濟史研究》1993 年第 4 期；等等。下文對方志遠論述多有參考，不再一一注明。

[46] 方志遠：《明清湘鄂贛地區的人口流動與城市商品經濟》，人民出版社，2001 年版。

[47] 方志遠：《明清湘鄂贛地區的人口流動與城市商品經濟》，人民出版社，2001 年版，第 742 頁。

析，而且都十分重視人口流動對於商品經濟及社會經濟變遷的影響；而對於這一時期江西社會風氣的變遷，特別是人口流動帶動下的「贛人好賈」風氣的形成及其相互聯繫，則缺乏文化史視野下的深入探討。方志遠教授指出，明清江西人口地域間流動的過程，也是流動人口觀念變化和職業變遷的過程，更是各地區間社會觀念、生活習慣、生產方式的交融與重構過程；它促使江西和兩湖在明清時期形成了與以往相同或更為相近的社會觀念、生活習慣和生產方式的經濟區。[48]由此看來，方教授所關注的重點畢竟還是江西與湘、鄂地區之間的「聯繫」。本節擬從社會經濟史和文化史角度切入，著重對明代江西人口流動的背景、狀況進行歷時性分析，進而深入探討商品經濟發展和人口流動帶動下的江西社會風氣的變遷，特別是「贛人好賈」風氣的形成及其相互關係，以期加深對明代江西人口流動與社會風氣變遷關係的理解，並重新建構和深化我們對明代江西人形象的認識。

一、人地矛盾與明代江西人口流動

明代江西的人口流動相當頻繁，特別是成化、弘治時期以來的明中後期，隨著社會經濟的發展，江西人口大量外流，除了政府政策性的移民之外，還有一個重要的原因是外出謀生的需求，因此，工商業移民的成分比較多。

---

48 方志遠：《明清湘鄂贛地區的人口流動與城市商品經濟》，人民出版社，2001 年版。

　　明代初期，結束了元末以來的戰亂，實現了社會的穩定，社會百廢待興。為了改變元末以來的社會弊病，恢復和發展社會經濟，實現穩固其統治的目的，統治者採取了一系列政治、經濟上的措施，具體表現為：與民休養生息，鼓勵人們對社會上存在的大量無主土地和荒地進行墾殖，發展經濟；制定嚴格的維護封建等級秩序的法律，嚴懲那些「僭禮犯分」之人；實行戶帖黃冊制度和與之對應的里甲制度；[49]在著力打擊豪富害民的同時，又十分重視地方勢要在地方社會的作用，通過眾多途徑將地方豪強拉入其統治系統之中[50]。通過這些努力，一定程度上遏止了元末以來地方豪強大肆侵奪民田的局面，同時還收到了限制民眾私自流

---

49 根據（清）張廷玉等：《明史》卷七七，志第五三，《食貨一‧戶口》記載：「洪武十四年，詔天下編賦役黃冊，以一百十戶為一里，推丁糧多者十戶為長，餘百戶為十甲，甲凡十人。歲役里長一人，甲首一人，董一里一甲之事。先後以丁糧多寡為序，凡十年一周，曰『排年』。在城曰『坊』，近城曰『廂』，鄉都曰『里』。里編為冊，冊首總為一圖。鰥寡孤獨不任役者，附十甲後為畸零。僧道給度牒，有田者編冊如民科，無田者亦為畸零。每十年有司更定其冊，以丁糧增減而升降之。冊凡四：一上戶部，其三則布政司、府、縣各存一焉。上戶部者，冊面黃紙，故謂之『黃冊』。」又說：「凡戶三等：曰『民』，曰『軍』，曰『匠』。民有儒，有醫，有陰陽。軍有校尉，有力士，弓、鋪兵。匠有廚役、裁縫、馬船之類。瀕海有鹽灶。寺有僧，觀有道士。畢以其業著籍。」在這樣嚴格的戶籍控制下，普通民人一般是很難自由流移的；那些離開自己土地和家鄉的人往往被冠之以「逃戶」、「流民」，這些人的身份都是不被官府認可的。

50 參見吳啟琳：《〈皇明條法事類纂〉所見明成化、弘治時期社會經濟》（南昌大學碩士學位論文，2008 年）第四章關於明初的地方豪強的論述，第 48-58 頁。

徙的效果。因而，這一時期的人地矛盾並不十分突出，除了政府的政策性移民外，人口流動的現象並不是很明顯。

　　江西真正出現人地關係緊張和大量人口流動問題，實際始於明成化、弘治以來的明中後期。隨著社會經濟的穩步發展和實際人口的不斷增長，明中後期江西人口與土地的矛盾變得日益突出起來。在眾多的中國歷史文獻記載中，多以「地廣齒繁」、「土薄齒繁」、「民稠而田寡」、「齒繁土瘠」、「地產窄而生齒繁」或「土狹民稠」及「生齒繁夥」等詞彙來描述這一時期江西人地關係緊張的情況。如成化四年（1468）秋七月，新任吉安府知府許聰說道：「吉安地方雖廣，而耕作之田甚少；生齒雖繁，而財穀之利未殷」[51]；羅洪先則說的更明確：「吉郡地雖廣，然生齒甚繁，不足以食眾，其人往往業四方，歲久不一歸，或即流落」[52]；明人羅大紘也說：「吉郡土薄齒繁，慮走四方為生，然多下賈」[53]。撫州籍艾南英在談到其家鄉時亦言：「吾鄉之俗，民稠而田寡，不通舟楫貿易之利，雖上戶所收，不過半畝數鍾而已。無絲枲竹木之饒，故必征逐於四方。凡其所事之地，隨陽之雁猶不能至，而吾鄉之人都成聚於其所。」[54]類似的記載在許多地方志書中亦頻頻可見，如弘治《南昌縣志》記南昌府「地狹民

51　《明憲宗實錄》卷五六，「成化四年（1468）秋七月癸未」條。

52　（明）羅洪先：《念庵集》卷一五《明故白竹山徙柘鄉族叔北軒墓誌銘》，《文淵閣四庫全書》本。

53　（明）羅大紘：《紫原文集》卷五《吳香山姻丈七十序》。

54　（明）艾南英：《天傭子集》卷九《白城寺僧之滇黔募建觀音閣疏》。

稠，多食於四方，所居成市」；鄧元錫所編《方域志》稱撫州府「人稠多商，行商達四裔，有棄妻子老死不歸志」；羅文恭的《輿圖志》則說吉安府「土瘠民稠，所資身多業鄰郡」[55]。萬曆《新修南昌府志》稱南昌、豐城、進賢各縣：「生齒繁夥，村落叢集，土淺田瘠，稼穡桑麻之入不足給養生送死之需，賦役之供悉取辦四方，歲以為常。所以南昌、豐、進，商賈工技之流視他邑為多。無論秦、蜀、齊、楚、閩、粵，視若比鄰。浮海居夷，流落忘歸者十常四五。」[56]

　　由此可見，成弘以來江西人地關係相當地緊張，迫使江西民人不得不另謀出路，其中較多的是投身到工商業活動中來。明人王士性的《廣志繹》卷之四《江南諸省》對江西人的生存境況與江西人品質進行了細緻的描述，其文稱：

　　　　江、浙、閩三處，人稠地狹，總之不足以當中原之一省，故身不有技，則口不糊，足不出外，則技不售。惟江右尤甚，而其士商工賈，譚天懸河，又人人辯足以濟之。又其出也，能不事子母本，徒張空拳，以籠百務，虛往實歸，如堪輿、星相、醫卜、輪輿、梓匠之類，非有鹽商、木客、筐絲、聚寶之業也。故作客莫如江右，而江右又莫如撫州。餘備兵瀾滄，視雲南全省，撫人居十之五六，初猶以為商販，

55　（清）查慎行：《西江志》卷二六《風俗》。
56　萬曆《新修南昌府志》卷三《風俗》。

止城市也。既而察之，土府、土州，凡樊獠不能自致於有司者，鄉村間徵輸里役，無非撫人為之矣。然猶以為內地也。及遣人撫緬，取其途經酋長姓名回，自永昌以至緬莽，地經萬里、行閱兩月，雖異域怪族，但有一聚落，其酋長頭目無非撫人為之矣……江右俗力本務嗇，其性習勤儉而安簡樸。蓋為齒繁土瘠，其人皆有愁苦之思焉。又其俗善積蓄，技業人歸，計妻孥幾口之家，歲用穀粟幾多，解囊中裝糴入之，必取足費。家無囷廩，則床頭瓶罌無非菽粟者。餘則以治縫浣、了徵輸，絕不作鮮衣怒馬、燕宴戲劇之用。即囊無資斧者，且暫逋親鄰，計足糊家人口，則十餘日而男子又告行矣。以故大荒無饑民，遊子無內顧，蓋憂生務本，俗之至美，是猶有蟋蟀、流火之風焉。若中原人，歲餘十斛粟則買一舟乘之，不則，釀飲而賭且淫焉，不盡不已也。[57]

以上材料表明，江西因人口眾多，民眾的生計常常維持在「足糊家人口」的水準，促成了江西人勤儉持家的優良品質，這一點與中原人的「奢靡」形成了鮮明的對照；為了能夠「糊口」，江西民人特別是撫州籍人士多傾向於遠赴雲南等異省他鄉從事除本業以外的多種職業，儼然把當地當成家鄉了。明萬曆年間浙江籍吏部尚書張瀚在《松窗夢語》卷之四《商賈紀》中亦談到江西地窄人稠的問題，其中他說道：

　　（江西）地產窄而生齒繁，人無積聚，質儉勤苦而多貧，多設智巧挾技藝，以經營四方，至老死不歸。**58**

　　細心的讀者會注意到，以上兩處材料分別出現「其俗善積蓄」和「人無積聚」二語，筆者以為，實際上這兩者並不矛盾，「人無積聚」是「地產窄而生齒繁」的直接結果，而「其俗善積蓄」又是在「人無積聚」的生存壓力下促成的。為了求得生存，江西民眾往往「多設智巧挾技藝，以經營四方」，甚至達到「老死不歸」的程度。

　　事實上，人口的增長只是導致了明中後期江西人地關係緊張的其中一個方面，另一方面，江西各地地方豪強的大肆侵奪、盤剝和賦役負擔的加重亦迫使大量農民離開自己的土地，最終導致大量民人逃移他處。許懷林在其《江西史稿》中就明代豪紳富室對農民的盤剝作了深刻的分析，根據許氏的研究，豪紳的大肆盤剝和繁重的賦役負擔是套在農民項頸上的兩副重枷；**59**傅衣凌先生亦指出，宋元以來均田制的破壞，使土地逐步朝著私有化的方向發展，出現了各種大土地佔有形式，如形勢戶、官僚地主、鄉紳地主、商人地主、鄉族地主等，促使土地高度集中，造成了大量江西農民的破產。**60**嘉靖年間，分宜人嚴嵩之子嚴世蕃廣占民

58　（明）張瀚：《松窗夢語》卷四《商賈紀》。

59　許懷林：《江西史稿》，江西高校出版社，1998 年版，第 459-463 頁。

60　傅衣凌：《明代江西的工商業人口及其移動》，《明清社會經濟史論文集》，人民出版社，1982 年版，第 187 頁。

田即是典型的例子。至嘉靖四十四年（1565）嚴氏被抄家時，根據巡按江西御史成守節的上報，籍沒其房屋有六千六百餘間又五十七所，田地、山塘竟達到了二萬七千三百餘畝。[61]明代成書的奏疏類法律文書彙編——《皇明條法事類纂》中眾多條例對成化、弘治時期江西各地地方豪強大肆侵吞農民土地的情況有諸多記載，以下列舉數例以茲說明。

成化五年（1469），禮部等衙門尚書所題《禁約私債准折田土等項例》記錄了江西臨江府新淦縣土豪利用威勢假借遠年錢債迫使小民逃移，以謀取小民土地的情景云：

> 江（東）〔西〕臨江府新淦縣民人謝廷碩言：本處（自）〔有〕等土豪之民，置有莊田、房屋或二十餘處，其心猶有不足。一見附近人民有好山園陸地，輒起謀心。將遠年錢債輾轉，違例取息，窘迫致極，貧民無從納還，只得將前園地並房屋寫作賣地，甚至受害不過，又有虛寫文契，一夕棄家逃走；（遣）〔遺〕下產業，豪民即行管業，（詎）〔誰〕敢言辯。[62]

江西臨江府新淦縣的土豪十分貪心，雖「置有莊田房屋或二

61 《明世宗實錄》卷五四九，「嘉靖四十四年（1565）八月丁丑」條。

62 （明）戴金編：《皇明條法事類纂》上冊卷二〇《禁約私債准折田土等項例》，古典研究會，1966 年版，第 496 頁。另注：本文所引《皇明條法事類纂》材料括弧中文字為原手抄本誤字，訂正字加中擴號表示。

十餘處」,「其心猶有不足」,往往多方謀取小民的優良田地,而附近的貧民則只得遺下產業而「棄家逃走」。

《皇明條法事類纂》上冊卷二十《債主關俸問不應》還記錄了成化十年(1474)吉安府盧陵縣的地方豪強用類似上述新淦縣土豪所用方法對貧民進行勒取的一則條例,節錄其文如下:

> 吉安府盧陵縣民王集典言一件:「方今天下為小民之害者,莫甚於豪強之徒挾其富盛之勢,又有伴當為爪牙,以取其威。貧民佃其田者,雖凶災水旱,亦不免被其勒取全租;貪其錢者,則皆被其違禁酷取,有自永樂、宣德、正統、景泰、天順年間起至今,錢債已還,而文約被其勢留,重行勒取,或挾勢要其子女以為驅使,或勒寫其田宅以為已有。田戶役而勒害,有因稅糧而遇徵,使小民不得安生,而多逃移他處。」[63]

與臨江府新淦縣土豪所不同的是,吉安府的豪強之徒拼命榨取佃農的血汗,「雖凶災、水旱,亦不免被其勒取全租」,其家人伴當則充當了他們的走狗;即使小民「錢債已還」,而「文約被其勢留」,以圖進一步敲詐勒取貧民田宅,甚至「挾勢要其子女以為驅使」,「田戶役而勒害,有因稅糧而遇徵,使小民不

---

63 (明)戴金編:《皇明條法事類纂》上冊卷二〇《債主關俸問不應》,
古典研究會,1966 年版,第 500、501 頁。

得安生」，以致小民多被迫「逃移他處」。

　　贛南的情況與吉安、臨江府稍異，南、贛二府地曠山深，居民又十分稀少，富豪大戶充分利用這個優勢，任意吞併小民田土以置莊所，驅逐本地小民，廣招外地逃民。誠如《皇明條法事類纂》下冊附編《禁約江西大戶逼迫故縱佃僕為盜其窩盜三名以上充軍例》所記成化二十二年（1486）鎮守江西御馬監太監鄧原所題：

　　　　據江西按察司呈，該守備南、贛二府地方指揮僉事戴賢、贛州府知府李璉各呈稱，南、贛二府地方，地廣山深，居民頗少。有等富豪大戶不守本分，吞併小民田地，四散置為莊所……看得江西地方，近因豪霸大戶罷閑老吏在鄉私放錢債，將遠等帳目疊算逼脅，負債貧民不能存活，逃移外處，又被窩主縱容，日宿夜行，結群為盜，通引回鄉，劫害良民。且南、贛二府所屬縣治，多在遐陬僻壤，期間富戶包占田地甚廣，招隱逃民耕種，計名不載於版籍，身不役為差徭，出入自由，習成野性，往往強劫，多是此徒。[64]

　　此則材料並未指出富豪大戶具體是通過何種手段而奪得小民

---

[64] （明）戴金編：《皇明條法事類纂》下冊附編《禁約江西大戶逼迫故縱佃僕為盜其窩盜三名以上充軍例》，古典研究會，1966 年版，第 719、720 頁。

第五章・宋明江西商業的繁榮

461

的土地，但是，贛南特殊的地理形勢為地方豪強創造了一個「天高皇帝遠」的環境，富豪大戶成為贛南地方社會的最高權威，他們完全可以輕而易舉地直接吞併小民的田地。奪田之後，富豪大戶將這些從當地小民手中吞併而來的田地佃租給從別處逃來的逃民耕種，以此來榨取他們的血汗；本地貧民則因「不能存活」，無可奈何之下只得「逃移外處」。

從以上分析來看，成弘以來，江西地方社會結構發生重大變遷，地方豪強活動十分猖獗；農民被地方豪強侵佔了田地、產業之後，無一例外地走上了逃亡的道路，極大地擴充了明代江西流動人口的隊伍。

值得注意的是，除了地方豪紳大肆侵奪農民的土地外，日益加重的賦役負擔亦是推動明代江西人口流動的重要因素。如嘉靖《武寧縣志》記載：武寧縣，「飛灑侵沒，重徵賠販，邇來莫甚矣」[65]；嘉靖《上高縣志》稱：上高縣，「土瘠民貧，地勢則然也。加之賦稅繁重，不於男耕女織之外逐末遠方，則田疇之入不足供常賦也」[66]；萬曆《彭澤縣志》言彭澤：「供役不堪，逋逃日眾」[67]。明人錢琦在《設縣事宜》中對新淦之地小民因受繁重的賦役而不得不逃亡的情形描述道：「物料夫差，百端催迫，至不能存，而竄徙於他鄉，或商販於別省，或投入勢要，為家奴、

---

[65] 嘉靖《武寧縣志》卷四《官政》。

[66] 嘉靖《上高縣志》卷上《風俗》。

[67] 萬曆《彭澤縣志》卷三《食貨志》。

佃僕，民之逃亡，此其故也。」[68]傅維鱗對弘治以來江西社會風俗的變化有相當的警覺，他在《明書》中講到：「大都江右之人，好談儒術，尚理學，民樸質儉苦，有憂勤之風。弘治以來，賦役漸繁，土著之民，少壯者浸不務稽事，出營四方，醫、卜、工、藝偏天下，至棄妻子不顧，老死不歸，則禮俗日媮，里多惡少」；[69]弘治《武備全書》也說：「江西之民，……弘治以來，賦役漸繁。土著之民，少壯者多不務稽事，出營四方」[70]。表明成弘時期以來，江西賦役負擔的加重，導致民人不斷脫離農田耕作，而多「出營四方」，一定程度上引起了江西社會風氣的轉變。

另外，江西巨室豪民對田產的隱占和賦役負擔的轉嫁同樣給小民帶來巨大負擔。嘉靖年間，陳子壯的《昭代經濟言》記有江西豪紳多有將置買的田產大肆隱瞞的情況，其中一段說道：

> 江西有等巨室，平時置買田產，遇造冊時賄行里書，有飛灑見在人戶者，名為「活灑」；有暗藏逃絕戶內者，名為「死寄」；有花分子戶，不落戶限者，名為「畸零帶管」；有

68 （明）錢琦：《設縣事宜》，見（明）陳子龍：《明經世文編》卷二二六《東佘先生集》，中華書局，1962 年版，第 2381 頁。

69 參見傅衣淩：《明成弘間江西社會經濟史料摘抄——讀〈皇明條法事類纂〉箚記之一》，《江西社會科學》1983 年第 3 期。

70 弘治《武備全書》卷一《江西》，轉引自韓大成：《明代社會經濟初探》，人民出版社，1986 年版。

留在賣戶，全不過割者；有過割一二，名為「包納」者；有全過割者，不歸本戶，有推無收，有總無撤，名為「懸掛掏回」者；有暗襲京官方面、進士舉人腳色，捏作「寄莊」者。[71] 在冊不過紙上之捏，在戶必尤皆空中之影。以致圖之虛以數十計，都之虛者以數百計，縣之虛者以數千萬計。遞年派糧編差，無所歸者，俱令小戶陪償。小戶逃絕，令里長；里長逃絕，令糧長；糧長負累之久，亦皆歸於逃且絕而已。由是流移載道，死亡相枕，戶口耗矣……大抵此弊惟江西為甚，江西惟吉安為甚，臨江次之。[72]

原來，江西富豪巨室是把遞年派糧編差轉嫁給了當地小戶了。這種情況在吉安、臨江二府表現得較為突出。民人本來的賦役負擔就不輕，加上地主豪紳的盤剝侵奪和轉嫁，自然不堪重負而四處逃移了。隨著人口的不斷逃亡，政府的徭役負擔非但沒有減輕，未逃亡者反而還要承擔逃亡小戶的「派糧編差」，促使更多的人逃移，造成民人「流移載道，死亡相枕」的慘狀，史料所謂「戶口耗矣」並非妄言。

從明代戶口變化情況來看，官方統計的戶口數字確實呈現遞減的趨勢，從洪武到萬曆年間，江西人口下降了三百多萬，參見

71　（明）陳子壯：《昭代經濟言》卷三，轉引自謝國楨：《明代社會經濟史料選編》（中篇），福建人民出版社，1980年版，第150、151頁。

72　（明）陳子壯：《昭代經濟言》卷三，轉引自謝國楨：《明代社會經濟史料選編》（中篇），福建人民出版社，1980年版，第151頁。

表5-3。但是，稍具歷史知識的人都明白，明代中後期以來，特別是嘉萬以來，並未發生致使大量人口死亡的重大戰爭和大規模傳染性瘟疫；相反，各地卻又多呈現出地狹人稠的狀況，從洪武到萬曆年間政府統計的戶口的減少，只說明了江西自明中後期以來，由各種因素促成的江西人地關係的日趨緊張，導致了江西大量人口脫離了明初所設立的里甲制的束縛，而成為政府控制之外的流動人口。

表 5-3　洪武、弘治、萬曆三朝江西的戶口、耕地數量

時間	戶數	口數	田地（公頃）	備註
洪武二十六年	1553923	8982482	43118600	戶口依據《明史·地理志》，田地依據《萬曆會典》卷十七《戶部四》
弘治四年	1363629	6549800	40235247	
萬曆六年	1341005	5859026	40115127	

資料來源：本表引自許懷林：《江西史稿》，第 12 章，表 12-1：《洪武、弘治、萬曆三朝江西的戶口、耕地數》，江西高校出版社，1993 年版，第 480 頁。

表 5-4　明代江西十三府洪武、弘治、嘉靖年間夏秋二稅徵收情況

時間	官民田地山塘	稅夏折米	農桑絲	折絹	秋糧米
洪武間	392520 頃 62 畝餘	82061 石餘	4940 斤餘	3229 匹餘	2535908 石餘
弘治間	399270 頃 13 畝	86600 石餘	3970 斤餘	3175 匹餘	2560279 石餘
嘉靖初	398566 頃 35 畝	82965 石餘	4264 斤餘	3411 匹餘	2576888 石餘

資料來源：本表引自許懷林：《江西史稿》，第 11 章，《明朝江西的行政區劃和社會矛盾的加劇》，表 11-1，江西高校出版社，1991 年版，第 452 頁。

　　儘管如此，明朝的統治者並未因民戶的不斷逃亡而相應減少他們向老百姓索取的田糧賦稅，從洪武至嘉靖年間官府向江西徵收的夏、秋二稅的徵收情形來看，反而間有增加的情況，參見表5-4。這樣一來，原本應由那些逃亡民戶來承擔的夏稅秋糧不經意間又落在了未逃亡的「里甲編戶」身上，使得這些「編戶」民眾的賦稅負擔不斷加重，促成了新一輪的人口逃亡。這些逃亡的民眾除了一部分前往外地繼續農事耕作或成為豪強士紳的僕佃、家人外，相當大部分則外出逐末經商以謀生。

二、明代江西人口流動的特徵

　　關於明代江西人口流動的方向問題，方志遠認為，明代江西的流失人口主要是流往湖廣、西南及中原等地，特別是湖廣地區。其依據是成化年間丘濬的《江右民遷荊湖議》中的一段話對江西民人流往荊湖地區的情況作了明確的闡述，其文曰：

　　　　荊湖之地，田多而人少；江右之地，田少而人多，江右之人大半僑寓於荊湖。蓋江右之地力，所出不足以給其人，必資荊湖之粟以為養也……凡江右之民寓於荊湖，多歷年所，置成產業者，則名以稅戶之目。其為人耕佃者，則曰「承佃戶」。專於販易傭作者，則曰「營生戶」。[73]

73（明）丘濬：《江右民遷荊湖議》，見（明）陳子龍：《明經世文編》卷七二《丘文莊公集二》，中華書局，1962 年版，第 608、609 頁。

以及海瑞在《興國八議》中對江西人流往湖廣的論述：

> 昔人謂江右有可耕之民而無可耕之地，荊湖有可耕之地
> 而無可耕之人，蓋為荊湖惜其地，為江右惜其民……今吉、
> 撫、昌、廣數府之民，數賦之民，雖亦佃田南、贛，然佃田
> 南、贛者十之一，遊食他省者十之九。**74**

　　實際上，江西在元末戰亂中並未受到重大的破壞，而與其毗
鄰的湖廣地區，卻因為戰爭破壞嚴重而導致人口稀少、經濟凋
敝，這種局面直至成化、弘治時期都未能改變，因而在高強度人
地矛盾導致的巨大的人口壓力之下，明中後期江西人口主要趨向
於流往地廣人稀的湖廣地區，出現了這一時期「江西填湖廣」的
人口流動現象，進而為清中葉以來「湖廣填四川」的大規模的人
口流動創造了條件。與此同時，河南、雲南、廣東、貴州、陝
西、甘肅等地亦是明清時期江西流動人口前往較多的地區。
　　總體而言，明清江西兩個階段大規模的人口流動均以社會經
濟的發展和人口數量的增加而導致的人地關係緊張為社會背景
的。其不同之處在於，第一階段的人口流動的主要原動力除了社
會承平日久後的人口增加而導致的人地關係緊張外，還有地方豪
強的大肆侵奪、盤剝和賦役負擔的加重的因素，它們迫使大量農

74　（明）海瑞：《興國縣八議》，見雍正《江西通志》卷一一九《藝文》，
　　《文淵閣四庫全書》本。

民離開自己的土地並往他處逃移。第二階段江西的人口流動表現為江西人口的頻繁流動與大量閩粵人口的遷入同時並存；那些外省遷入的人口多進入江西地僻人稀的山區，久而久之，亦成為江西「土著」，故而在討論明代江西的人口流動時，亦須將他們納入其中。與此同時，美洲高產旱地作物在清中葉逐漸得到普遍種植，既推動了江西山區的進一步開發，一定程度緩解了江西的人口壓力，但也因可以養活更多的人口而導致江西人口膨脹的惡性循環；既促進了江西經濟作物的種植，又繁榮了江西的商品經濟市場。

伴隨著商品經濟的發展和明清江西人口流動進一步加劇，江西越來越多的人棄農經商，不但改變了當時江西的社會風氣，還促成了這一時期「贛人好賈」風氣的形成。

第三節 ▶ 明代江西社會風氣的變化

上文已經述及，明代中後期，隨著江西社會經濟的發展，人地矛盾的日益突出和江西劇烈的社會變遷，導致了江西規模巨大的人口流動。這些流動人口為了求得生存，常常往來穿梭於全國各地，或在異域繼續從事農業生產，或在各地棄農逐末，從事各種工商業活動。隨著商品經濟的發展和江西人口流動的頻繁，江西民眾的思想觀念、心態、生活習慣和生產方式等等，亦逐漸發生了深刻的變化。所有這些，都對江西傳統社會形成了巨大的衝擊，表明明代江西社會風氣正產生巨大的轉變。

一、商品經濟的發展與江西社會風氣的變化

江西位於長江中下游南岸，東與浙江、福建相接，南有大庾嶺、九連山與廣東相鄰，西與湖南交界，北部憑藉長江與湖北、安徽兩省相望，形成一個東、南、西三面山地、丘陵環繞，向北開口的盆地。嘉靖《江西通志》對江西的地理格局描述道：

> 南距五嶺，北莫大江，據百粵上游，為三楚重輔甌越淮海襟帶吳楚把握，有江漢、川澤、山林之饒，東有海鹽章山之銅，三江五湖之利，亦江東都會也，襟三江而帶五湖，控蠻荊而甌越，勾吳之區惟斗所直，半入於楚，終蝕於越。[75]

正是處在這樣一個特殊的地理位置上，江西與周邊幾個省份發生著密切的經濟聯繫，具備發展商品經濟的良好環境。自宋室南遷以後，全國經濟重心已東移南遷，江西的社會經濟取得巨大發展，至明代，江西已在全國佔有相當重要的地位。除宋代即已興起的景德鎮以外，與明代大量過境貿易相關，在鄱陽湖──贛江──大庾嶺商路上形成了樟樹、吳城、九江、贛州、大庾五大商業市鎮以及在信江──鄱陽湖商路上形成了鉛山、玉山兩大商業市鎮；清代，樟樹、吳城、河口與景德鎮合稱江西四大雄鎮。[76]樟樹以藥材聞名，時人號稱「藥不到樟樹不齊，藥不過樟

---

75 嘉靖《江西通志》第一冊《形勝》。

76 張海英：《明清江南與江西地區的經濟聯繫》，《華東師範大學學報（哲學社會科學版）》2001 年第 3 期。

樹不靈」，隨著商品經濟的不斷發展，當時樟樹有「煙火十萬家」之稱，被人譽稱為「八省通衢」、「天下雄鎮」；而吳城則有「裝不盡的吳城，卸不完的漢口」的口碑，可見當時江西市鎮商貿相當繁榮，這為更多的江西流動人口進入工商業活動創造了極佳的條件。

與此同時，江西特殊的地理特質使之能夠生產出多種經濟作物和手工業產品，這對商品經濟的發展具有巨大的促進作用。二十世紀八〇年代，傅衣凌先生在論述中國農業資本主義萌芽時就講到：

> 在僻遠的、自然性經濟占主導地位的個別山區，有時商品生產也有一定程度的發展……因為山區生產的不是礦物煤、鐵之類，就是栽種經濟作物：如松、杉、漆、麻、煙、茶、甘蔗、藍靛、果樹；或農產品加工成品的紙、夏布等。這些產品都不是農民本身能消費得了的，必須投向市場去出賣，以進行交換，於是就在這個地方，商品生產規律起了作用，引起農業資本主義生產關係的萌芽。這個萌芽的產生，不同於一般的封建國家，而走自己獨特的發展道路。它的發展規律：大致先從山區發展到平原；從經濟作物發展到稻田生產。[77]

---

[77] 傅衣凌：《略論我國農業資本主義萌芽的發展規律——休休室讀史簡記》，《明清社會經濟史論文集》，人民出版社，1982 年版，第 157 頁。

撇開農業資本主義萌芽不談，傅先生所講的商品生產規律的作用，一定程度上也適應明代江西的發展情況。江西雖然山多耕地少，但明以來，隨著商品經濟的日趨繁榮和大量流動人口對山區的開發，促使這裡盛產茶葉、蔗糖、棉花、苧麻、煙草、藍靛、竹木、油料、葛布等經濟作物和手工業產品，參見表 5-5。江西民人利用這一優勢，不斷將這些產品投入市場，極大地推動了江西商品經濟的發展。這樣的例子同樣頻頻見諸於各地地方志，如嘉靖《東鄉縣志》記撫州府東鄉縣，「惟茶、布、砂糖，人多市之，鬻於外省」，「東鄉女紅多習紡織，聚萬石塘而市之。其棉花則多給與外者」[78]。天啟《贛州府志》有記載曰：「（贛州）城南人種藍作靛，西北大賈歲一至，泛舟而下，州人頗食其利。」[79]康熙《南城縣志》言：「南城之竹戶，其來遠矣，然惟貓竹可為紙質，轉貿遠方」[80]。

表 5-5　明代江西各地經濟作物種植示例

時間	地區	經濟作物名稱	種植、銷售情況	資料來源
嘉靖六年前後	九江府德化、瑞昌、德安、湖口、彭澤縣	棉	五邑俱產，惟德化封郭、桑落二洲者核小而絨多	嘉靖《九江府志》，卷四，《食貨志》，《物產》

78　嘉靖《東鄉縣志》卷上《土產》。
79　天啟《贛州府志》卷三《輿地志三‧土產》。
80　康熙《南城縣志》卷二《物產》。

續上表

時間	地區	經濟作物名稱	種植、銷售情況	資料來源
嘉靖六年前後	九江府	茶	茶，五邑俱產，惟廬山者味香可啜	嘉靖《九江府志》，卷四，《食貨志》，《物產》
嘉靖六年前後	九江府瑞昌縣	桐油	桐油，出瑞昌	嘉靖《九江府志》，卷四，《食貨志》，《物產》
嘉靖六年前後	德安縣、德化縣	苧麻	苧麻，多出德安。白麻，出德化三洲	嘉靖《九江府志》，卷四，《食貨志》，《物產》
嘉靖六年前後	德安、瑞昌、彭澤縣	麻、葛	苧布績麻為之，葛布績葛為之，以上多出德安、棉布粗者曰土布，細者為腰機，以上多出德安、瑞昌、彭澤	嘉靖《九江府志》，卷四，《食貨志》，《物產》
嘉靖年間	南昌府	茶	羅漢茶，西山出，葉如豆苗	嘉靖《江西通志》，卷五，《南昌府·土產》
萬曆年間	吉安府	葛、苧	地不桑蠶，衣木棉，西南稍益葛、苧	同治《峽江縣志》，卷一，《地理志》，《物產》
天啟年間	贛州府	糧食	贛亡他產，頗饒稻穀，自豫章吳會，咸仰取焉。兩關轉穀之舟，日絡繹不絕，即儉歲亦櫓聲相聞	天啟《贛州府志》卷三，《輿地志·物產》

景德鎮雖不產經濟作物，但盛產瓷器。隨著商品經濟的不斷發展，明清時期江西的瓷業發展進入一個高峰。因而景德鎮的瓷業貿易亦相當發達，江西瓷商亦因此而如織如梭，往來興販而樂此不疲。《皇明條法事類纂》中就記載了一則成化十四年（1478）江西浮梁縣商人方敏等將政府禁止民間燒造的青花瓷器運往海外銷售直至被捉獲的材料：

　　　　成化十四年三月內，敏明知有例《軍民人等不許私出外洋船接番貨》，不合故違，商同弟方祥、方洪，各不合依聽，共湊銀六百兩，買得青白花碗、碟、盆、盞等項磁器共二千八百個，用舡裝至廣城河下。遇有熟識廣東揭陽縣民陳祐、陳榮，海陽縣民吳孟，各帶青白苧麻等布，亦在本處貨賣。敏等訪得南海外洋有私番舡一隻出沒，為因上司嚴禁無人接貨，各不合與陳祐、陳榮、吳孟謀允，雇到廣東東莞縣民梁大英，亦不合依聽，將自造違式雙桅槽舡一隻，裝載前項磁器並布貨，於本年五月二十二日開舡超過緣邊官富等處巡檢司，達出外洋到於金門地方，遇見私番舡一隻在彼。敏等將本舡磁器並布貨換得胡椒二百一十二包，黃臘一包，烏木六條，沉香一扁箱，錫二十塊過舡。番舡隨即掛蓬使出外洋不知去向，敏等艪舡使回裡海，致被東安千戶所備倭百戶郭慶等哨見，連人舡貨物捉獲。[81]

---

81 （明）戴金編：《皇明條法事類纂》上冊卷二〇《接買番貨》，古典研究會，1966 年版，第 514、515 頁。

　　有明一代，是實行鎖國政策的。上引材料說明江西商人方敏敢冒天下之法禁，欣然出洋貿易，而且所售運的是政府禁止民間燒造的青花白地瓷，這給人一種江西人不遵法度的印象，但同時也表明江西商人對於瓷器貿易所帶來的高利潤、高回報的追求。儘管官府竭盡全力對私販瓷器進行打擊，但瓷器商人依然興販如常。誠如嘉靖《江西省大志》記載：「（瓷器）其所被，自燕雲而北，南交趾，東際海，西被蜀，無所不至，皆取於景德鎮，而商賈往往以是牟大利。無所複禁。」[82] 王士性的《廣志繹》卷四，《江南諸省》亦載：「遍國中以至海外夷方，凡舟車所到，無非饒器也。」[83]

　　由於瓷器生產給當地帶來高額的利潤回報，景德鎮當地眾多民眾亦紛紛投入到瓷業生產中來，其盛況蔚為壯觀。茲引清人王昊之曾祖奉常公王世懋所著《二酉委譚》的記載為證：

　　　　（景德鎮）天下窯器所聚，其民繁富，甲於一省。余嘗以分守督運其地，萬杵之聲殷地，火光燭天，夜令人不能寐。戲目之曰：「四時雷電」。[84]

---

82 嘉靖《江西省大志》卷七《陶書》，轉引自謝國楨：《明代社會經濟史料選編》（中篇），福建人民出版社，1980 年版，第 88 頁。

83 （明）王士性：《廣志繹》卷四《江南諸省》。

84 （清）王昊：《當恕軒隨筆》，轉引自謝國楨：《明代社會經濟史料選編》（中篇），福建人民出版社，1980 年版，第 72 頁。

接著他又講到：

> 鎮民既富，子弟多入學校，然為窯利所奪，絕無登第
> 者。惟嘉靖間萬年賊起，鎮人逃匿，停火三月，是秋遂中吳
> 宗吉一人，亦竟不成進士，後為吾郡倅，升黎平守而卒。宗
> 吉前後，終無一人舉者，籲亦異矣！[85]

在王世懋看來，景德鎮瓷業相當繁榮，「然為窯利所奪」，
導致當地科舉考試「絕無登第者」。這種迷信觀點固不可取，但
亦從一個側面反映了當地鎮民子弟的心思實不在科舉，在巨大的
瓷利的誘惑下，已多棄儒經商的事實。否則，就不可能出現景德
鎮「其民繁富，甲於一省」的盛況了。

由上可知，江西地理位置優越，具備良好的發展商品經濟的
環境，特殊的地理特質及流動人口數量的劇增，又促成了明清江
西經濟作物的普遍種植和手工業的極大發展，為江西工商業的發
展和大量流動人口轉而經商行賈奠定了物質基礎，極大地促進了
明清江西商品經濟的發展；進而又改變了人們的生產方式和思想
觀念，傳統的重義賤利思想受到巨大衝擊，金錢至上和重商重利
的心態開始在江西民眾中產生。

85 （清）王昊：《當恕軒隨筆》，轉引自謝國楨：《明代社會經濟史料選
編》（中篇），福建人民出版社，1980 年版，第 72、73 頁。

二、「求利爭利」風氣的形成

明代張瀚的《松窗夢語》卷之四《商賈紀》有一段話稱：

> 江西三面距山，背沿江漢，實為吳楚閩粵之交，故南昌
> 為都會……獨陶人窯缶之器為天下利。九江據上流，人趨市
> 利。南、饒、廣信，阜裕勝於建、袁，以多行賈，而瑞、
> 臨、吉安尤稱富足。南贛谷林深邃，實商賈入粵之要區
> 也。[86]

很明顯，從張的敘述我們可以看出，明代中後期以來，江西
各地因得地利之便，民人即已多經商行賈，形成了頗具特色的江
西經濟地理格局。根據現有的材料來看，明清時期，隨著商品經
濟的發展和流動人口數量的劇增，越來越多的江西流動人口轉而
經商行賈，江西社會一時掀起「好賈」的熱潮。這一潮流不僅引
起江西的社會、經濟結構的巨大變遷，同時對江西社會風氣和江
西民眾心態也產生了深遠的影響。

明清時期，隨著效益至上和重商重利心態的確立，江西民人
開始將眼光投向了江西以外的地方，他們開始不再受安土重遷的
束縛，而是多游食四方以經商牟利，其足跡遍布全國各地，這給
世人留下了深刻的印象。清代陳文瑞的《西江竹枝詞》即對江西
人流往外省的情形作了生動的描述，其內容如下：

---

86 （明）張瀚：《松窗夢語》卷四《商賈紀》。

豫楚滇黔粵陝川，山眠水宿動經年。

總因地窄民貧甚，安土雖知不重遷。**87**

　　說明明清時期江西民人的思想觀念發生了重大的變化，在人地矛盾導致的巨大生存壓力之下，他們已經突破安土重遷的束縛，不斷前往全國各地謀生，形成了規模龐大的人口流動；時人以這種人們耳熟能詳的竹枝詞的形式來刻畫江西的人口流動，一定程度上反映了當時江西民眾自由流動的思想觀念已經深入人心。

　　正是在以上所謂「安土雖知不重遷」的心態的指引下，明清時期江西大量從農村轉移出來的流動人口，紛紛離家經商行賈；他們不僅以規模巨大而聞名，更以活動地域廣闊而著稱於世。以下列舉數例以證佐之：

　　明代的江西商人，「其言適楚，猶門廷也……南昌之民客於武漢，而長子孫者十室居九」**88**。至乾隆年間，南昌商人依然多前往吳、楚之地，如據乾隆《南昌府志》記載：「編戶之民五方雜處，多以逐末為業……其挾資貿遷者，亦惟葛布、火紙、紅麴

87　（清）陳文瑞：《西江竹枝詞》，見雷夢水、潘超、孫忠銓、鐘山編：
　　《中華竹枝詞》，中國古籍出版社，1997 年版，第 2377 頁。

88　（明）徐世溥：《榆溪集選》，《楚遊詩序》，轉引自傅衣淩：《明代江西工商業人口及其流動》，《明清社會經濟史論文集》，人民出版社，
　　1982 年版，第 190 頁。

數種，往來吳楚之交而已。」[89]在湖北的竟陵，江西商人的實力相當雄厚，江西商人在那裡聚而成市，稱「皂角市」，其中「土著十之一，自豫章徙者七之，自新都徙者二之。農十之二，賈十之八，儒百之一。自豫章徙者，莫盛於吉之永豐，至以名其閭」。[90]據道光《金溪縣志》之《孝友》、《義行》、《耆德》、《烈女》的記載，金溪商人行賈遍及滇、黔、楚、蜀、湘、陝、甘等地，其中因經商致富的為數不少，且多有父祖相承者。[91]高安縣的商人在全國的分布亦相當廣闊，同治《新修高安縣志》載：「（高安）人善貿易，鉅賈大賈遍於吳、越、楚、蜀之間。」[92]在雲南，「有浙江、江西等布政司安福、龍游等縣商人等，不下三五萬人，在衛府座理，遍處城市、鄉村、屯堡安歇，生放錢債，利上生利，收債米穀，賤買貴賣，娶妻生子，置奴僕，二三十年不回原籍」[93]；明人王士性亦謂：「滇雲地曠人稀，非江右商賈僑居之則不成其地」[94]，可見江西商人在雲南的規模可謂不小。

---

89 乾隆《南昌府志》卷二《疆域》，《風俗》。

90 （明）李維楨：《大泌山房集》卷八七《劉處士墓誌銘》。轉引自傅衣淩：《明代江西工商業人口及其流動》，《明清社會經濟史論文集》，人民出版社，1982年版，第190、191頁。

91 參見傅衣淩：《明代江西工商業人口及其流動》，《明清社會經濟史論文集》，人民出版社，1982年版，第191頁。

92 同治《重修上高縣志》卷四《物產》。

93 （明）戴金編：《皇明條法事類纂》上冊卷一二《雲南按察司查究江西等處客人（朵）〔躲〕住地方生事例》，古典研究會，1966年版，第286頁。

94 （明）王士性：《廣志繹》卷五《西南諸省》。

河南亦是明清時期江西人口流往較多的地區，早在正統十四年
（1449）冬十月，河南右布政使年富提出要驅逐在河南的江西
人，結果遭到了都察院的反對，其原因為：「江西人在河南者
眾，如概驅逐之，恐生變宜，但逐其逋逃者，其為商者，勿
逐。」[95]然而，隨著江西商人的大量進入，江西商人在河南經商
營利活動再次遭到河南士大夫的一定程度的抵制。明人陳全之所
著《蓬窗日錄》卷五記載道：

> 吾鄉之民，樸鈍少慮，善農而不善賈，而四方之賈人歸
> 焉。西江來者尤眾。豈徒善賈？譎而且智。於是吾人為勞力
> 而不知也。方春之初，則曉於眾曰：「吾有新麥之錢，用者
> 於我乎取之。」方夏之初，則白於市曰：「吾有新谷之錢，
> 乏者於我乎取之。」凡地之所種者，賈人莫不預時而息散
> 錢，其為利也，不啻倍蓰，奈何吾人略不計焉。一有婚喪慶
> 會之用，輒因其便而取之。逮夫西成未及入囷，賈人已如數
> 而斂之，由是終歲勤動，其所獲者，盡為賈人所有矣，專此
> 之利，寧有既乎。吾鄉之民，坐是卒無千石之富，尚不覺
> 悟。若恃賈人以生者，寧與之利而甘心焉。[96]

---

95 《明英宗實錄》卷一八四，「正統十四年冬十月辛亥」條。

96 （明）陳全之：《蓬窗日錄》卷五。轉引自謝國楨：《明代社會經濟史
料選編》中篇，福建人民出版社，1980 年版，第 98、99 頁。

　　在河南的江西商人巧於經營，以致「其為利也，不啻倍
蓰」，這一情況很快被當地士大夫看在眼裡，他們認為，江西商
人「善賈」、「譎而且智」，其在河南的放貸營利活動已經對當地
社會生產造成了巨大的危害，所獲之利全是從當地人民身上搜刮
而來，人民儘管辛勤勞作，所獲依然被江西商人斂去，這與河南
當地鄉民的「樸鈍少慮，善農而不善賈」的風氣形成鮮明的對
比，表現出其因當地民眾「尚不覺悟」而痛心疾首的心緒。

　　種種跡象表明，明代江西人好賈行商已然成為風氣，成批的
江西商人奔赴全國各地經商營利，通過自己的努力來改善他們的
生活狀況，同時亦改變著江西人對於商人和經商活動的看法。傳
統的讀書入仕不再是人們唯一的選擇，很多的家庭、家族將「行
商作賈」看做「食力資身」的常業。明末南豐著名學者梁份則表
現出了極大的崇商、仰商的情緒：「勞心力以殖貨財，其候時轉
物，致遠窮深，經日月出入地，所經營日不暇給，而處心應事有
大過人者。」[97]從他們的立場來看，經商行賈不再被認為是末
業，而是取得了與讀書、務農一樣平等的地位。

　　與此同時，作為「贛人好賈」風氣的副產品，江西商人同樣
將玩世不恭和唯利是圖的特性帶到了全國各地。由於盡可能多地
謀求經濟利益是江西商人的首要目標，因而他們在外地經商行賈

97　（清）梁份：《懷葛堂集》卷五《王文佐傳》。轉引自方志遠：《明清
　　江右商研究》，《明清中央集權與地域經濟》，中國社會科學出版社，
　　2002 年版。

的途徑和手段有時顯得有些肆橫和陰險，有時甚至在外地滋生事端，對當地社會造成巨大的創傷的同時，也給當地民眾留下了不好的印象，以下亦列舉三例來說明。

明代，在四川的江西商人曾有強買強賣和竊挖礦產的活動，引起了朝野上下的關注，以至許多官員對此採取了嚴厲的打擊，出臺了針對江西商人進行非法商業活動的法律條規——《江西人不許往四川地方交結夷人訐告私債例》。根據這一條例的記載：

> 江西人民將帶絹尺火藥等件，指以課命，前來易賣銅錢，在彼取妻生子；費用盡絕，糾合四川糧大、雲南逃軍，潛入生拗西番帖帖山投番，取集八百餘人，稱呼天哥，擅立官廳，編造木牌，煎銷銀礦，偷盜牛馬宰殺……鎮守少卿等官張固等前去帖帖山體勘得委。是江西等處人民聚眾竊礦，當領土民追捕趕散，房屋燒毀。**98**

當地政府長官鎮守少卿張固等對江西人的這些非法活動進行竭力整治，只要是江西商人進行竊礦活動，便糾集土民對江西人進行驅趕，甚至將江西人的房屋燒毀，可見當地人是多麼仇恨江西人。有意思的是，這些江西人並未屈服，他們依然憑藉著強大的經濟實力進行牟利的活動。「江西等處軍民、舍餘、客商人等

---

98 （明）戴金編：《皇明條法事類纂》上冊卷二九《江西人不許往四川地方交結夷人訐告私債例》，古典研究會，1966 年版，第 716、717 頁。

仍蹈前非，復來聚眾竊挖，肆蓋官房，私用軍器榜牌弓弩鎗刀，占住掘開糧站地方，強買土人頭畜糧食，不得安生。」[99]

與四川毗鄰的雲南，同樣遭到貪婪、狡詐的江西商人的侵害。曾任雲南地方官的王士性在《廣志繹》卷之五《西南諸省》記載了一則江西商人在雲南謀財害命又逃避責任的案例云：

（江右商人）為土人之累亦非鮮也。餘讞囚閱一牘，甲老而流落，乙同鄉壯年，憐而收之，與同行賈，甲喜得所。一日，乙偵土人丙富，欲賺之，與甲以雜貨入其家，婦女爭售之，乙故爭端，與丙競相推毆，歸則致甲死而送其家，嚇以二百金則焚之以滅跡，不則訟之官。土愫人性畏官，傾家得百五十金遺之，是夜報將焚矣，一親知稍慧，為擊鼓而訟之，得大辟，視其籍，撫人也。[100]

接著王士性又指出：

蓋客人訟土人如百足蟲，不勝不休。故借貸求息者，常子大於母，不則亦本息等，無錙銖敢逋也。獨餘官瀾滄兩年，稔知其弊，於撫州客狀，一詞不理。[101]

99　（明）戴金編：《皇明條法事類纂》上冊卷二九《江西人不許往四川地方交結夷人訐告私債例》，古典研究會，1966 年版，第 717 頁。

100　（明）王士性：《廣志繹》卷五《西南諸省》。

101　（明）王士性：《廣志繹》卷五《西南諸省》。

以上材料至少說明兩點，一是在王士性看來，在雲南的江西商人相當地狡詐、貪婪和唯利是圖，給當地民眾帶來巨大的創傷，為了打壓江西商人的氣焰，他才提出「於撫州客狀，一詞不理」；二是他專指不理「撫州客狀」，表明這一時期撫州在雲南經商營利的商人數量相當之多，勢力亦相當大。

　　明清時期在湖南的江西商人亦相當之多，甚至出現有「無江西人不成市場」之諺。[102]他們在當地經商行賈的過程中，亦產生了不少摩擦。如清嘉慶二十四年（1819）六月的一道聖諭聲稱：

　　　　……據奏湖南湘潭縣城外，向來江西客民在彼貿易者十居七、八，本地居民不過十之二、三；各馬頭挑夫，江西人尤多。平日恃眾強橫，最喜滋事。此次與本地居民互毆，原因聽戲而起，江西客民將本地民人關入公所廟內，毆斃無數，浮屍蔽江。當時知縣會營前往查挐，比至公所，廟門關閉不放，再三叫門，僅將知縣營官放進，知縣見有許多人被捆，並有將手掌釘在牆壁者。再四開導，始交帶回，知縣將帶回之人，悉行釋放。各馬頭挑夫聚集多人，欲行肆鬧，巡撫聞知，始派臬司會同副將帶兵前往彈壓。[103]

102　白眉初：《中華民國省區全志》，《湖南省志》。轉引自傅衣凌：《明代江西工商業人口及其流動》，《明清社會經濟史論文集》，人民出版社，1982 年版，第 193 頁。

103　《清仁宗實錄》卷三五九，「嘉慶二十四年六月戊申」條。

第五章・宋明江西商業的繁榮

483

從這道聖諭看來，在這次的江西商人與湖南湘潭土民的朋毆之獄中，江西商人充分表現出了其肆橫和兇殘的一面，引起了從地方到中央的各級官府的高度關注，甚至導致巡撫派兵前往彈壓，此事件的嚴重程度由此可見一斑。正是以「江西客民在彼貿易者十居七、八，本地居民不過十之二、三；各馬頭挑夫，江西人尤多」作後盾，江西工商業人士在平時即給當地留下「恃眾強橫，最喜滋事」的印象，而此次贛湘朋毆之獄，則是江西商人恃眾滋事的總爆發。

　　以上三例發生地均為江西商人活動比較密集和頻繁的地區。江西商人的恣肆為非活動，給當地社會秩序和民眾日常生活造成了深遠影響，這些活動被當地民眾和官府看在眼裡，表現在心理上，形成了其對江西商人的恐懼和仇視，一定程度對在外省的江西商人的形象樹立起了重大的助推作用，這些江西商人成為外界透視江西文化風貌的一面鏡子。明中期以來，隨著商品經濟的快速發展，江西人口流動相當頻繁，這些流動人口紛紛棄農逐末，出營四方，不但對當時的社會結構、社會經濟變遷產生了深遠影響，還對江西社會風氣產生巨大衝擊。從某種意義上說，明代江西規模巨大的人口流動，以及這些流動人口所從事的活動、他們以及江西各界人士的思想觀念和心態的變化等等，比較典型地體現了明中期以來傳統社會「求利」之風。

第四節 ▶ 明代的市鎮經濟

一、江西四大名鎮的興起

宋明以來，江西由於人口的增多及手工業和農業的發展，商業和貿易得到了較快的發展，出現了當時著名的四大名鎮，即以瓷業聞名天下的瓷都景德鎮、以藥材加工和貿易聞名的藥都樟樹鎮、以紙張出產和轉運貿易而聲名遠播的河口鎮及因轉運貿易繁榮的吳城鎮。

1. 景德鎮

景德鎮的興盛離不開瓷業生產的發展。景德鎮出產瓷器早在唐初便現端倪，浮梁的瓷器便有「假玉器」之稱。入宋後，饒州浮梁縣昌南地區的製瓷業技藝日精，產品更美，影響擴大。宋真宗景德元年（1004），朝廷於江南東路饒州浮梁縣置景德鎮，在此設專門官吏，對瓷器實行徵稅、管制、專利的政策，朝廷需要瓷器，則派官到此督燒。宋元豐五年（1082）八月，「置饒州景德鎮瓷窯博易務」[104]，駐鎮徵稅，採辦瓷器。景德鎮瓷器生產逐漸旺盛，鎮上有陶窯三百座，「村村陶坦，處處窯火」，所燒製的瓷器，「潔白不疵，鬻於他所，皆有饒玉之稱」。元代景德鎮製瓷在生產技術和製瓷工藝上的新突破，為明代景德鎮成為瓷

---

[104] （元）脫脫等：《宋史》卷一百八十六，志第一百三十九，《食貨下八．市易》。

業中心夯實了基礎。

　　入明以後，景德鎮以外的各大窯場，如河南均窯、浙江龍泉窯、河北磁州窯等日趨衰落，身懷技藝的工匠流入以及生產瓷器的優越自然條件和市場需求的極大刺激，使景德鎮成為中國制瓷業中心，逐漸享有「瓷都」的美譽。「官窯設焉，天下窯器所聚，其民繁富甲於一省」，該地瓷器生產畫夜不停，「萬杵之聲殷地，火光燭天，夜令人不能寢」[105]，終年煙火不斷，呈現出一片繁榮的景象。景德鎮生產瓷器不僅數量巨大，品質精美，而且品種眾多，銷路極廣。《天工開物·陶埏》載，明時「合併數郡，不敵江西饒郡產」，「中華四裔馳名獵取者，皆饒郡浮梁景德鎮之產也」[106]。景德鎮瓷器市場聲望日隆，「遍國中以至海外彝方，凡舟車所至，無非饒器也」[107]；其銷售範圍極為廣泛，「自燕雲而北，南交趾，東際海，西被蜀，無所不至，皆取於景德鎮」[108]。考古結果也表明，明時景德鎮瓷器已銷往江西各地及江蘇、雲南、廣西、安徽、湖南、四川、陝西、山西、河北、浙江、湖北、廣東、福建等省。景德鎮瓷器國內市場廣泛，外運也隨之興盛。景德鎮瓷器或是被明朝廷贈送國外，或是被各「入貢」使者大量買去，或是隨同鄭和下西洋的船隊帶往南洋各地，

105　（明）王世懋：《二酉委譚摘錄》，《記錄彙編》卷二〇六。

106　（明）宋應星《天工開物》卷七《陶埏》。

107　（明）王士性《廣志繹》卷四《江南諸省》。

108　嘉靖《江西省大志》卷七《陶書》。

或是被商賈販賣出海，甚至有歐洲商人前來定製。官方貿易頻繁進行，民間貿易也甚是活躍。明成化十四年（1478），浮梁縣商人方敏，「湊銀六百兩，買得青白花白碗、碟、盆、盞等項瓷器，共二千八百個」，船運至廣東海外，賣給「番船」**109**。明中期以後，葡萄牙、荷蘭等國陸續東來，瓷器成為其海上貿易中的重要購買物，而在中國市場上難以買到的西餐餐具等，外商則只能通過定製的方式獲取。一六〇二年，荷蘭設立東印度公司，萬曆四十四年（1616），荷蘭東印度公司職員給公司董事們寫信報告：「在這裡我要向您報告，這些瓷器都是在中國內地很遠的地方製造的，賣給我們各種成套的瓷器都是定製，預先付款。因為這類瓷器在中國是不用的，中國人只有拿它來出口，而且不論損失多少，也要賣掉的。」據不完全統計，自明萬曆至清初，該公司共購去中國瓷器一千〇一十一萬件。以後，法國、英國也相繼設立了東印度公司，並在廣州設立了分公司，大量收購中國瓷器。

　　明代瓷業生產的興盛、瓷器貿易的繁榮，極大地促進了景德鎮市鎮經濟的快速發展。明代景德鎮瓷器生產分為官窯和民窯，其突出的特徵為「官民競爭」。明朝官府為確保皇室與朝廷用瓷需要，在景德鎮設立御器廠，泛稱官窯。官窯在督陶官的監督下，徵調技藝嫻熟工匠，以最好的原料，大量燒製所需各色「至

---

109 （明）戴金編：《皇明條法事類纂》上冊卷二〇《接買番貨》，據東京大學附屬圖書館館藏鈔本影印，古典研究會，1966 年版。

精至美」高檔瓷器。除官窯之外，明代景德鎮民窯也獲得較快發展，成為官窯的競爭對手。景德鎮民窯，每窯不下數十人，從事製瓷者人數眾多，嘉靖十九年，「景德鎮民以陶為業，聚傭至萬餘人」[110]。同時，民窯數量劇增，吸引了不少外來工匠，「四方遠近，挾其技能以食力者，莫不趨之如鶩」。嘉靖四十二年（1563），饒州通判方叔猷說當時景德鎮，「本鎮統轄浮梁縣里仁、長香等都居民，與所屬鄱陽、餘干、德興、樂平、安仁、萬年及南昌、都昌等縣，雜聚窯業，傭工為生」[111]。在此等待雇用的遊民勞動力眾多，「鎮上傭工，皆聚四方無籍遊徒，每日不下數萬人」[112]。嘉慶年間景德鎮有民窯二三百處，窯戶數千家，工匠動輒以數萬計，這使得景德鎮成為一個典型的手工業城市。而手工業的發展也帶動了商業的繁盛，嘉靖時人王宗沐說，「今景德鎮民以陶為業，彈丸之地，商人賈舶與不逞之徒皆聚其中」[113]，當地百姓為工為商各安其所，「浮梁之俗……富則為商，巧則為工……其貨之大者，摘葉為茗，伐楮為紙，坏土為器，行於中外，資國家利」[114]。在工商業快速發展的同時，城市規模也在不斷擴大，「景德鎮屬浮梁之興西鄉，去城二十五

---

110 《明世宗實錄》卷二四〇，「嘉靖十九年八月戊子」條。

111 光緒《饒州府志》卷三《地輿志三‧土產》。

112 （明）蕭近高：《參內監疏》，見雍正《江西通志》卷一一七《藝文‧奏疏三》，《文淵閣四庫全書》本。

113 乾隆《浮梁縣志》卷五《陶政》。

114 康熙《西江志》卷二六《風俗》。

裡，在昌江之南，故稱昌南鎮」，「列市受廛，延袤十三里許，煙火逾十萬家」[115]。而景德鎮的發展也帶動了浮梁農村經濟的發展，浮梁四鄉的農民雖然不直接從事瓷業，但瓷業對瓷土、窯柴的需求，使其可以「以副養農」，「瀕河者倚舟楫柴土之利以自給」，明代浮梁「四鄉之民，山多田狹，多以販柴為生」。[116]可見，景德鎮城市經濟的發展帶動了農村商品經濟的發展。

瓷業生產的興盛，各地商販的彙集，以及外來工匠及農村勞動力的湧入，使得景德鎮市鎮經濟迅速發展，成為一座當時具有全國性影響的重要城市。

2. 樟樹鎮

樟樹鎮歷史悠久，秦置新淦縣，樟樹鎮即為縣城，因其位於淦水入贛江口之北，故稱淦陽，新淦縣遷走後改為清江鎮。相傳三國時丹陽太守聶友逐鹿至此，射樟樹而滅妖，故改清江鎮為樟樹鎮。南唐升元二年（928），設清江縣，樟樹鎮劃為清江縣屬。樟樹鎮地處贛江中游袁水與贛江交匯處，號稱「八省通衢」之地，水陸交通極為便利，溯贛江而上，南可越過贛南大庾嶺達廣東；順贛江而下，過鄱陽湖北可通中原諸省，東可轉信江水道，入閩浙；溯袁水而西，經新喻、袁州、萍鄉至湖南醴陵入湘水可達洞庭湖。樟樹鎮地位形勢緊要，贛江中部百物在此集散，東西

115 （清）藍浦《景德鎮陶錄》卷八《陶說雜編上》。

116 梁淼泰：《明清景德鎮城市經濟研究》，江西人民出版社，1991 年版，第 383 頁。

南北來往的客商在此駐足。宋代，樟樹鎮已經稱盛，明時享有「藥都」美譽，有「藥不到樟樹不齊，藥不過樟樹不靈」的聲望。

　　樟樹鎮藥材經營源遠流長，東漢著名道家人物葛玄在鎮東南閣皂山採藥煉丹，為樟樹藥業之始。至唐代，樟樹藥市初具規模。北宋熙寧時期，樟樹加工製作的枳殼、枳實、陳皮等藥材，以品質上乘聞名，列為貢品。南宋以後，藥市更趨繁榮，一二五八年建藥師院，舉行藥市，自此成為南北藥材集散中心和藥材製作基地，藥材加工與貿易同步發展起來。明代藥業極為繁盛，川廣藥商「百里環至、摩肩於途」，集於此地，樟樹遂有「藥碼頭」之號，馳名朝野。明中期，藥師院改為藥師寺，立「藥墟」石碑，每年九月樟樹藥市更加繁盛。本地生產的枳殼、枳實、陳皮、黃梔子等藥材行銷省內外。本地以彭、劉、喻、杜、丘五姓為首煎熬的青礬、紅礬行銷蘇、浙、閩、皖諸省。萬曆二十七年（1599），明朝廷派太監為「中使」至樟樹採購藥材，供皇室使用。樟樹藥商製藥以精於選料、嚴於製作而聞名，有整套的加工炮製技術，並且形成「前店後坊」的經營特色。[117]

　　藥業的興盛、交通的便利促使樟樹市鎮經濟快速發展。洪武年間，明政府在樟樹設巡檢司，置稅課局徵收商稅；明宣德四年（1429），樟樹鎮被列為全國三十三個稅收大市鎮之一。明成化

117　《藥都藥業》，見清江縣志編纂委員會編：《清江縣志》，上海古籍出版社，1989 年版。

二十一年（1485）贛江改道，與袁水交匯於此後，樟樹鎮商業更趨發達。弘治年間，樟樹鎮商民勢力壯大，出現了幾次因反對地方藩王增稅起而罷市事件。而明中後期寧王宸濠叛亂，商賈避亂至樟樹，也加快了樟樹鎮的發展步伐，正德年間，「甯庶人人橫時，白晝擾會城賈貨，賈嚛不得施，乃謀趨市樟鎮，居人行子，蜂乘蟻聚，朝暮常滿，而樟樹之名遂起」。樟樹鎮逐漸成為贛江流域最重要的商貨流通中心，除藥材外，彙集於樟樹的商貨有木材、布匹、日用器具等，凡民用所需之物大多具備；明人熊化在《樟樹鎮記》記載：「鎮於邑治股肱也，以奉腹則嚛喉也。地當水陸之沖，舟車所過抵，貨賄灌輸，通八省之利……列肆多食貨，若杉樹藥材、被服械器，諸為閩用者，肩摩於途；皂礬、赤朱、綦巾大布，走東南諸郡。」[118]遍游諸省的王士性看到：「樟樹鎮在豐城、清江之間，煙火數萬家，江廣百貨往來，與南北藥材所聚，足稱雄鎮。」[119]因藥市和航運貿易的興旺，官府在樟樹鎮所徵的稅銀激增，由明初每年的一百七十兩，增至萬曆年間的一千七百二十兩。樟樹鎮的興盛，一直持續至晚清民國年間。清末商部大員傅春官曾追述該鎮的商業盛況言：「（江西）市鎮除景德鎮外，以臨江府之樟樹鎮、南昌府之吳城鎮為最盛。樟樹居吉安、南昌之中，東連撫州、建昌，西通瑞州、臨江、袁

---

118 （明）熊化：《樟樹鎮記》，見清江縣志編纂委員會編：《清江縣志》，上海古籍出版社，1989 年版，第 546 頁。

119 （明）王士性：《廣志繹》卷四《江南諸省》。

州，……貨之由廣東來江者，至樟樹而會集，由吳城而出口；貨之由湘、鄂、皖、吳入江者，至吳城而薹存，至樟樹而分銷。四省通衢，兩埠為之樞紐。迨道光二十五年五口通商洋貨輸入，彼時江輪未興，江西之販買洋貨者固仰給廣東；若河南、襄陽、湖北漢口、荊州，凡江漢之需用洋貨海味者，均無不仰給廣東，其輸出輸入之道，多取徑江西。故內銷之貨以樟樹為中心點，外銷之貨以吳城為極點。……樟樹、吳城帆檣蔽江，人貨輻輳，幾於日夜不絕。故咸豐以前江西商務可謂極盛時代。惟彼時省會，轉視兩埠弗若焉。」**120**

因此，樟樹鎮是一座以藥業為基礎，以水陸交通為依託，因轉運貿易而興盛的繁華商業市鎮，其規模和繁榮程度超過臨江府和清江縣治所臨江鎮。

3. 河口鎮

廣信府鉛山縣所轄河口鎮，位於江西東北部（今鉛山縣治），古稱沙灣市，地處信江中游，居信江與鉛山河的合流之處，故名河口。信江至河口以下水面增寬，可航行較大型的木帆船，因而信江流域往來的商貨大多在此換船。由河口順信江而下達於鄱陽湖，經鄱陽湖出九江或湖口即進入長江；由鄱陽湖溯贛江而上至大庾，越大庾嶺入北江可抵廣州；由河口沿信江溯流而上，至玉山轉陸路八十里達浙江常山，則可進入錢塘江水系。這條水道聯結贛浙閩粵數省，地處水運樞紐的河口也借其地理條件

---

120 （清）傅春官：《江西商務說略》，《江西官報》，光緒丙午二十七期。

之便，發展成為一個重要的商業城鎮。[121]

　　河口是一個以轉運貿易為主的商業城鎮，興起約在明中葉前後，萬曆年間當地文人費元祿有言；「河口，餘家始遷居時僅二三家，今閱世七十餘年，而百而千，當成邑成都矣。」[122]萬曆時河口鎮商業已十分繁榮，商賈輻輳，百貨彙集，「其貨自四方來者，東南福建則延平之鐵，大田之生布，崇安之閩筍，福州之黑白砂糖，建寧之扇，漳海之荔枝、龍眼，海外之胡椒、蘇木，廣東之錫、紅銅、漆器、銅器；西北則廣信之菜油，浙江之湖絲、綾綢，鄱陽之乾魚、紙錢灰，湖廣之羅田布、沙湖魚，嘉興之西塘布、蘇州青、松江青、南京青、瓜洲青、蕪湖青、連青、紅綠布，松江大梭布、小中梭布、湖廣孝感布、臨江布、信陽布、定陶布、福建生布、安海生布、吉陽布、粗麻布、韋坊生布、漆布、大刷競、小刷競、葛布、金溪生布、棉紗、淨花、籽花、棉帶、褐子衣、布被面、黃絲、絲線、紗羅、各色絲布、杭絹、綿綢、彭劉緞、衢絹、福絹，此皆商船往來貨物之重者」[123]。以上在河口市鎮行銷的這些商品大多來自閩粵、江浙、湖廣，也有一部分來自安徽、河南、山東等省，由浙江過屏風關入贛，在玉

121 許檀：《明清時期江西的商業城鎮》，《中國經濟史研究》1998 年第 3 期。

122 （明）費元祿：《晁采館清課》卷上，見許滌新、吳承明主編：《中國資本主義發展史》第一卷《資本主義萌芽》，人民出版社，2003 年版，第 85 頁。

123 萬曆《鉛書》卷一，萬曆刊本膠捲。

山縣入信江轉大庾嶺商道，河口遂成為其必經之地。因此，此時的河口顯然已不是一個單純地方性的超載碼頭了，而是一個具有全國意義的商業碼頭，鉛山商販貿易之盛，可以想像。「江浙之土產由此入閩，海濱之天產由此而達越」，閩贛交通孔道的這種作用，是河口鎮成為省內重要商鎮的重要因素。

此外，鉛山本地豐富的物產，尤其是紙張、茶葉的大量生產及轉運外銷也使河口市場有了雄厚的經濟基礎。明代鉛山已有巨額商品紙張外銷，距河口鎮七八十里的石塘鎮，以出產紙張著名，所產紙張均運往河口外銷。萬曆二十八年（1600），該地「紙張槽戶不下三十餘槽，各槽幫工不下一二千人」，此地每年紙張的貿易額雖無資料可考，但據各種資料推算可知大概。石塘一地紙槽不下三十餘槽，每張紙槽「日出紙八把，拾有三把為一石，八日而得五石。石貨銀錢七錢，七五而得三兩五錢也」。以農曆四月至十二月為生產期，一年 240 天，每槽產紙 150 石，石塘一年產紙 4500 石，每把以 198 張計，共 1158.3 萬張。其中官府收購奏本紙 30 萬張，占上料紙的 2.6%，其餘全部投放市場。石塘同時還生產大量蓬紙（粗紙），這種紙每人每天可生產四塊，每塊重十斤，售價銀五分，銷售量極大。除石塘外，石壟、車盤、英將、陳坊、長港等地也出產紙張。縣內各地所產紙張，或經陸路用人工肩挑背馱，或經鉛山河、楊村河、陳坊河假船運至河口集散。玉山、廣豐、上饒各縣所產紙張也由水路運至河口重新包裝外銷，福建光澤、崇安等縣出產的紙張先運陳坊、湖坊、石塘、紫溪集中，再運河口。僅紙張轉運貿易一項，足見河口在當時貿易地位之重要。明嘉靖前後，福建連史紙的生產技術

傳入鉛山，鉛山各地開始生產連史紙。連史紙的銷售，除產地的紙號經營外，大多運至河口轉運外銷。[124]而廣信府造紙局在此地的設立，也刺激了河口市面建設發展的加快。除紙張外，明代河口大宗的茶葉貿易同時興起。明宣德、正德間，鉛山有小種河紅、玉綠、特貢、貢毫、貢玉、花香、香馨等名茶行銷市場。至萬曆間，「河紅」名聲遠播，外地商人紛紛前來河口、石塘、陳坊等地定購。縣內所產茶葉，一如紙張，先經陸路或水陸運至河口，加工包裝後再裝船外運。福建崇安、光澤等縣的外銷茶葉，也先運往河口，加工後再外運。[125]

便利的交通、本地的出產以及貨物的集散，使得河口市鎮規模快速發展。明初只有二三戶人家的河口，經過七十餘年的發展，市鎮逐漸膨脹，「而百而千，成邑成都矣」，到嘉靖、萬曆時期，已經是「技藝雜遝，蓋期舟車四出，貨鏹所興，鉛山之重鎮」。鑑於河口商業的繁盛，原駐鉛山縣西部湖坊集鎮的巡檢司也移駐於此。河口市鎮居住的人口中，「主戶十之三，客戶十之七」[126]，可見外來人口已經成為該鎮的主要居住者，使得河口成為以商人為主體的典型商業市鎮。

---

124 鉛山縣縣志編纂委員會編：《鉛山縣志》，南海出版公司，1990 年版，第 278 頁。

125 鉛山縣縣志編纂委員會編：《鉛山縣志》，南海出版公司，1990 年版，第 279、280 頁。

126 萬曆《鉛書》卷二，萬曆刊本膠捲。

4. 吳城鎮

南昌府新建縣境內的吳城鎮（今屬永修縣），距省城南昌一百八十里，地處江西北部鄱陽湖西岸，當贛江和修河二水入湖之處，是贛江入鄱陽湖的水口，修水由西而匯合。修河為山區性河道，水淺灘多，吳城以上只能通小船，凡由修河運至吳城的商貨，或由吳城內運修河腹地的貨物須在吳城換載；吳城又是贛江入鄱陽湖的咽喉，贛江流域各種農副產品及由大庾嶺商路輸入的洋廣雜貨北出長江，轉銷江漢皖豫諸省也要在吳城轉口換大船出江。[127]吳城又稱「兩水夾流」之地，唐末五代以後，吳城即為由長江人贛江水系的門戶和重要埠岸。北宋太平興國六年（981）置新建縣，吳城鎮處其最北端。又因瀕湖地勢低下，一直被稱為「下新建」，該地一直是贛西、贛西北山區農副產品和手工製品輸出的重要水道。[128]由於吳城扼守江西水路咽喉，是吞吐省內商貨的樞紐，因此，明清時代有「裝不盡的吳城、卸不完的漢口」的稱譽。[129]

吳城雖在唐宋時即有商人駐足，但直至明代初期，仍然「居民鮮少」，「蜿蜒三里許，前河後街，店屋百十數」。依靠發達的

---

127 沈興敬主編：《江西內河航運史》，人民交通出版社，1991 年版，第 96 頁。

128 梁洪生：《吳城商鎮及其早期商會》，《中國經濟史研究》1995 年第 1 期。

129 江西省永修縣志編纂委員會編：《永修縣志》，江西人民出版社，1987 年版，第 47 頁。

水運，明中葉以後，吳城鎮逐漸成為江西著名的四大商鎮之一。從明弘治朝開始，官府還在吳城設置兌糧水次，有專倉屯運甯州、武寧、奉新、靖安四縣的漕糧，加強了吳城與這些地區的經濟聯繫。又出於稽私和兵防的需要，還在吳城設置了巡檢司和驛站。正德年間寧王朱宸濠起兵路過吳城，造成較大破壞。寧王宸濠之亂後，吳城商業得到繼續發展，「出入都陽湖者，酣賽鱗集，商賈輻輳」，各種商鋪館店增多，出現「市廛縈疊，幾無隙地」的現象。**130**明中後期，航運和商業的繁盛，貨物進出量大，吳城逐漸成為贛江流域、修水流域物資進口的總碼頭，鎮市經濟繁榮，「不下五七百煙……依然賈舶官艦，絡繹不絕」；「四方商旅所湊集，往來舟楫所停泊，……舳艫十里，煙火萬家」**131**。吳城碼頭集散的貨物，以茶葉、木材、食鹽、紙張、苧麻為大宗，名間流傳：「茶商、木客、鹽販子，紙棧、麻莊堆如山。」**132**如木材，江西商人經營木材多以吳城為集散地，贛江、修水、撫河等流域的木材做成小排，順江而下，彙集吳城，然後在此重紮大筏，出湖口，入長江，運銷至蘇州、揚州、南京及上海等地。因此，吳城鎮是一個全賴航運業而興起的商業市鎮。

130 （清）葉一棟：《重修望湖亭記》，見新建縣志編纂委員會編：《新建縣志》，江西人民出版社，1991 年版，第 479 頁。

131 （清）梁份：《懷葛堂集》卷四。

132 許懷林：《江西史稿》，江西高校出版社，1993 年版，第 549 頁。

二、兩大鈔關及其他小市鎮的興起

　　明政府為保證穩定的商稅收入，擴充財源，在江西南北兩端設起鈔關，贛北的九江關和贛南的贛州關。兩大鈔關的設立，既是商業繁榮的反映，同時也對當地市鎮經濟的發展起到了良好的促進作用。

1. 九江鈔關

　　九江位於長江南岸，地處長江中下游之交，上通川楚下至江浙，又是鄱陽湖和贛江水系與長江的交匯點，地理位置十分重要。九江在歷史上開發較早，漢代即已建城。明代城市規模擴大，嘉靖時九江府城共有十八坊，大街八條，火巷二十八條，其中分布於西門之外的有五坊三街二十巷[133]，在沿江一帶形成一大片港口商業區。龍開河口，在九江府城西一里餘，河面寬闊，縱深長，嘉靖間在河口兩岸修建石砌碼頭，「長六十餘丈，寬二丈，上砌二平臺，隨舟往來抵泊」，是九江最重要的港口碼頭。此外，溢浦港、女兒港、小港等也都是船舶往來停靠之所。[134]因九江特殊的地理位置和商業的繁榮，明代宣德四年（1429）設九江鈔關，徵榷的對象為過往船隻，「量舟大小修廣而差其額，謂之船料，不稅其貨」[135]。九江關既掌握了鄱陽湖航道，也遏

---

133 嘉靖《九江府志》卷二《坊鄉》。

134 孫述誠主編：《九江港史》，人民交通出版社，1991 年版，第 54、55 頁。

135 （清）張廷玉等：《明史》卷八十一，志第五十七，《食貨五·商稅》。

制了長江航道，有兼制江湖的功效。九江鈔關稅額起初每年一萬五千兩，以後逐漸增加。萬曆年間其稅額為兩萬五千兩，占八大鈔關稅收總額的百分之七點三；天啟時為五萬七千五百兩，占總額的百分之十二。[136]明中後期，九江鈔關「四方商賈騈集其地」，經由九江關流通的商品以糧食、竹木、食鹽、茶葉等項為大宗。而糧食轉運尤為如此。九江是全國四大米市之一，糧食為此地過往的最大宗商品。從湖廣、四川輸往江浙的米穀均需經由九江，江西本省米穀也多由此輸往長江下游的江浙各地，「江廣為產米之區，江浙等省採買補倉，江西之九江關乃必由之路」。木材、竹料，是建造房屋、製造交通工具、生產工具和生活用品的重要原料。中國木竹資源主要分布在雲貴、四川以及湘贛山區，雲貴川湘所產木材順長江而下至九江，贛南山區的竹木則由贛江經鄱陽湖入長江東下，轉銷江南及華北平原。檔案記載稱，九江關稅「惟木稅最大，船稅較輕」，「木由川楚及本省之吉、贛等府，商人紮簰販赴下江發賣」。[137]食鹽，也是九江關稅收之大宗。由九江過境的食鹽主要是銷行湖廣兩省的淮鹽，這些淮鹽溯長江經九江而抵漢口，然後分銷湖廣各府。茶葉多來自福建武夷山區和本省的鄱陽湖產區，也是經由九江關的重要商品之一。此外，江浙綢緞布匹溯長江至中上游地區，廣東物產由大庾嶺商

---

136 許檀《明清時期運河的商品流通》表 1，《歷史檔案》1992 年第 1 期。

137 參見許檀《清代前期的九江關及其商品流通》，《歷史檔案》1999 年第 1 期。

道入鄱陽湖轉中原各省，以及江西本省所產瓷器、紙張、夏布、藥材多輸往漢口、重慶等地，均需經由九江轉輸。

2. 贛關

贛州位於江西南部，古稱虔州。章、貢二水在此合流為贛江，然後直下鄱陽湖。贛江縱貫全省，為江西省內最重要的商品流通幹線。因南撫百越，北望中州，據五嶺之會要，扼贛閩粵湘之要衝而素有「江湖樞鍵，嶺嶠咽喉」之稱。唐宋時代，贛州已是大庾嶺商道上重要的轉運樞紐，「廣南金銀、香藥、犀象、百貨，陸運至虔州而後水運」[138]。明清兩代，贛州均為府城。湧金門至建春門內外沿江一帶是贛州商業最繁榮的地區，瓷器街、米市街、棉布街等都集中於此；[139]商賈輻輳，船舶往來，「或槳戢之出入，或錢貝之紛馳，從朝至暮攘攘熙熙」[140]。到明代中期，贛州府已有一百九十二個圩市，為全省最多，呈現其經濟活力旺盛的勢頭，聞名遐邇的贛關就是在明代中期正式設立的。

贛關始設於明中期弘治年間，原在大庾贛粵分界處的梅嶺驛道的折梅亭。後因江西各地農民戰爭爆發，明朝調遣軍隊鎮壓，於正德六年（1511）在贛州湧金門外的龜角尾，即章、貢二水合流之處設立抽分廠，正德十二年，為避免廣貨自南雄入關兩次徵

---

138 （元）脫脫等：《宋史》卷一百七十五，志第一百二十八，《食貨上三・漕運》。

139 乾隆《贛縣志》卷三《城地》；同治《贛州府志》卷首《府城街市全圖》。

140 乾隆《贛州府志》卷一六《濂溪書院賦》。

稅之嫌，將折梅亭稅關移至龜角尾，「革去折梅亭之抽分，而總稅於龜角尾」，如此，「既有分巡道之監臨，又有巡撫之統馭，訪察數多，奸弊自少」，「非但有資軍餉」，同時避開了對廣貨兩次徵稅之嫌，「抑且便利客商」。而且，又將章、貢二江南北過往商貨全部控制住了。[141]明代贛關「每年鹽稅、雜稅共銀三萬兩」。經由贛關流通的商品種類繁多，由贛關輸往廣東的商品以茶葉、生絲為大宗。由廣東輸往江西的商貨主要有廣東所產的蔗糖、果品等貨物。《廣東新語》記言：「順德多龍眼，南海、東莞多荔枝」「每歲估人鬻者……載以栲箱，束以黃白藤，與諸瑰貨向台關（即大庾嶺）而北，臘嶺而西北者，舟船弗絕也」。又，「廣州望縣，人多務賈與時逐，以香、糖、果箱、鐵器、藤、蠟、番椒、蘇木、蒲葵諸貨，北走豫章、吳浙，西北走長沙、漢口」[142]。經由贛關輸出的糧食也有一定數量。明代贛州即有不少稻穀順流而下輸往省城南昌以及江浙，《贛州府志》記載，贛州「頗饒稻穀，自豫章、吳會咸取給焉，兩關轉穀之舟日絡繹不絕，即儉歲亦櫓聲相聞」[143]。贛南米穀也有一部分輸向廣東，乾隆年間曾因「該省商民多來販買」[144]，導致米價上漲。此外，煙草、紙張、漆、葛布、苧布等也是贛南地區所產或經由

141 魏麗霞：《淺議贛關》，《南方文物》2001 年第 4 期。

142 （清）屈大均：《廣東新語》卷一四《食語》。

143 天啟《贛州府志》卷三《土產》。

144 《宮中檔乾隆朝奏摺》第二一輯，乾隆二十九年 5 月 28 日江西巡撫輔德折等。

贛關輸出的商品。

3. 其他小市鎮

除了明代興起江西四大名鎮及兩大鈔關之外，散布於江西各處的小市鎮也很多，它們圍繞著大市鎮，溝通中心區與山區的經濟聯繫，轉輸農副產品，促進了市鎮經濟與農村經濟的繁榮。

贛南大庾縣，位於江西南端，隔大庾嶺與廣東南雄接壤，是大庾嶺商道江西境內第一站，北下之貨由贛州溯章水至此，陸路運過嶺；南上之貨過大庾嶺至縣城，入章水可順贛江而至長江。明代中葉大庾縣城已經相當繁榮，商賈聚於城外之水南，「市廛倍密，商賈輻輳」。

贛東北玉山縣，位於信江上游冰溪河畔，懷玉山脈南麓。地處浙贛二省分界的懷玉山脈，是江西信江水系與浙江錢塘江水系的分水嶺。玉山縣城冰溪鎮，自古以來便處於贛、皖、浙、閩四省交通道口。由玉山縣城東行三十五里抵屏風關，該關距常山縣曹會關十五里，距常山縣城四十五里。從浙江常山至江西玉山有八十里陸路，至玉山即可進入信江流域。故玉山向有「連閩粵，控吳楚」、「兩江鎖鑰」、「豫章第一門戶」之稱。[145]玉山縣城始建於明嘉靖四十年，城周七里，東西南北各設一門，萬曆年間新闢東南、西南二門，增為六門。玉山縣的商業區集中在西關之外，因地處交通孔道，過往者眾多，經商運旅絡繹不絕，此地商

---

145 玉山縣志編纂委員會編：《玉山縣志》，江西人民出版社，1985 年版，第 43 頁。

業向來較為發達，茶葉、絲、綢是經由玉山轉運的主要商品。自江浙而來的貨物如絲綢等由江浙溯錢塘江至常山，過屏風關抵玉山即可入信江水運，再轉大庾嶺商路至廣州；自福建而來的貨物如武夷茶的運輸正相反，係由玉山過屏風關至常山，入錢塘江直下杭州等地。

贛中的清江縣，位於贛江與袁水交匯處，「扼嶺襟潭，掖袁控瑞，通梁粵、帶虔吉，其四會之沖乎」，「為四達沖衢，嶺粵衡湘，往來取道於是焉」。清江縣境內有兩大市鎮，一為藥都樟樹鎮，一為臨江府府治及清江縣縣治治所臨江鎮。臨江鎮歷史悠久，地理位置優越，水陸交通便利。因地理和政治地位重要，臨江自古即為江西商貿要衝，自唐初建鎮後，舟車輻輳，市鎮繁榮，在宋代成為江西名城。入明後，因商業發達，於宣德四年（1429），臨江與樟樹鎮同被列為全國三十三個稅課重鎮之一，傳統貿易以棉布、柑橘、木材、茶葉、藥材、食鹽為大宗。市鎮經濟的繁榮也促進了臨江鎮規模進一步擴大，「臨江之繁盛，城內外九坊六廂，土民居之三四萬家，城東北尤盛。巨家世閥鱗次相屬」[146]，最盛時有「城中三萬戶，城外八千家」之語。[147]

上列大庾、玉山、清江等縣城乃至府城市鎮，均為商業繁盛之地，在自身市鎮經濟發展的同時，對周邊區域的經濟輻射作用

146 羅輝：《清代清江商人研究》，南昌大學碩士論文，1999 年，第 6 頁。

147 清江縣志編纂委員會編：《清江縣志》，上海古籍出版社，1989 年版，第 21 頁。

明顯，對周邊小圩鎮而言，具有經濟中心的地位和作用。除這些市鎮外，明代商品經濟的發展，商業貿易的活躍，也使得農村圩鎮的數量不斷增加，出現繁榮的局面。許懷林先生根據明代府縣志統計，超過十個圩市的縣城有高安、南城、新昌（今宜豐）、新喻、龍南、會昌、瑞金，超過二十個的有贛縣、興國、雩都、宜黃，而信豐、寧都則分別為四十四個和四十一個。通計贛州、九江、袁州、建昌、撫州、瑞州七府，共有四百〇二個圩市，**148**足見當時圩市經濟的繁榮。

148 許懷林：《江西史稿》，江西高校出版社，1993 年版，第 550 頁。

江西文庫 A0701B13

贛文化通典（宋明經濟卷）　第二冊

主　　編	鄭克強	
版權策畫	李　鋒	
責任編輯	林以邠	
發 行 人	陳滿銘	
總 經 理	梁錦興	
總 編 輯	陳滿銘	
副總編輯	張晏瑞	
編 輯 所	萬卷樓圖書股份有限公司	
排　　版	菩薩蠻數位文化有限公司	
印　　刷	維中科技有限公司	
封面設計	菩薩蠻數位文化有限公司	

出　　版　昌明文化有限公司

桃園市龜山區中原街 32 號

電話 (02)23216565

發　　行　萬卷樓圖書股份有限公司

臺北市羅斯福路二段 41 號 6 樓之 3

電話 (02)23216565

傳真 (02)23218698

電郵 SERVICE@WANJUAN.COM.TW

大陸經銷　廈門外圖臺灣書店有限公司

　　電郵 JKB188@188.COM

ISBN 978-986-496-226-6

2018 年 1 月初版

定價：新臺幣 360 元

如何購買本書：

1. 轉帳購書，請透過以下帳戶

   合作金庫銀行 古亭分行

   戶名：萬卷樓圖書股份有限公司

   帳號：0877717092596

2. 網路購書，請透過萬卷樓網站

   網址 WWW.WANJUAN.COM.TW

大量購書，請直接聯繫我們，將有專人為您

服務。客服：(02)23216565 分機 610

如有缺頁、破損或裝訂錯誤，請寄回更換

國家圖書館出版品預行編目資料

贛文化通典. 宋明經濟卷 / 鄭克強主編. -- 初
版. -- 桃園市 : 昌明文化出版 ; 臺北市 : 萬
卷樓發行, 2018.01

　冊 ;　　公分

ISBN 978-986-496-226-6 (第二冊 : 平裝). --

1.經濟史 2.宋代 3.明代 4.江西省

672.408　　　　　　　　　　　107002006

本著作物經廈門墨客知識產權代理有限公司代理，由江西人民出版社授權萬卷樓圖書
股份有限公司出版、發行中文繁體字版版權。

本書為金門大學華語文學系產學合作成果。　　　**校對：陸仲琦**